Ursula Sinemus

Das Leben gehört den Lebenden
Roman

Viel Freude beim Lesen!

Ursula Sinemus,

12.02.2013

Zur Autorin
Ursula Sinemus lebt in Norddeutschland. Sie begann nach ihrer
Pensionierung mit dem Schreiben und legte nach der Veröffent-
lichung von Kurzgeschichten 2008 ihren ersten Roman vor:
‚Späte Lieben‘ (Landbeck Verlag Berlin, ISBN: 978-3-9811375-3-8).
In ihrem zweiten Roman erzählt sie eine eindringliche Geschichte
von Schuld, Verstrickung und Versöhnung.

Herausgeberin: Christiane Sprinz, Adendorf
Copyright © Ursula Sinemus, 2012
Alle Rechte vorbehalten. Das Werk darf – auch teilweise – nicht ohne
Genehmigung der Autorin wiedergegeben werden.

Titelbild: „Pralinen“ von Ernst Toepfer, 1920, Privatbesitz
Umschlaggestaltung und Satz: Esther Kühne, Santa Cruz (USA)
Druck und Bindung: Druckerei Wulf, Lüneburg
Printed in Germany

ISBN 978-3-00-040498-6

*Das Leben gehört den Lebendigen an,
und wer lebt, muß auf Wechsel gefaßt sein.*

Goethe, Wilhelm Meisters Wanderjahre

Für Ute und Elke

DIE ERSTE BEGEGNUNG

Er kondolierte ihr als letzter. Fragend, beinah flehend sah er sie an. Seine Mundwinkel bebten. Ria kannte den Mann nicht, aber sie kannte die Augen. Dunkle Augen unter dichten Brauen, das linke geringfügig kleiner als das rechte. Ria spürte, dass ihr Atem schneller wurde. Ein Bild aus Kindertagen wirbelte durch ihren Kopf wie ein Blatt Papier, das vom Wind durch die Straßen gejagt wird. Sie konnte sich nicht rühren, geschweige denn sprechen. Auch der Mann blieb stumm. Zögernd löste er seinen Blick aus ihrem, wandte sich um und ging langsam den breiten Weg hinunter.

Bis zu diesem Augenblick hatte ein dichter Schleier sie umgeben. Wie auf Watte war sie eine halbe Stunde zuvor in der Kapelle durch eine schwarze Menge bis in die erste Reihe gegangen, hatte auf den Sarg gestarrt, in dem der Leib ihrer Großmutter lag und hatte die unablässig kreisende Frage: ‚Wo bist du jetzt, Mumu?‘ nicht abzuwehren vermocht. Die Worte des Pfarrers hörte sie aus weiter Ferne, den dunklen Männern, die den Sarg hinaustrugen, war sie wie eine Marionette gefolgt.

Sie sah dem Fremden nach und spürte noch den festen Druck seiner Hand. Seine halblangen weißen Haare berührten den Mantelkragen. Vor dem schmiedeeisernen Tor blieb er stehen, er straffte die Schultern und verharrte einen Moment. Ria wartete, hoffte, aber der Mann drehte sich nicht um.

Er nannte sich Eric Favre. In seinem kleinen Laden stand er vor dem hohen Korb mit Baguettestangen inmitten der Gerüche von frischem Weißbrot, Seifenpulver und reifendem Käse. Die Regale in den schmalen Gängen waren vollgepackt bis unter die Decke. Nie hatte er sich an die Enge und die stickige Luft gewöhnen können. Die Ladentür ließ er immer weit offen. Oft trat er in seinem kurzen weißen Kittel, in dem er sich auch nach all den Jahren noch lächerlich fand, vor die Tür, hob den Kopf und sog gierig die Meeresluft ein. Von dieser Luft, die so frisch und unverbraucht roch, als würde sie in jeder Sekunde erneuert, konnte er nie genug haben. Auch an Tagen wie diesem, wenn es stürmte, der Regen an sein Schaufenster peitschte und er die Tür zu seinem Laden notgedrungen schließen musste, trat er immer wieder hinaus, süchtig nach Luft und Weite.

Seit achtzehn Jahren wohnte er in dem winzigen bretonischen Küstenort und verkaufte alles, was die Menschen brauchten, vom Tagesfang der Fischer bis zu Propangasflaschen.

Er stand in der Tür, als er den Briefträger heranradeln sah. Der hielt an, ohne vom Rad zu steigen, ordnete das Cape, das ihm um die Schultern flatterte, holte Erics Post aus der großen Tasche am Lenker, tippte mit zwei Fingern an seine Dienstmütze und fuhr weiter. Sie hatten kein Wort gewechselt. Eric ging hinein und riss die Banderole von der Zeitung, die sich wie immer bei seiner Post befand. Es war das Geinsburger Tageblatt, die Tageszeitung seiner Heimatstadt. Für den Briefträger, der in diesem Nest von allen alles wusste, hatte er irgendwann eine Erklärung dafür gefunden, dass er täglich eine deutsche Zeitung bekam. Stets schlug er als erstes die Todesanzeigen auf. Seine Augen flogen über die schwarz geränderten Kästen, und nur, wenn alle Namen ihn gleichgültig ließen, wurde er ruhiger. Die restlichen Seiten der Zeitung blätterte er ohne besonderes Interesse durch. Er wartete auf eine Nachricht, eine, die er fürchtete, eine, von der er nicht wusste, ob und wann sie ihn erreichte, noch wie er darauf reagieren würde.

Sein schmales Gesicht war angespannt. Noch hatte er die Seite nicht gefunden, als der Sturm die Ladentür aufdrückte und Madame Riou hineinschob. Unwillig legte er die Zeitung beiseite. Die Frau stellte schwer atmend ihre Einkaufstasche auf den Tresen, rückte das wollene Dreieckstuch zurecht, das sie über ihre Kittelschürze geschlungen hatte, und sagte: „Mistwetter!"

„Ja", antwortete er abwesend, sah an ihr vorbei und fragte: „Wie immer?"

Ohne ihr stummes Nicken abzuwarten, gab er ihr ein Baguette in die Hand und stellte eine Milchflasche in ihre Tasche.

Madame Riou ließ ihre Blicke über die fremde Zeitung auf dem Tisch gleiten, ohne sie wahrzunehmen. Auch sie sah Eric nicht an. Warum auch? Sie kannte ihn so lange wie alle anderen. Niemand wunderte sich mehr über seine weißen Haare. Seit seine junge Frau tödlich verunglückt war, kaum, dass sie hierher gezogen waren, hatte er diese weißen Haare. Das war eine Ewigkeit her. Man erinnerte sich im Dorf kaum noch an den Unfall. Zu viele hatten sie seitdem auf dem kleinen Friedhof hinter der Kirche zu Grabe getragen. Verunglückte, Alte, Kranke und einige, die ihrem Leben selbst ein Ende gesetzt hatten. Vor allem in den Wintermonaten geschah das immer wieder. Jedes Mal lief das Erschrecken wie in einer Welle von Haus zu Haus. Aber was konnte man dagegen tun?

Wie oft auch Eric an diese Möglichkeit gedacht hatte, ahnte niemand von denen, die täglich in seinen Laden kamen.

Mit seiner verkrüppelten linken Hand hielt er Madame Riou die Tür auf. Die Frauen freuten sich über seine Höflichkeit, wenn sie seinen Laden mit vollen Taschen verließen. Das kannten sie von ihren Männern nicht.

Le Suisse, der Schweizer, sagten sie, wenn sie von ihm sprachen.

Sobald Madame Riou gegangen war, griff er wieder nach der Zeitung, blätterte nervös, bis er die Todesanzeigen fand. Er stutzte, hielt den Atem an, sein Herz begann zu rasen, die Zeitung fiel ihm aus der Hand, unsicher bückte er sich, hob sie wieder auf, versuchte die Zeilen zu lesen, aber es dauert unendlich lange, bis die Buchstaben aufhörten zu tanzen.

Ich muss Abschied nehmen von meiner geliebten Großmutter

Katharina Kerko
die im 73. Lebensjahr verstorben ist.
Ich verdanke ihr sehr viel.

Im Gedenken an meinen Vater
Jean Kerko,
geb. 13.10.1913, vermisst 1944 in Frankreich

In tiefer Trauer,
Ria Kerko

Die Trauerfeier mit anschließender Beisetzung findet am
14. Oktober 1963 um 12 Uhr
auf dem Zentralfriedhof in Geinsburg statt.

Da war die Nachricht: Seine Mutter war gestorben. Aber wie kam sein früherer Name unter die Anzeige, noch dazu mit der genauen Angabe seines Geburtsdatums? Wieder studierte er die Zeilen, als müsse er sie mühsam erlesen wie ein Kind.

Er begriff nicht. Wieso Großmutter? Wieso Vater? Er war der einzige Sohn gewesen, er hatte keine Kinder. Wer war Ria Kerko? Und sein Vater? Warum war er nicht als Hinterbliebener genannt? Lebte er nicht mehr? War er gestorben, bevor Eric die Zeitung regelmäßig bezog? Hatte er doch noch in den Krieg gemusst? Vom Volkssturm, der Rekrutierung der ganz jungen und der alten Männer, hatte Eric damals im letzten Kriegsjahr gehört.

Mechanisch langte er nach dem Schild unter dem Tresen *Vorübergehend geschlossen*, hängte es innen an die Tür, schloss jedoch nicht ab und lief über die Straße zu Charles in die Bar. Als er dort ankam, war sein Kittel durchnässt, und die Haare klebten an Stirn und Wangen.

Charles stand dem Wetter zum Trotz in Shorts und kurzärmeligem Hemd hinter der Theke und hatte ein Küchenhandtuch über der Schulter hängen.

„Na, du?", begrüßte er ihn und schob ihm eine kleine Tasse pechschwarzen Kaffees über die Theke. Eric rührte den Kaffee nicht an. Charles nahm das Küchentuch von der Schulter und legte sich über die Theke: „Was ist los?"

Eric zog die Schultern ein, kreuzte die Arme vor der Brust und krümmte sich, als habe er Schmerzen.

„Gib mir einen Rouge", bat er und erklärte mit wenigen Worten das Notwendige. Charles rieb sein unrasiertes Kinn und sagte: „Das ist traurig. Schlimm ist das. Ich wusste gar nicht, dass deine Mutter noch lebt. Lebte, meine ich. Warum war sie nie hier?"

Eine Antwort bekam er nicht. Charles wartete einen Moment, dann sagte er: „Natürlich kümmere ich mich um alles. Du kannst beruhigt fahren. Das heißt", murmelte er, „beruhigt ist wohl nicht das richtige Wort."

Eric zuckte die Schultern und sagte: „Meine Schlüssel hast du. In drei Tagen bin ich zurück."

Wer ist Ria Kerko?

In einer Endlosschleife ging ihm diese Frage auf seiner Reise von Loquimar über Paris und Frankfurt durch den Kopf. Die Erinnerungen, die er seit zwanzig Jahren in Schach gehalten hatte, brachen über ihn herein. Er hatte in den letzten Tagen und Nächten höchstens drei Stunden geschlafen. Erst auf der Kante des knarzenden Hotelbettes in Geinsburg, wo er die neuen schwarzen Socken über die widerspenstigen Füße zog, konnte er klarer denken. Er fragte sich, warum er sich das alles antat. Schließlich war er verschollen, vielleicht hatten sie ihn auch für tot erklärt, trotzdem war er in Gefahr. Leute wie er wurden immer noch gesucht, das wusste er aus den Zeitungen. Und nun begab er sich freiwillig in das Geflecht aus Gefühlen, das er lange schon abgestreift glaubte, setzte sich ohne Not der Möglichkeit aus, erkannt und vor Gericht gestellt zu werden, nur weil er dabei sein wollte, wenn seine Mutter beerdigt würde.

Du hast doch schon vor langer Zeit von ihr Abschied genommen, sagte er sich.

Du musst nach Hause, nur dieses eine Mal noch, hörte er die andere Stimme, die seit Tagen immer lauter geworden war.

Nach Hause? Wo war er zu Hause? Hier gewiss nicht mehr.

Endlich hatte er sich auch in den schwarzen Anzug gezwängt, sah in den Spiegel und ordnete mit der Hand seine halblangen Haare.

Eine Unmöglichkeit, hätte seine Mutter gesagt, ihm war, als hörte er ihre Stimme, und er dachte an die Zeiten, als er hier mit kurzem, streng gescheiteltem Haar schneidigen Schrittes die vielen Steintreppen in der Stadt hinauf gestürmt war. Nein, niemand würde hinter dem schmalen faltigen Gesicht den jungen Jean Kerko wieder erkennen, denn auch äußerlich war er ein anderer geworden. Gestern war er fünfzig geworden, erst in diesem Augenblick fiel es ihm ein. Geburtstag? Der war seit langem nicht mehr wichtig für ihn. Im Frühstückszimmer nahm er eine der ausliegenden Tageszeitungen mit und ging in den sonnigen Oktobermorgen hinaus.

Er hatte noch zwei Stunden Zeit. Trotzdem würde er zum Friedhof gehen, einen besseren Ort konnte es für ihn an diesem Tag nicht geben.

Geinsburg hatte sich kaum verändert, von den Zerstörungen des Krieges war die Stadt weitgehend verschont geblieben. Angeblich hatten die Amerikaner in den letzten Kriegstagen Flugblätter abgeworfen mit der Aufschrift: *Euch werden wir verschonen, hier wollen wir später wohnen.* Als er davon kürzlich noch einmal in der Zeitung las, fürchtete er sich vor den alten Hassgefühlen, die man ihnen eingehämmert hatte – aber nichts rührte sich in ihm. Er war erleichtert. Er wollte nichts und niemanden mehr hassen, aber dass er selbst auf Absolution hoffen konnte, daran glaubte er nicht.

Auf dem Weg durch die Stadt erkannte er Häuser und Kirchen und erkannte sie auch wieder nicht, denn er sah sie mit den Augen des Fremden, der er inzwischen geworden war.

Vor einem mächtigen Backsteinbau aus Wilhelminischer Zeit blieb er stehen. Auch dieses Gebäude war ihm vertraut und fremd zugleich. Seine Augen streiften die in den grauen Sims gemeißelten Worte über der Eingangstür: *Die Furcht des Herrn ist aller Weisheit Anfang.* Genitiv, dachte er, das ist ein Genitiv.

Der Deutschlehrer hatte es ihnen eingebläut, in moderner Sprache heiße es *Die Furcht* vor *dem Herrn.* Und sie dachten, gemeint sei die Furcht vor dem Herrn Direktor. Später hatte er sie kennen gelernt, die Furcht vor dem Direktor. Er zog die Schultern ein.

Warum war er hierhergekommen? Hierher in seine Heimatstadt, wo die Vergangenheit sich herumtrieb. Sie würde sich auf ihn stürzen, mit aller Macht. Das hätte er wissen müssen. Er zuckte zusammen.

Die Schulglocke schrillte, und schon rannten Jungen und Mädchen durch das große schmiedeeiserne Tor nach draußen, über die Straße, hin zu einem Kiosk, vor dem sich blitzschnell eine lange Schlange bildete. Zwei Jungen stritten sich, der größere packte den anderen bei den Schultern, schüttelte ihn und schrie: „Ich war zuerst hier, verpiss dich, du Muttersöhnchen!"

Das Codewort war gefallen, und die Stahltür, hinter der Jeans Erinnerungen sich so lange verschanzt hatten, öffnete sich weit.

„*Muttersöhnchen*", höhnte Harry. Jean nahm ihn in den Schwitzkasten. Die Jungen der Obertertia hatten sich versammelt, keiner wollten den Kampf verpassen. Einer übernahm die Wache. „Kerko, Kerko", wurde Jean von den anderen angefeuert. Harry strampelte und stöhnte unter Jeans eisernem Griff. Der drückte so fest zu wie noch nie. Diesmal würde er siegen, er spürte es. „Kerko, du Schwein", stieß Harry hervor. Er umklammerte Jeans Bein, riss und zerrte, aber Jeans Kräfte wuchsen und wuchsen, breitbeinig stand er da, hielt die Luft an und presste Harrys breiten Schädel noch fester an sich, bis der kein Wort mehr herausbringen konnte. Jean hörte ihn ächzen und spürte Harrys heißen Atem an seinem Bauch. Das Blut dröhnte in Jeans Kopf und in seinem Körper, bis er spürte, dass die Kraft aus Harrys Händen wich. Wie ein Mehlsack hing er in Jeans Arm. Er lockerte den Griff und Harry stürzte zu Boden. Mit blutunterlaufenen Augen starrte er Jean an, seine Ohren waren knallrot und doppelt so groß wie vorher, um die Nase herum war er weiß. Jean kam allmählich wieder zu Atem und sah auf Harry Schröter hinab. Auf Harry, den schwarzhaarigen Kämpfer mit den stahlblauen Augen, der die Rolle des Angreifers und Siegers stets für sich beanspruchte. Harry, Chef der Clique, die sich jeden Nachmittag unten am Fluss traf, wo Harry immer wieder einen der Jungen ohne Vorwarnung angriff und niederkämpfte – einen nach dem anderen. Trotzdem gingen sie immer wieder hin. Jetzt lag der große Anführer vor ihm auf dem schmutzigen Asphalt, wischte sich mit dem Jackenärmel Rotz und Tränen der Wut ab, richtete sich mühsam auf und sagte: „Das kriegst du wieder, Kerko!" Dann fingerte er nach seiner kostbaren Taschenuhr.

„Wenn die hin ist, kannst du erst recht was erleben."

Keiner außer Harry hatte eine Uhr. Damit war er der Herrscher über die Minuten der Schulstunden, die dahin schlichen und kein Ende nehmen wollten. Sie fragten ihn, wie spät es wäre und sahen neidisch zu, wenn er die Uhr mit großer Geste aus der Hosentasche zog, sie eine Weile an der groben silberfarbenen Kette hin- und herschwingen ließ, bevor er mit einem Daumendruck den Deckel hochschnellen ließ und gnädig Auskunft gab.

Das schrille lang gezogene Klingeln löste das Getümmel auf. Die Jungen schubsten und drängelten zum Eingang, Oberstudienrat Reinders stand oben in der Tür und wartete, bis alle sich aufgestellt hatten. Jean blieb ganz hinten, wischte Harrys Spucke von seiner Hose und genoss seinen Sieg.

Harry saß schon, als Jean gleichzeitig mit Reinders den Klassenraum betrat.

Kaum hatte der Lehrer seine Aktentasche auf dem Pult abgelegt, als Harry aufstand und sagte: „Meine Uhr ist gestohlen."

Ein Raunen ging durch die Klasse, auch unterdrücktes Prusten war zu hören.

Reinders liebte das kriminalistische Nachspüren. Er ging geradezu darin auf. Ganze Stunden konnte er damit verbringen. Dann verschränkte er die Arme auf dem Rücken und seine hagere Gestalt schob sich durch die Reihen, er legte seine dürren Finger auf Kratzer, Wörter oder ganze Sätze, die in die Schreibflächen der Bänke geritzt worden waren, schob seine randlose Brille zurecht, sah den Inhaber des Platzes an und sagte: „Du warst das natürlich nicht!"

„Nein, Herr Studienrat", die Antwort kam prompt. Alle halfen zu überlegen, welche Klassen vorher den Raum benutzt hatten, und ehe Reinders unverrichteter Dinge mit langen Schritten zurück zum Pult schritt, war mindestens eine Viertelstunde vergangen.

Was aber war eine verhunzte Tischplatte gegen einen vermeintlichen Diebstahl?

„Alle aufstehen", befahl Reinders und reckte das spitze Kinn in die Höhe.

„Hat jemand Schröters Uhr gesehen?"

Wie eine Welle ging ein gleichzeitiges Kopfschütteln durch die Reihen.

Harry greinte: „Ich hatte sie aber vor der Pause noch."

Reinders ging mit Storchenschritten zu jeder Bank, blieb vor jedem Platz stehen, der Schüler schnellte in die Höhe.

„Hast du Schröters Uhr gesehen?"

„Nein, Herr Studienrat!"

Als sich der Dialog sechsundzwanzigmal wiederholt hatte, vertieften sich die grauen Falten in Reinders Gesicht, seine Lippen wurden noch eine Spur schmaler, er atmete schwer, nahm die Brille ab, schloss einen Moment die Augen, als ob er in sich hineinschauen wollte und stellte fest: „So! Keiner hat etwas gesehen. Dann werden wir mal nach und nach schön langsam unsere Aktentaschen leeren, meine Herren."

Harry hatte erreicht, was alle sich wünschten: sie mussten sich nicht mit ungleichen Gleichungen plagen. Eine leise Fröhlichkeit herrschte in der Klasse, der auch Jean sich ungehemmt hingab, bis er an der Reihe war.

Wie alle anderen öffnete er bereitwillig seine Tasche.

„Ausleeren", befahl Reinders.

Jean legte seine Bücher und Hefte auf den Tisch, dann sahen sein Lehrer und er gleichzeitig etwas Silbernes auf dem aufgerauten Boden seiner Ledertasche blitzen.

„Rausholen!" Die Stimme von Reinders wurde schneidend.

Immer noch völlig arglos griff Jean in die Tasche und hatte Harrys Uhr in der Hand.

Er wurde blass und stotterte: „Das war ich nicht."

Höhnisches Lachen von Reinders, er hielt die Uhr an der silbernen Kette in die Luft, bevor er sie vor Harry auf den Tisch legte.

Das Feixen der anderen nahm Jean die Luft.

Reinders zog ihn am Ohrläppchen nach vorn, alle anderen durften sich setzen.

„Und jetzt will ich es von dir hören, laut und deutlich: Ich bin ein Dieb und ein Lügner."

„Ich war es nicht", wiederholte Jean leise.

Reinders drehte sein Ohrläppchen, bis Jean vor Schmerzen aufjaulte.

„Ich höre!" Die langen Fingernägel des Lehrers hatten sich hinter Jeans Ohr gebohrt.

Er gab auf und hörte sich sagen: „Ich bin ein Dieb und ein Lügner."

„Lauter!", brüllte Reinders und zerrte weiter an dem Ohr, mit der anderen Hand schlug er auf die Tischplatte des Katheders.

In der Klasse war es totenstill. Jean hob den Kopf und schrie in die Klasse: „Ich bin ein Dieb und ein Lügner."

Unbändige Wut packte ihn, er kochte, hätte er doch nur zuschlagen können!

„Und nun gehen wir beide zum Direktor", sagte Reinders. Er schob Jean vor sich her zur Tür. Jean sah sich noch einmal um. Harry fixierte ihn, stützte seinen Kopf mit den Händen, grinste und schwieg. Auch alle anderen hatten sich zu Harry umgedreht und starrten ihn an. Man hörte kein Zischen mehr, kein Wispern, kein Lachen.

Aus Spaß war Ernst geworden.

Dass Reinders ohne Jean zurückkommen würde, war allen klar.

Auf Diebstahl stand Schulverweis.

Ich denke unentwegt an Jean. Jakob bringt ihn nach Zuoz, in dem Knabeninstitut dort soll er neben dem allgemeinen Zweig die Handelsabteilung besuchen, Französisch lernen und viel Sport treiben. In die Schweiz – meine Güte, so weit weg, er ist doch unser Einziger. Jean hat sich sehr dagegen gewehrt, und ich zuerst auch. Aber hier kann er nicht bleiben nach dem Vorfall in der Schule. Meine Hand zittert, wenn ich daran denke. Harry Schröter, ein schrecklicher Junge! Jedes Mal, wenn er hier zu uns kam mit seinen geflickten Hosen, habe ich hinterher zu Jean gesagt: „Das ist kein Umgang für dich. Nimm dich vor dem in Acht. Der kann einem nicht in die Augen gucken. Solchen Menschen darf man nicht trauen." Wie Recht ich hatte. Jetzt müssen wir alle unter ihm leiden, denn Jakob gefällt es auch nicht, dass wir Jean so Knall auf Fall ziehen lassen müssen.
Ich habe Jakob sofort aus seinem Büro geholt, als Jean an dem furchtbaren Tag in der vorigen Woche völlig aufgelöst aus der Schule kam. Sein Mantel war offen, die Haare standen ihm zu Berge, und er war schneeweiß im Gesicht. Noch im Flur sprudelten die Worte aus ihm heraus, und es dauerte eine Weile, bis wir begriffen hatten, was geschehen war. Jean hatte nur eine Erklärung dafür, dass Harrys Uhr bei ihm gefunden wurde. Harry selbst hatte sie ihm in die Tasche geschmuggelt. Jakob lief puterrot an, griff nach seinem Paletot, und weg war er. Bis dahin hatte er sich nie um Jeans Schulangelegenheiten gekümmert. Aber das war zu viel. Ich

schob Jean in die Küche: „Iss erst mal", aber er wollte nichts.

„Siehst du, wie Recht ich hatte, dich vor Harry zu warnen. Der ist gefährlich!" Jean schossen die Tränen aus den Augen, waagerecht, nach Kerkoscher Art. Er drehte sich um und ging rauf in sein Zimmer,

Jakob war schnell wieder da. Er rief uns ins Wohnzimmer. „Nichts zu machen", sagte er tonlos und ließ sich in den Sessel fallen.

„Sie nehmen Jean die Geschichte nicht ab. Es hat nichts genützt, dass ich gesagt habe: Mein Sohn hat es nicht nötig, eine Uhr zu stehlen, er hat selbst so eine. Aber er ist nicht so unvernünftig, sie mit in die Schule zu nehmen! Der Harry müsste von der Schule fliegen! Einen, der sich so etwas Perfides ausdenkt, den wollen Sie hier behalten? Aber der neue Schulleiter, dieser Sozi, blieb dabei: Diebe haben hier nichts zu suchen! Ich hätte ihn ohrfeigen können. Er hat mich absichtlich gedemütigt." Jakob sprang auf und wanderte im Wohnzimmer auf und ab. „Er sitzt mir im Stadtrat gegenüber, die hassen uns vom ‚Zentrum', der hat sich gefreut, dass er mir eins auswischen konnte. Nein, Sohnemann, es hilft nichts, ich rufe in der Schweiz an. Ich kenne Dr. Nedder noch von früher. Die nehmen dich bestimmt." Er legte Jean seine Hand auf die Schulter: „Haltung, mein Sohn. Es muss sein!" Jean drehte sich um und stürzte raus. In der Tür stieß er mit Nelly zusammen, sie hatte gelauscht. Panik war in ihren Augen, sie hat Jean angesehen wie eine Braut, die ihren Bräutigam in die Schlacht ziehen sieht.

Soeben klopfte Nelly und fragte, ob ich sie heute noch brauchte. Ich habe ihr frei gegeben. Sie hat schon den ganzen Tag rot geweinte Augen und denkt, ich merke es nicht. Sie hat Jean verführt, ich bin ganz sicher, darum war er so verändert in letzter Zeit. Ungeheuerlich, er wird doch erst fünfzehn! So traurig ich bin, dass Jean weg ist, so froh bin ich doch, dass die Geschichte mit Nelly ein Ende hat. Den Verdacht hatte ich schon seit einigen Wochen, und vor kurzem habe ich Jean nachts auf der Treppe gesehen, als ich aufgestanden war, weil ich nicht schlafen konnte. Er kam von oben aus Nellys Dachkammer geschlichen, er hat mich nicht gesehen. Unser Sohn und unser Dienstmädchen, unglaublich! Das kann ich keinem Menschen erzählen. Mit Jakob kann ich schon gar nicht darüber reden. Hätte ich Nelly bloß damals nicht eingestellt. Aber sie gefiel uns allen auf Anhieb mit ihren braunen Locken und ihrem fröhlichen Lachen. Sie war ja fast noch ein Kind, als sie zu uns kam. Ich hätte sie aufmerksamer beobachten sollen, als sie anfing, sich zu entwickeln.

Bevor Jean heute Morgen ins Auto stieg, hat er mich so fest umarmt, als wollte er mich gar nicht mehr loslassen. Der Abschied ist ihm noch schwerer gefallen als mir. Das wird eine harte Zeit für ihn, hoffentlich lebt er sich dort bald ein. Gestern habe ich mit ihm noch Hefte und Bücher eingekauft; ich liebe den Schreibwarenladen von Amelie Körber. Alles in ihren Regalen ist übersichtlich angeordnet: Hefte, Papierbögen in allen Farben, Briefumschläge, Füllfederhalter, Bleistifte. Stundenlang könnte ich mich dort aufhalten. Und sie selbst immer mit weißer Spitzenbluse und engem schwarzem Rock und stets zuvorkommend! Ich habe diese Kladde für mich erstanden – ich kann es selbst noch nicht glauben, aber ich will wieder Tagebuch schreiben, kein überschwängliches wie als junges Mädchen, nein, ich will festhalten, was um mich herum geschieht. Vielleicht werde ich dann wieder ruhiger.

So sitze ich nun hier. Ich, Katharina Kerko, geborene Neumeier, verheiratet mit Jakob Kerko, dem Inhaber der Weingroßhandlung Brömer und Besitzer der renommierten Bahnhofsgaststätte hier in Geinsburg.

Ich habe ein gutes Leben, ja! Aber dann passieren unvorhersehbare Dinge wie jetzt mit Jean, und die Welt gerät aus den Fugen. Ich bin einundvierzig – nicht mehr jung. Was habe ich noch vom Leben zu erwarten? Wie werde ich, wie werden wir, wie wird unser Sohn in zehn, in zwanzig Jahren leben? Jakob seufzt oft, wenn er die Zeitung liest, und sagt: Wir haben gedacht, es ginge wieder aufwärts. Aber zehn Jahre nach dem Krieg immer noch nichts. Die Leute haben keine Arbeit, sie rotten sich auf den Straßen zusammen. Um unser Geld müssen wir auch Angst haben. Ich möchte mir dann am liebsten die Ohren zuhalten.

Nun aber Schluss, das Schreiben soll mich nicht noch trübsinniger machen. Merkwürdig, ich fühle mich wie damals als Vierzehnjährige. Was Jakob wohl dazu sagt, dass ich Tagebuch führe? „Weiberkram", wird er sagen. Soll er!

Sein mittelblondes Haar war streng gescheitelt, er trug die Internatstracht: Ein weißes Hemd, eine dunkelblaue Jacke mit dem gold-roten Emblem auf dem rechten Arm und eine enge dunkelblaue Hose, die knapp die Knie bedeckte.

Er starrte hinauf zu dem massiven Bau auf dem Bergrücken. Trotz der langen Fensterreihe sahen die grauen Mauern wie eine Festung aus. In den Scheiben spiegelte sich die untergehende Sonne. Er ertrug die Blendung nicht, sah weg, schaute hinunter auf die schwarz glänzenden Pflastersteine, auf denen die roten Rechtecke vor seinen Augen weitertanzten. Er nahm die beiden Gestalten kaum wahr, die die Gasse heraufkamen, sie unterbrachen ihr Gespräch und gingen vorbei. Dann war es wieder vollkommen still. Seine Augen hatten sich erholt, er sah wieder hinauf, die Sonne war tiefer gesunken, die Fenster lagen im Dunkel.

Hinter den sechs Fenstern war ihr Schlafsaal. Er hatte den Geruch aus Schweiß und Sehnsucht in der Nase, den er schon seit Wochen ertragen musste. Er fühlte die rauen Wolldecken, die nachts aus den ehemals weißen Bezügen rutschten, eingetrocknete Samenflecken klebten daran, die der Großwäscherei regelmäßig trotzten. Auch seine eigenen waren dabei, dennoch ekelte es ihn jeden Abend, wenn er unter die Decken kroch. Er träumte von seinem sauberen Bett zu Hause, das Nelly jeden Tag frisch bezog, wenn es sein musste. Nelly! Er fühlte die Haut ihrer festen Brüste, er sehnte sich nach ihrem Körper.

Er erschrak vor seinem eigenen Stöhnen, ihm wurde kalt an der abweisenden Hauswand, langsam ging er weiter. Hatten sie es gemerkt und ihn auch deshalb in das Internat da oben geschickt, weil er Nelly vergessen und auf das Leben vorbereitet werden sollte, das sie für ihn ausgesucht hatten? War es nicht nur Harry gewesen, der ihm das alles eingebrockt hatte? Kaufmann sollte er werden, den Betrieb des Vaters übernehmen, reiten sollte er lernen und überhaupt viel Sport treiben: mens sana in corpore sano. Mindestens einmal am Tag hatte er diese Worte von seinem Vater gehört.

Er war krank vor Heimweh, voller Sehnsucht bis zum Bersten. Sein Körper wollte keinem gesunden Geist dienen, er sehnte sich unaufhörlich nach Brüsten, weißer Haut und einem heißen Schoß. Er hasste das unterdrückte Stöhnen der anderen in dem Schlafsaal, wenn sie sich ihre klägliche Befriedigung verpassten, jeden Abend wieder, kaum dass das Licht vom Wachhabenden gelöscht wurde. Was wussten die schon! Am Abend zuvor war Fräulein Fritzi in Vertretung des dicken Herrn Pröhl in den Schlafsaal gekommen, um ihnen gute Nacht zu sagen. Jean guckte direkt in das verzerrte Gesicht von Vincenz im Bett gegenüber, der hatte sich halb aufgerichtet, sah Fräulein Fritzi mit weit aufgerissenen Augen an und arbeitete wild unter seiner Bettdecke. Die Lust, die auch Jean aufsteigen spürte, fiel in sich zusammen, noch ehe sie sich ausbreiten konnte.

Jetzt spürte er seinen Körper wieder, als wollte die verpasste Lust sich Raum verschaffen. Er versuchte sich abzulenken, aber seine Begierde war stärker. Die kleinen Häuser duckten sich im Halbdunkel, die Sonne war verschwunden. Mit raschen Schritten ging er weiter bis in den kleinen Park, den er jeden Abend vor dem Essen durchstreifte und setzte sich auf eine Bank.

Kaum war er mit zitternden Beinen wieder aufgestanden, dröhnten Trauer und Einsamkeit heftiger als vorher in ihm. Warum hatten sie ihn hierher geschickt, warum bekam er keine Post von Nelly? Langsam ging er zurück ins Dorf.

„Da bist du ja, Kerko."

Eric und Vinzenz hatten ihn auf dem steilen Weg eingeholt, der zu dem grauen Bau hinaufführte. Eric schnaufte: „Also warst du das doch vorhin." Jean stockte der Atem. „Warum hast du so angestrengt zu unserer Kaderschmiede raufgeguckt, hast du gehofft, dass sie abbrennt?"

Jean schnaubte vor Erleichterung: ein Glück – in der Gasse hatten sie ihn gesehen und nicht im Park.

An die schnarrenden Schweizer Laute hatte er sich immer noch nicht gewöhnt, aber die Kameradschaft mit den Anderen begann, ihn aufzuheitern. Im Sport war er immer einer der Besten, dann spürte er ihre Anerkennung, und letzte Woche hatten sie ihn sogar zum Spartaführer gewählt. Die Glocke zum Abendessen läutete, und die drei setzten zu einem Sprint an.

Neben seinem Platz lag ein Brief. Die Sekunde der Hoffnung, er könnte von Nelly sein, war sofort wieder verweht, als er das Briefpapier seiner Mutter erkannte. Sie schrieb ihm regelmäßig, erwartete aber ebenso regelmäßige Antworten. Damit haperte es von der ersten Woche an, und er hatte ständig ein schlechtes Gewissen. Gleich nach dem Essen nahm er den Brief, ging hinauf in den Schlafsaal, setzte sich auf sein Bett und las.

28. Okt. 1928

Mein geliebter Sohn, alles, aber auch alles von zu Hause möchtest du wissen!? Ach, mein guter Kerl, das klingt nach Heimweh – aber glaub mir, wir vermissen dich auch sehr! Allen voran Deine Mama, aber ich lasse mir nichts anmerken, dann wird Vater böse, du kennst ja seine Reden: mach du nur ein Muttersöhnchen aus ihm … u.s.w. Aber er ist es, der jeden Abend zu Deinen Hunden geht und ihnen lange Geschichten von ihrem Herrchen erzählt! Stell Dir vor: Montag früh um halb sechs ist der „Graf Zeppelin" über die Dächer unserer Stadt gefahren. Vater, Osi, und ich haben ihn gesehen. Wie ein riesiges Phantom sah er aus, umsäumt von 26 Lichtern, am Bug und am Heck zwei riesige Scheinwerfer. Mit ohrenbetäubendem Getöse brummte er über unseren Hof. Wir haben nach Kräften ‚Hurra' geschrien, ich war sehr bewegt. Großmutter hat nichts gehört, was muss die für einen guten Schlaf haben. (Aber immer dieses „… ich habe die ganze Nacht kein Auge zugemacht!"). In der Stadt haben viele nichts gehört und gesehen. Oder sie haben ihn gehört und die merkwürdigsten Sachen geglaubt. Frau Rohr meinte, es sei ein

Lastwagen, Kommerzienrat Rosenberg vermutete eine Lastwagen-
kolonne; Stockmann glaubte, die Wasserleitung brummt, das
Allerkomischte allerdings erzählte Konditor Weiß; der hat einen
Mann in der Backstube, der sehr schlecht hört. Der ging um diese
frühe Morgenstunde ins Geschäft. Auf der Brücke am Bahnhof hörte er das ungewohnte Brummen und Dröhnen, meinte, es
käme ein Erdbeben und rannte zurück zum Hotel „Anker",
fest davon überzeugt, dass die Brücke einstürzen wird. Nach oben
hat er nicht einmal geschaut – hat was verpasst, der arme Kerl,
und die ganze Aufregung umsonst.
Und noch etwas: wir mussten Nelly entlassen. Sie war seit Wochen völlig verändert, schluderte bei der Arbeit, schien nicht zu
hören, was man ihr sagte, hatte oft rot geweinte Augen.
Was soll ich mit einem solchen Mädchen? Sie war mir keine Hilfe
mehr; ganz gleichgültig war es mir nicht, denn sie ist doch
lange bei uns gewesen und es ist nicht so einfach, sich an ein
neues Mädchen zu gewöhnen! Ich glaube, sie hat sich in
Unteroffizier Heumann verliebt. So ein Unfug; der wird sich
gerade mit einem Dienstmädchen abgeben!
Bitte schreib bald, ich warte so sehr auf Deine Post,

Deine Mutter.

Schon als seine Mutter seine beiden Boxerhunde Vivi und Ceres er-
wähnte, hatte er geschluckt, aber jetzt schossen ihm die Tränen aus
den Augen, waagerecht spritzten sie über den Brief hinweg.

Sie hatten Nelly entlassen.

„Schlechte Nachrichten, Kerko?"

Er hatte Eric nicht reinkommen hören, wie angewurzelt blieb er vor
ihm stehen:

„Du heulst geradeaus! Das habe ich noch nie gesehen."

Jean schluckte. Bei seinem Versuch zu lachen, zogen sich Spei-
chelfäden zwischen seinen Lippen, und die Tränen liefen ihm übers
Gesicht wie bei jedem anderen Menschen. Er versuchte, sie mit dem
Ärmel wegzuwischen.

„Das ist so bei mir, kann ich auch nicht ändern, die ersten Tränen spritzen immer waagerecht raus!", sagte Jean mit dünner Stimme und schluckte.

„Ist wer gestorben?"

Einen anderen Grund, so loszuheulen, konnte sich Eric nicht vorstellen.

„Nein, nein, es ist nur …"

„Lass man, Heimweh, kenn' ich, musst dich nicht schämen, mir ging's die ersten Wochen hier auch ziemlich schlecht, obwohl meine Eltern doch gar nicht so weit weg wohnen. Ich lass dich lieber wieder allein."

Jean guckte hinter Eric her, von neuem kämpfte er mit den Tränen.

Nelly, wo bist du, warum schreibst du mir nicht?

Seine Kameraden im Ruderclub hatten immer mächtig mit ihren Weibergeschichten geprahlt, kaum dass sie konfirmiert waren. Er hätte auch gern mal ein Mädchen angesprochen, aber wo? In die Tanzstunde sollte er erst mit siebzehn, und die höheren Töchter der Freunde seiner Eltern waren ihm zu albern. Eines Abends traf er Nelly im Halbdunkel auf der Treppe, als er in sein Zimmer gehen wollte. Wortlos hatte sie ihre Arme um ihn geschlungen und ihn an sich gedrückt.

Sie hat mich nicht wieder losgelassen, dachte er, bis ich hierher musste.

Es war nicht nur der Rausch, der ihn immer wieder zu ihr trieb. Zum ersten Mal erlebte er Zärtlichkeit und merkte, wie zärtlich er selbst sein konnte. Seitdem er in die Schule gekommen war, hatte er nicht einmal mehr einen Gutenachtkuss von seiner Mutter oder von Osi, seinem Kindermädchen, bekommen, die ihn bis dahin so oft in den Arm genommen hatte. Bevor er abends schlafen ging, musste er allen die Hand geben. An einem Abend, als er schon im Bett lag, hatte er seine Mutter unter einem Vorwand noch einmal gerufen. Sie beugte sich hinunter zu ihm, er packte schnell ihren Kopf und drückte ihr einen Kuss auf den Mund. Energisch hielt sie seine Hände fest und sagte: „Du bist jetzt ein großer Junge, so etwas tut man nicht." Ganz erschrocken hatte sie ausgesehen.

Und jetzt durfte er bei Nelly liegen, sich streicheln lassen und ihr alles zurückgeben, was sie ihm gab. Fast jeden Abend schlich er zu ihr hinauf, die Eltern saßen unten und was Jean oben in seinem Zimmer machte, hatte sie nie interessiert. Sehr oft auch hatten sie Gäste, und Nelly war erst sehr spät mit der Arbeit fertig; dann war sie es, die zu ihm ins Bett kroch.

Jean schob den Brief zurück in den Umschlag. Nein, das mit dem Heumann glaubte er seiner Mutter nicht. Aber wo sollte er Nelly finden, wenn er Weihnachten nach Hause fuhr? Er stand auf und ging mit schweren Schritten die Treppe hinunter in den Lesesaal; die Aufgaben für den nächsten Tag waren längst noch nicht erledigt.

Abends im Bett hörte er Vincenz flüstern: „Hoffentlich kommt heute Abend Fräulein Fritzi wieder." Jean zog sich die Decke über den Kopf, er wollte nichts mehr hören – und sehen schon gar nicht.

Wie viel Tage noch bis zu den Weihnachtsferien? Er begann zu zählen und hörte Herrn Pöhls Bassstimme wie durch Watte:

„Na, der Jean hat wohl einen schweren Tag gehabt, nehmt euch ein Beispiel an ihm, der schläft schon."

Aber er schlief noch lange nicht. Immer wieder suchte er in seinem Gedächtnis nach Nellys Bild, panische Angst überfiel ihn, es könnte verschwunden sein, er würde es nicht finden, aber da! Er hatte es. Ihre dunklen Augen, die Locken, ihre Stimme, wenn sie sagte: „So gut wie du ist noch nie einer zu mir gewesen!" Dann hatte er eine von ihren Locken um den Finger gedreht und gesagt: „Du gehörst mir, ich lasse dich nicht mehr los."

In ihrer letzten gemeinsamen Nacht hatte sie es ihm gesagt: „Du darfst nicht auf Post von mir warten." Er stützte sich auf die Ellenbogen und sah sie erschrocken an.

„Warum nicht? Du musst mir schreiben, sonst gehe ich ein vor Sehnsucht."

Sie zog ihn wieder an sich und sagte: „Ich kann nicht schreiben, jedenfalls nicht richtig, höchstens einen Einkaufszettel, und was ich da aufschreibe, können andere nicht lesen. Als ich 1914 – da warst du gerade ein Jahr alt, mein Kleiner …! – in die Schule kam, waren die meisten Lehrer im Krieg. Wir bekamen einen, der eigentlich nicht unterrichten durfte, weil er eine Kopfverletzung hatte und unberechenbar war. Ich gehörte zu denen, auf die er es besonders abgesehen hatte. Jeden Tag bekam ich Ohrfeigen und musste in der Ecke stehen, weil ich die Buchstaben auf meiner Tafel nicht hinkriegte und an der großen Wandtafel erst recht nicht. Einmal tat er so, als könnte ich mich mit einer richtigen Antwort aus meiner schrecklichen Lage in der Ecke befreien und fragte: Kommst du heute noch an Gänsen vorbei? Ja, sagte ich eifrig, bei Niedermeyers sind immer Gänse auf der Wiese; ich war erleichtert, dass ich eine Antwort geben konnte. Er sagte: Dann pass auf, dass sie dich nicht beißen, so dumm, wie du bist! Die anderen Kinder haben gejohlt, und ich bin zu meinem Platz geschlichen. Fast jeden Tag ging das so. Erst nach vielen Wochen habe ich mich getraut, meinen Eltern davon zu erzählen. Mein Vater hat mich geohrfeigt und gemeint: Wenn du so blöde bist, brauchst du auch nicht zur Schule zu gehen. Hier ist genug Arbeit im Stall und auf dem Feld! Ich war sieben, Jean. Mama hat sich gegen meinen Vater gewehrt, und ich durfte zur Schule gehen, bis ich zehn war. Von da an habe ich zu Hause gearbeitet, und mit vierzehn bin ich zu euch gekommen bin. Seitdem verdiene ich wenigstens etwas Geld."

Jean war entsetzt, nahm sie in den Arm und küsste sie so zärtlich, wie er konnte. „Wir beide und unsere Schulgeschichten!"

In den wenigen Stunden, die sie noch zusammen sein konnten, hatte er versucht, mit ihr schreiben zu üben. Aber es war zwecklos, Nelly brachte nur Gekrakel zustande, das sie selbst zwar entziffern konnte, er aber nicht. Sie musste ihm versprechen zu üben.

„Wenigstens einen ganz kurzen Brief, Nelly, nur ab und zu, bitte!"

Er kroch unter der Bettdecke hervor. Alle um ihn herum schnarchten. Ihn packte wieder die Wut auf Harry Schröter. Am Ende hat er doch noch gesiegt! Umbringen könnte ich ihn.

Heute wird Jean fünfzehn Jahre alt – das ist der erste Geburtstag, den er nicht zu Hause feiert. Wie mag ihm zumute sein? Natürlich haben wir ihn mehr verwöhnt als sonst. Ein Schweizer Taschenmesser, ein Lexikon, Süßigkeiten, Handschuhe und Geld für Schuhe. Ich hoffe, dass er gerade vergnügt und gesund mit den anderen dort feiert. Immer habe ich ein wenig Angst um ihn. Ich hoffe so sehr, dass ein gutes Geschick mit ihm ist in den nächsten zwölf Monaten!
Ich habe Jean auch geschrieben, dass Harry Schröter das Realgymnasium verlassen musste. Endlich hat er seine gerechte Strafe, er wurde beim Stehlen erwischt. Obendrein wollte sein Vater kein Schulgeld mehr bezahlen. „Das ist unsozial", soll er auf einer Versammlung gerufen haben. Auch die kleine Schwester musste von der Schule. Aber sonntags gehen sie entweder auswärts essen, oder drei Kellner aus dem „Ochsen" bringen ihnen das Essen ins Haus. Was sind das für Sachen! Woher haben die das Geld? Sein Vater marschiert an der Spitze der neuen Bewegung. Wenn die nur aus solchen Leuten besteht, muss man ja wohl keine Angst vor denen haben. Oder vielleicht erst Recht, sagt Jakob. Hoffentlich irrt er sich.

Jakobs 46. Geburtstag haben wir groß gefeiert! Unser Freund Hagen hat in meinem Auftrag ein Porträt von Jakob gemalt – es ist ihm sehr gut gelungen. Die Halbglatze, der kleine Oberlippenbart, die runden Wangen, die gerade Nase, deren Farbe seine Liebe zum Rotwein zu verraten beginnt, und seine weichen braunen Augen, die ich immer noch liebe.

Ja, das ist er, habe ich zu Hagen gesagt, du hast nichts weggelassen und nichts hinzugefügt! Obwohl, dachte ich bei mir, Jakobs lächerlich großen Ohren hätte ein wenig künstlerische Freiheit gut getan!

Die Augen, das ist immer das schwerste, wenn die nicht gelingen, kann ich das Porträt zerreißen, sagte Hagen nicht ohne Stolz.

Unter dem Beifall der versammelten Gäste haben wir mein bestes Stück im Wohnzimmer aufgehängt, neben dem Gemälde mit den Eichen, das am schönsten ist, wenn die Sonne darauf scheint auf und das Licht die Herbstzeitlosen aus dem dunklen Laub unter den Bäumen hervorholt. Es ist Jakobs Lieblingsbild. Begrabt mich dort unter den Eichen, wenn ich mal nicht mehr da bin, sagt er manchmal.

Wie er sich das wohl vorstellt!

Seitdem Jean aus dem Haus ist, denke ich oft über Jakob und mich nach. Vorgestern war ich mit Gesa Schubert abends noch in einem Vortrag des Dichters Frank Thiess, Thema: „Krisis und Neuordnung der Ehe". Jakob weigerte sich, mitzugehen – das ist so schade. Es hätte uns vielleicht geholfen;

er ist ein guter Ehemann und Vater, aber wir reden zu wenig. Was weiß er von mir? Und weiß ich immer, was er denkt? Ich hoffe, dass es die Jugend mal leichter hat mit all diesen Dingen. So gut es geht, werde ich Jean jedenfalls ermutigen, mit seiner Frau später einmal alles zu besprechen.

Seine spätere Frau? Wie weit meine Gedanken heute wandern! Er ist doch gerade erst fünfzehn geworden – dennoch, er wird eines Tages heiraten, und ich werde ihn ziehen lassen müssen, ich werde eine Schwiegermutter sein! Eines nehme ich mir schon heute vor: so zänkisch und wehleidig wie Jakobs Mutter will ich auf keinen Fall werden.

Jean hat angefragt, ob er Weihnachten nach Hause kommen dürfte. Ich war entgeistert. Unser eigener Sohn fragt, ob er Weihnachten nach Hause kommen darf. Das ist doch selbstverständlich. Wir wollen doch nicht auch noch am Weihnachtsfest auf ihn verzichten. Aber es können wohl nicht alle seine Kameraden heimfahren, weil die Eltern das Reisegeld nur einmal im Jahr aufbringen können. Es schadet nichts, wenn er lernt, nicht alles selbstverständlich hinzunehmen, was wir ihm ermöglichen.

Ich habe ihm das Geld in den Umschlag gelegt und geschrieben, dass er zwar Holzklasse nehmen muss, aber mit einer Platzkarte und Mittagessen im Speisewagen wären wir einverstanden bei der langen Fahrt. Jakob wird ihn in Frankfurt abholen – ich kann es gar nicht erwarten, Jean wieder zu sehen.

Am 23. Dezember saß Jean endlich im Zug. Punkt zwölf ging er in Richtung Speisewagen, rückte noch vor der Schwingtür seine Krawatte zurecht, erspähte durch das gemusterte Milchglas einen freien weiß gedeckten Tisch am Fenster und strebte rasch darauf zu. Als er sich hinsetzen wollte, riss er mit seinen langen Armen ein Glas um. Der Kellner im Frack eilte herbei, hob das Glas auf, übersah Jeans roten Kopf und überreichte ihm die Speisekarte mit großer Geste. „Bitte sehr, was wünschen der junge Herr zu trinken?" Jean, inzwischen wieder ganz School-Captain, bestellte ein Bier, als sei es das Selbstverständlichste von der Welt. Zu essen wählte er ein Wiener Schnitzel.

Er schaute aus dem Fenster, nippte an seinem Bier, aß gierig das Schnitzel und dachte einen Moment an seine Kameraden, die oben im Internat bleiben mussten.

Später im Abteil entzog er sich seinem Mitreisenden, einem älteren Mann, der schon zum Reden angesetzt hatte, und schloss die Augen. Nelly, Nelly, Nelly – sangen die Räder. Aber wo sollte er sie suchen? Und wenn er sie gefunden hatte – wo könnten sie sich treffen?

Als er in Frankfurt ausstieg, freute er sich über den Anblick seines Vaters wie schon lange nicht mehr. Auf der Fahrt nach Hause versuchte er, etwas über Nelly zu erfahren.

„Warum habt Ihr Nelly entlassen, das verstehe ich nicht, die hat doch immer gut gearbeitet", sagte er, als sei er ihr Arbeitgeber gewesen, und bemühte sich um einen beiläufigen Tonfall.

„Frag deine Mutter, ich weiß es auch nicht genau." Damit war das Thema für seinen Vater erledigt.

Nein, er konnte ihn unmöglich fragen, ob er wüsste, wo Nelly jetzt arbeitete.

Als sie auf den Hof fuhren, kam Katharina Kerko aus der Haustür gestürzt, und wie schon beim Abschied vor vier Monaten nahm sie Jean so fest in den Arm, wie sie es sich nie gestattet hatte, als er jünger war. Schließlich schob sie ihn ein wenig von sich. „Größer bist du geworden und kräftiger. Nicht nur das: du siehst anders aus, ich kann nur noch nicht sagen, was es ist!"

„Ich bin so froh, dass ich diese Ferien zu Hause verbringen kann", sagte Jean.

Seine Mutter strahlte und zog ihn ins Haus.

Nach dem Abendessen sagte er augenzwinkernd: „Ich muss schauen, ob ich die Stadt noch wieder erkenne."

„Geh nur!", sagte sie.

Er nahm die Akademiestraße im Laufschritt, immer bergan, das fiel ihm leicht, geübt wie er war, denn ein wenig steiler waren die Wege in der Schweiz doch. Erst in Höhe der Alten Universitätskirche blieb er stehen, um zu verschnaufen. Er freute sich über die vielen Lichter in den Schaufenstern. Früher hatte er kein Auge dafür gehabt, wie warm und hell die Häuser und Gassen in dieser Zeit aussahen.

Lange blieb er nicht stehen, er musste weiter. Nellys Eltern wohnten ganz in der Nähe in einem schmalen Haus in der Findlingsgasse, dorthin hatte er im Jahr zuvor einen Weihnachtsgruß von seiner Mutter bringen müssen.

Sollte er es wagen, zu ihnen zu gehen? Irgendetwas musste er doch in Erfahrung bringen.

Hier in den Gassen ohne Geschäfte war es dunkel, er war auf den schwachen Lichtschein angewiesen, der aus den Fenstern der ärmlichen Häuser auf die Gasse fiel. In Nellys Elternhaus brannte nur in einem Zimmer Licht. Was sollte er tun? Klingeln oder klopfen?

Plötzlich überfiel ihn die Angst, Nelly könnte inzwischen geheiratet haben. Zu Hause würde er sie so oder so nicht antreffen, weil sie bei ihrer neuen Herrschaft wohnte. Aber wo war das? Nein, er konnte nicht klingeln, was würden ihre Eltern denken, wenn plötzlich der junge Kerko vor der Tür stände?

Unschlüssig ging er vor dem Haus auf und ab und sah hinauf zu der Pfarrkirche unterhalb der Burg, wo er konfirmiert worden war. Er spürte die Kälte, zog die Schultern zusammen und ging mit langen Schritten zurück in die beleuchteten Straßen. Vor einem der weihnachtlichen Schaufenster blieb er stehen, sah sein verfrorenes Gesicht in einem goldumrandeten Spiegel und schnitt eine Grimasse. Dann sah er sich lächeln, er hatte eine Idee; er wusste, wie er mit Nelly Kontakt aufnehmen konnte.

„Du gehst doch mit in die Christmette morgen früh?", fragte seine Mutter, als er sich später ins Wohnzimmer zu seinen Eltern setzte.

Sie sah ihn an, ein wenig drohend, als fürchtete sie sein Murren, wie in all den Jahren zuvor, weil er für den Kirchgang schon um vier Uhr in der Frühe aufstehen muss.

„Natürlich", sagte er fröhlich, und seine Mutter meinte: „Du hast dich wirklich verändert. Im letzten Monatsbericht von Dr. Nedder stand: *Jean macht mir durch seine ganze männliche Haltung wirklich Freude. Er erfüllt seine Pflichten als School-Captain mit erstaunlicher Fähigkeit und arbeitet trotzdem mit doppeltem Eifer für den bevorstehenden Jahresabschluss.*

Eigentlich dürfen wir dir ja nicht sagen, was in diesen Berichten steht. Aber wir sind so stolz auf dich, nach allem was gewesen ist. Männlich – das ist das richtige Wort, das ich vorhin suchte. Du bist männlicher geworden."

„Na denn", sagte sein Vater, stand auf und schenkte ihm ein Glas Rotwein ein.

Nach wenigen Schlucken wurde Jean müde und sagte seinen Eltern mit einem kräftigen Händedruck Gute Nacht, so wie er es immer getan hatte. Seine Mutter hielt seine Hand ein paar Sekunden fest und strahlte ihn an.

Sie war kurz davor, mich zu umarmen dachte er, aber er sehnte sich nach einer anderen Umarmung.

Er ging die Treppe hoch bis zu seinem Zimmer, öffnete die Tür und schloss sie gleich wieder, um eine Treppe höher in Nellys ehemaliges Zimmer zu schleichen. Dort war alles unverändert, es roch nach ihr. Seine Mutter hatte noch keinen Ersatz für sie gefunden. Jean ließ sich auf die blaue Steppdecke fallen, die sorgfältig über das Bettzeug gebreitet war und dachte: Das hat sie noch selbst machen müssen, sie hat diese Decke als letzte angefasst! Er drehte sich auf den Bauch und drückte sein Gesicht in die Decke. Als er Stimmen unten in der Diele hörte, stand er auf, und ging leise in sein Zimmer.

Er war sicher, dass Nelly mit ihren Eltern in die Christmette der Pfarrkirche gehen würde, sie wohnten ganz in der Nähe und würden nicht den weiten Weg bis zur Großen Kirche gehen, obwohl die noch viel prächtiger geschmückt war in der Weihnachtsnacht. Und Nelly musste wissen, dass sie ihn dort sehen würde. In all den Jahren war sie immer mit den Kerkos zusammen in die Kirche gegangen, sie wollte nie frei haben in den Weihnachtstagen.

‚So gut wie hier habe ich es zu Hause nicht', hatte sie immer gesagt.

Jean holte ein kleines Päckchen mit Schweizer Schokolade aus seiner Aktentasche und packte es für Nelly ein. Er überlegte und schrieb schließlich einen Zettel, den er unter die rote Schleife schob:

Heute Abend um fünf im Botanischen Garten, falls du nicht kannst, schreib mir, wo ich dich finden kann. Wirf im Dunkeln einen Brief in unseren Kasten – ich fische ihn raus.

Er verbarg das Päckchen in der Innentasche seines Mantels und war zuversichtlich, dass er eine Gelegenheit finden würde, Nelly dieses Päckchen in der Kirche zuzustecken.

Er stellte seinen Wecker, aber das wäre nicht nötig gewesen. Er kroch ins Bett, aber er schlief nicht in dieser Nacht, wollte nicht schlafen. Bis vier Uhr las er ‚Herz auf Taille' von Erich Kästner. Das Büchlein hatte ihm ein Kamerad zugesteckt. Lauter Gedichte. Zuerst langweilte es ihn, aber plötzlich wurde er neugierig, er lachte leise, spürte, wie ihm das Blut ins Gesicht schoss und hatte viele Fragen. *Dann hätte sie fast ein Kind gehabt, ... das hat ihr ein Freund von uns ausgeschabt ...* Das war immer Nellys größte Angst. Ein Kind. Er könnte ihr ein Kind machen. Sie wussten beide so wenig. *Ausgeschabt ...* Er hatte keine Ahnung. Dass einer so etwas schreiben durfte! Wenn ich ein Kind kriege, müssen wir es wegmachen lassen, hatte Nelly immer gesagt. Wegmachen? Wie denn? Keine Ahnung. Wegmachen, Wegwerfen.

„Kein Weihnachtsbuch", murmelte er.

Um halb fünf Uhr morgens kletterte er zu Heinrich auf den Kutschbock, seine Eltern und Osi saßen schon warm eingepackt in der Kutsche, die war zwar an den Seiten offen, hatte aber ein Verdeck und
halbe Türen, innen war man geschützt.

„Junge, du erfrierst doch da vorne, komm hier rein, ist doch noch
Platz", rief Osi und reckte ihren Kopf in die Kälte.

„Mir ist nicht kalt!" Er beugte sich hinunter zu ihr und gab ihr einen
Kuss auf die Wange. Schnell zog sie den Kopf zurück in die Kutsche.

„Gib mir die Zügel, Heinrich", bat er. Heinrich nickte gutmütig und
sie tauschten die Plätze.

Fast ein viertel Jahr habe ich nichts geschrieben – es war zu viel Trubel im Herbst und in der Vorweihnachtszeit. Jetzt sehnen wir uns allmählich nach dem Frühling.

Jean ist seit drei Wochen wieder dort oben auf seinem Berg. Die ersten Tage nach den Ferien hier zu Hause sind ihm wohl schwer gefallen Das verstehe ich so gut. Hier durfte er so viel essen, wie er wollte. Erst allmählich kam ich dahinter, dass sie im Internat das Essen zugeteilt bekommen. Und bei uns gab es natürlich das Übliche: Gänsebraten und Lammkeule zu Weihnachten, Karpfen zu Sylvester, Entenbraten am Neujahrstag. An den Tagen dazwischen durfte Jean sich etwas wünschen. Es waren so schlichte Speisen wie Bratkartoffeln und Spiegeleier, auf die er Appetit hatte, und er aß und aß.

Ich hoffe, er hält die drei Jahre noch durch! Weihnachten war wirklich ein stimmungsvolles Fest. Wir hatten den größten Tannenbaum aller Zeiten, wie Jakob behauptete, und nach den Feiertagen schauten viele Freunde und Verwandte bei uns rein. Das hat Jean sehr genossen, und Sylvester bei uns zu Haus hat ihm auch sehr gefallen. Er machte gar keine Anstalten, auszugehen. Ich glaube, diese unsägliche Geschichte mit Nelly ist vorbei. Gott sei Dank.

Seitdem er wieder weg ist, folgten Vergnügen Schlag auf Schlag: der Ball beim 1. Hessischen Grenadier Bataillon, Infanterieregiment, Abteilung G., ein großes Essen bei Möhrmanns und als letztes das Kostümfest der Rudergesellschaft

– ein Mordsspaß, wir wollten um zwei nach Hause gehen, und als wir den Schaden besahen, war es bereits vier Uhr.

Mit der Grippe ist es eben wieder ganz schlimm. Frankfurt räumt Schulen, um Lazaretts daraus zu machen. Einlieferungen pro Tag: Zweihundert Patienten. In Berlin ist es genauso.

Soviel Schnee wie Jean in der Schweiz haben wir nicht. Ein Meter liegt um das Internat herum, schreibt er, das ist wunderbar für die jungen Leute! Jean soll den Wintersport genießen und überhaupt alles, was man ihm dort bietet, wenn er sich auch manchmal nach zu Hause sehnt.

General Schwarz war zum Geburtstag seiner Majestät in Doorn. Er erzählte, es sei schrecklich gewesen. Keiner der Herren, angefangen bei Mackensen, hat ein Wort sagen können – alle haben sie geweint und der Kaiser mit ihnen. Als Schwarz die Glückwünsche vom Leibregiment 116 meldete und dann nicht weiter sprechen konnte, hat der Kaiser ihm immerzu auf den Rücken geklopft und nur gesagt: mein lieber Schwarz, mein lieber Schwarz! Kronprinzens sind in Zuoz im Castell; der eine Sohn ist im Lyzeum; die beiden Mädels tanzen jeden Abend mit Gott und der Welt.

Mehr als drei Jahre habe ich mein Tagebuch vernachlässigt. Kaum hatte ich damit begonnen, da schien es mir schon wieder so nichtssagend, was ich zu erzählen habe. Aber heute ist es so ruhig im Haus, meine Gedanken wandern zurück und ich habe Lust zum Schreiben.

Seit einem halben Jahr ist Jean aus der Schweiz zurück. Als er vor der Tür stand, sah ich zum ersten Mal den Mann in meinem Sohn. Gut sah er aus. Mindestens fünf Zentimeter gewachsen und durch den vielen Sport, den sie dort getrieben haben, sehr muskulös und braun gebrannt; aber die Hoffnung, er könnte sich eines Tages doch noch für Musik und Literatur interessieren, muss ich wohl aufgeben. Er liebt nun mal den Sport – in jeder freien Minute ist er unten im Ruderclub. Heute Abend feiern sie auch dort.

Er hat bei Jakob eine Lehre angefangen. Aber es klappte von Anfang an nicht sehr gut mit Vater und Sohn im Büro. Sie haben beide nicht drüber geredet, und ich war froh, nicht alles aus der Nähe miterleben zu müssen.

Jean ist inzwischen neunzehn. Er hat sich sehr verändert. So verschlossen war er früher nicht. Ich habe den Verdacht, dass er etwas verheimlicht. Immer noch Nelly? Das wäre schrecklich.

Vor drei Wochen hat sich manches geklärt. Am Abend vor dem zweiten Advent kamen meine beiden Männer zu mir in den Salon, wo ich gerade die letzte Weihnachtspost erledigte, um mir zu eröffnen, dass Jean studieren wird. Ich konnte es zuerst gar nicht glauben, aber dann habe ich mich gefreut. Es muss mehrere Auseinandersetzungen zwischen Jakob und Jean gegeben haben.

Jakob hat es mir später erzählt. Er hat lange gebraucht, um zu akzeptieren, dass sein Sohn nicht in sein Geschäft einsteigen sondern Jura studieren wollte. Wie er ausgerechnet auf Jura kommt, wissen wir beide nicht. Aber schließlich hat Jakob eingewilligt und ist insgeheim stolz auf seinen Sohn – und ich bin es auch. Einen Akademiker hat es in unserer Familie noch nicht gegeben, und Jean wird wissen, was er tut.

Die Welt um mich herum verwandelt sich in so rasantem Tempo, dass mir in letzter Zeit oft bange ist. Wenn ich meine letzte Eintragung lese von seiner Majestät – das ist so lange schon Geschichte! Nachdem er geflohen war, herrschte das Chaos. Und die vielen Feste, die wir gefeiert haben – das ist längst vorbei. Mit meinen Knien war es so schlimm geworden, dass ich für vier Wochen zur Behandlung ins Friedrichsheim musste und anschließend zur Kur nach Bad Kreuznach; ich war so in Anspruch genommen von den Spritzen, von den Moorpackungen, Massagen und all den anderen Anwendungen, dass mir die Kraft für mein Tagebuch fehlte. Nun hoffe ich, dass sich die Ablagerungen zwischen den Kniegelenkköpfen und in den Schultergelenken zurückgebildet haben, jedenfalls habe ich weniger Schmerzen und diese schrecklichen knirschenden Geräusche treten auch nicht mehr auf. Die Röntgenbilder gefielen ihm nun auch besser, meinte gestern Dr. Hielscher.

Jakob hatte enorme Kosten für mich in den letzten Monaten. Es ist so unangenehm, ihn ständig um Geld bitten zu müssen, nein, das eigentlich Schreckliche ist, dass er mich über unsere finanziellen Verhältnisse völlig im Unklaren lässt. Das ist doch nicht richtig! Ich höre nur immer sparen, sparen, sparen, aber dann gibt er mir letzten Endes doch immer Geld – allerdings nie fröhlichen Herzens. Warum darf ich über unsere Finanzen nicht mitentscheiden? Das ist

Männersache, bekomme ich zu hören, mich bedrückt das so sehr. Müsste ich nicht auch über diese Dinge Bescheid wissen? Wenn nun Jakob eines Tages etwas zustoßen sollte. Daran will ich nicht denken. Und dann wäre ja auch Jean da. Zum Glück kann er hier in Geinsburg studieren und wird weiter bei uns wohnen. „Ob wir einen Lehrling oder einen Studenten durchfüttern", hatte Jakob gemeint, „das kommt doch aufs selbe raus!"

Jakob ruft mich. Er will das Haus schmücken; mir ist gar nicht nach Feiern zumute. Die Lust verging mir schon heute Mittag. Seitdem ich Nelly weggeschickt habe, hatte ich kein Glück mehr mit unseren Hausmädchen. Es ist wie eine Strafe. Seit ein paar Wochen haben wir Dora, sie ist erst vierzehn, wie Nelly damals. Osi hat die Neue eingearbeitet; leider ist es das letzte Kamel, das Gott in seinem Zorn erschuf, kein Vergleich mit Nelly. Vom Kochen hat sie keine Ahnung! Und was sie sonst zu Hause gelernt hat, ist mir ein Rätsel. Heute Mittag komme ich in die Küche, da hockt das Mensch auf dem Boden vor dem Herd, hat den großen Zander für heute Abend vor sich auf der Erde liegen und schuppt! Der Boden rundum bedeckt mit Schuppen, der Herd, die Möbel, ihre Haare, alles voller Schuppen. Am liebsten hätte ich den Fisch am Schwanz gepackt und ihn ihr um die Ohren gehauen. Davor bewahrte sie ein Besuch von Frau Professor König, die gerade an der Haustür klingelte und mich wegen heute Abend sprechen wollte. Osi musste retten, wie immer. Ich hoffe, dass man es dem Fisch nicht anmerkt, dass er sich auf dem Küchenfußboden herumgetrieben hat.

Jakob ruft schon wieder. Ich muss Schluss machen.

Auf Wiedersehen 1932, willkommen 1933!

1933

Jean prüfte mit der flachen Hand seinen schnurgeraden Scheitel; er trug ein weißes Hemd mit Schillerkragen, graue Knickerbocker, grob gestrickte Kniestrümpfe und Wanderschuhe. Unter seinem linken Arm klemmte eine Kollegmappe. Endlich war es so weit. Sein Vater hatte ein Einsehen gehabt. Er musste nicht länger bei ihm in die Lehre gehen und Kaufmann werden. Er hatte sich an der juristischen Fakultät eingeschrieben und war auf dem Weg zum Büro des Studentenbundes in der Gaußstraße. Jean wollte Mitglied werden, nicht nur, weil man es ihm geraten hatte. Er wollte mitmachen, wollte dabei sein, wenn Deutschland sich erneuerte, wenn von nun an alles besser würde, das war doch Ehrensache! Er schnupperte. Es roch nach Frühling, und er warf seine nagelneue Kollegmappe aus weichem Kalbsleder in die Luft.

Hinter dem Schreibtisch in einem Vorraum saß ein Uniformierter. Jean wunderte sich. Er wollte doch nicht zu den Soldaten. Er kannte die Uniform nicht, konnte den Dienstgrad nicht erkennen, noch hatte er keine Ahnung von diesen Dingen. Lächelnd schob er seine Anmeldepapiere über den Tisch. Der Mann in Uniform blätterte sie durch und haute mit der flachen Hand auf den Tisch. Jean zuckte zusammen. Von dem Stapel brauner Flugblätter, die vor dem Mann auf dem Tisch lagen, segelten ein paar auf den stumpfen Linoleumboden. Staubkörner tanzten in den Sonnenstrahlen, die durch das schmale Fenster in den Raum fielen. Jean bückte sich und hob die Blätter auf.

„Jean. Wie kann man nur so heißen", raunzte der Mann und überlegte einen Moment, bevor er sich an das Ausfüllen des Mitgliederausweises machte.

„Hans, ab sofort heißt du Hans, wenn du hier bei uns mitmachen willst; wie konnten dir deine Eltern nur so einen undeutschen Namen geben! In der Schweiz warst du? Was soll das – als ob wir hier keine guten Schulen hätten. Hast du einen Stammbaum dabei? Man wird ja misstrauisch bei dir."

Jean blieb stumm, obwohl er innerlich kochte: Hatte der Kerl das Recht, ihn einfach umzutaufen?

Auf die Frage nach der Abstammung aber war er vorbereitet, er zog ein sorgfältig gefaltetes Papier aus der Tasche; seine Mutter hatte den Vordruck aus dem Stammbuch ausgefüllt, sie kannte die Familiengeschichte am besten. Sowohl die väterliche als auch die mütterliche Linie ließen sich bis 1780 zurückverfolgen.

„Wirst es wohl brauchen dort an der Universität", hatte seine Mutter geseufzt, als sie ihm die Aufstellung übergab. „Überall werden jetzt Ariernachweise verlangt. Wir waren immer gute Deutsche! Aber das hört sich ja so an, als ob es keine guten Engländer, Franzosen und Ägypter gäbe! O ja, die gibt es. Wir haben sie kennen gelernt auf unserer großen Weltreise, die dein Vater mir zur Hochzeit geschenkt hat. Die vielen Begegnungen vergesse ich nie. Ich wünsche dir sehr, dass du die Welt auch einmal so bereisen kannst. Es wird dich reicher machen. Warum musst du überhaupt in so einen Studentenclub eintreten? Mir ist das unheimlich."

„Wenn ich nicht bei denen mitmache, kann ich nicht einmal mehr rudern, alle müssen jetzt organisiert sein", hatte er geantwortet.

Sie hatte den Kopf geschüttelt.

Der Uniformierte war fertig und schob Jean die Papiere über den Tisch.

„Alle Achtung, sauberer Stammbaum." Jetzt lächelte der Herrscher über die Mitgliedsausweise sogar.

„Hier, der Schein für deine Hemden, die Kleiderkammer ist in der Villa Schillerstraße 2, erste Etage. Beeil dich, wir brauchen jeden Mann für unsere Aktion."

Jean machte eine knappe Verbeugung. Als er sich umdrehte, um zu gehen, schnauzte der Mann hinter dem Schreibtisch ihn an: „Das richtige Grüßen bringen wir dir auch noch bei, glaub's mir!"

Angetrieben von der drohenden Stimme des Mannes legte Jean bis zur Schillerstraße einen Dauerlauf ein. In der Haustür der Villa im Ostviertel von Geinsburg blieb er stehen. In einem solchen Haus hätte er die Kleiderkammer für den Studentenbund nicht vermutet. Vier Säulen trugen die Decke im Eingangsbereich, dahinter öffnete sich eine große Diele, von der aus eine breite geschwungene Treppe nach oben führte. Jean reinigte seine Schuhe gründlich, bevor er den glänzenden Holzfußboden betrat. Er hörte eine laute Männerstimme, die ihm bekannt vorkam, und schon sah er ihn. Harry. Harry Schröter. Breitbeinig stand er auf dem Treppenabsatz, schwarzes Hemd, Knickerbocker, schwarze Schaftstiefel. Unter dem Arm hielt er eine schwarze Schirmmütze. Im Befehlston sprach er mit jemandem, den Jean nicht sehen konnte. „Wenn ich nachher wiederkomme, ist die Schlamperei da oben aufgeräumt, die Hemden sind exakt gefaltet und Naht auf Naht gelegt. Kapiert?"

Jean spürte seinen Herzschlag und versteckte sich hinter einer Säule. Hätte er damit rechnen können, Harry hier in dieser Gegend zu treffen, in einem solchen Haus? Harry, den Schläger, diesen verschlagenen Schmierfinken, wie seine Mutter sagte. Wenn Harry ihn früher abholen kam, ließ sie ihn im Windfang auf den Steinen stehen, in die Wohnung bat sie ihn nie. Derselbe Harry stand jetzt dort in untadeliger Uniform, in der Haltung eines Mannes, der etwas zu sagen hatte, auf den man hörte, der wusste, was er wollte.

Jeans Atem ging wieder ruhiger, er blieb nicht länger hinter der Säule stehen und ging auf Harry zu.

„Ha! Ich hab's gewusst! Der Kerko, Jean Kerko mit dem undeutschen Namen hat zu uns gefunden." Harry setzte die Mütze auf und klemmte beide Daumen unter das Koppel.

Jean starrte auf die glänzenden Schaftstiefel, als Harry den Arm hochriss, die Hacken zusammenknallte und „Heil Hitler!" brüllte. Dann streckte er Jean seine Rechte hin.

Jean schob das Unbehagen beiseite und nahm Harrys Hand.

„Na, zurück aus Welschland?" Harrys Lachen dröhnte durch das Treppenhaus. Jean wusste nicht, wie er sich verhalten sollte. Harrys jovialer Ton versöhnte ihn, und sein Auftreten flößte ihm Respekt ein.

„Du wirst mir doch wohl die ollen Kamellen von früher nicht mehr ankreiden, Kerko", sagte Harry und zerquetschte Jean beinah die Hand.

„Natürlich nicht", murmelte Jean. Das Gefühl von früher, als Harry der Anführer ihrer Clique gewesen war, stellte sich prompt wieder ein. Irgendetwas an Harry zog ihn in seinen Bann. Wie selbstverständlich dieses ‚Heil Hitler' aus seinem Mund geklungen hatte und wie sicher er auftrat. Jean hatte kaum Gleichaltrige getroffen, seitdem er wieder zu Hause war, zu sehr war er damit beschäftigt gewesen, seine heimlichen Treffen mit Nelly zu organisieren. Er hoffte, dass das nun einfacher würde. Er arbeitete nicht mehr zu Hause und seine Eltern hatten keinen Überblick mehr über seinen Tagesplan.

„Gib her den Wisch und komm mit", sagte Harry und nahm Jean den Zettel für die Kleiderkammer aus der Hand. „Da oben habe ich das Sagen, kriegst deine Klamotten aus erster Hand, Kamerad!"

In der Kleiderkammer roch es nach Mottenpulver, es gab kein Fenster, spärliches Licht fiel von der nackten Glühbirne an der Decke auf den Tresen, hinter dem ein blässlicher Student in einem viel zu großen braunen Hemd stand. Er grüßte. Sein ‚Heil Hitler' geriet zu laut für den dunklen schmalen Raum.

„Hier ist ja immer noch nicht aufgeräumt", herrschte Harry ihn an und nahm eigenhändig ein Hemd in der passenden Größe für Jean aus den Regalen hinter dem Tresen. Der dünne Student sah bewundernd und ängstlich zu Harry auf.

„Zieh's gleich an", sagte Harry zu Jean, „gehörst doch jetzt dazu!"

Jean sah auf das Hemd, strich über den braunen Stoff, zog mit einem energischen Griff sein weißes Hemd über den Kopf und streifte das Parteihemd über. Der Stoff war härter, als er erwartet hatte. Langsam schob er die groben Knöpfe in die Knopflöcher, fasste unter den steifen Kragen und bewegte die Schultern hin und her, als müsse er sich in dem neuen Kleidungsstück einrichten. Harry beobachtete ihn schweigend.

„Komm heute Abend in den Ruderclub, wir brauchen jeden Kerl für unsere Aktion", sagte Harry und haute ihm auf die Schultern.

Draußen rollte Jean sein weißes Hemd zusammen und setzte sich auf die steinernen Stufen der Villa, als müsste er sich von einer schweren Arbeit ausruhen. Er fühlte nach dem Hakenkreuz auf dem rechten Oberarm. Ja, er gehörte jetzt dazu. Was sein Vater wohl sagen würde? Jean warf den Kopf zurück und stand auf. Er wusste, was sein Vater sagen würde, aber das war ihm egal.

Auf der belebten Akademiestraße kam ihm ein Nachbar entgegen, der ihn noch nie beachtet hatte. Er riss den rechten Arm hoch und rief: „Heil Hitler, Herr Kerko!“

Wie selbstverständlich flog auch Jeans Arm in die Höhe. Zum ersten Mal. Er war stolz.

Seine Schritte wurden fester. Er bemerkte Blicke, anerkennende, aber auch misstrauische. Das Hemd hatte ihn verändert; er war in der Masse erkennbar geworden. Noch einmal strich er über das Hakenkreuz. Eine Gruppe Jungen zog in Zweierreihen an ihm vorbei. Auch sie trugen braune Hemden mit Hakenkreuzen, sie sangen: „Wenn wir erklimmen schwindelnde Höhen …“. Jean blieb stehen. Das hatten sie im Internat auch gesungen. Manchmal sehnte er sich nach der Gemeinschaft dort. Er sah der Gruppe nach.

„Heil Hitler, junger Mann“, sagte ein Älterer, der sich zu ihm gesellt hatte und ebenfalls den Jungen nachschaute: „Endlich herrscht wieder Ordnung in Deutschland, es wird noch viel mehr aufgeräumt werden! Und ich hab ab Montag wieder Arbeit, das ist überhaupt das Beste!“ Jean nickte ihm zu.

Er freute sich auf den Abend im Ruderclub und summte den Refrain mit, den er nur noch von Ferne hörte, so schnell waren die Jungen an ihm vorbeimarschiert. „Herrliche Berge, sonnige Höhen, Bergvagabunden sind wir.“

Zu Hause ging er schnurstracks ins Arbeitszimmer seines Vaters, hob den rechten Arm und rief: „Heil Hitler!“

Sein Vater saß hinter seinem mächtigen Schreibtisch, er schob den Sessel zurück und nahm seine Brille ab: „Bei uns heißt das immer noch Guten Tag, dabei bleibt es. Und was soll diese Maskerade? Wenn das alles ist, was ein Studium dir bringt, dann bedaure ich, dass ich zugestimmt habe! So jedenfalls will ich dich nicht hier im Hause sehen." Jean wich einen Schritt zurück, seine Lippen wurden schmal, seine Backenknochen traten hervor: „Dann seht Ihr mich hier gar nicht mehr."

„Vielleicht doch", sein Vater sah ihn scharf an: „Wenn du dir deinen Scheck abholst. Oder kriegst du dein Geld jetzt von den braunen Brüdern?"

Jean hielt dem Blick seines Vaters stand: „Andere müssen auch arbeiten für ihr Studium. Ich weiß schon, wie ich mir Geld verdienen kann!"

„Nun mal langsam mit den jungen Pferden!"

Der Ton seines Vaters wurde versöhnlicher, er kam hinter seinem Schreibtisch hervor, wies auf die Sessel an dem kleinen viereckigen Herrentisch und bot Jean eine Zigarette an.

„Guck dir doch an, wer da mitmacht. Harry Schröter und Konsorten! Hast du von denen immer noch nicht die Nase voll? Und was tun die? Grölen und marschieren, das ist alles, was sie können. Marschieren ist gefährlich. Ich habe genug gesehen im Krieg. Ich marschiere nie wieder. Nimm dich in Acht."

„Gefährlich?!" Jeans Kinn wurde noch spitzer, er drückte hastig die Zigarette aus und sprang auf: „Was du machst, ist gefährlich. Du bist es, der sich in Acht nehmen muss. Ich kenne deine Kundenliste. Goldmann, Spiro und wie sie alle heißen. Das ist bald vorbei, sage ich dir."

Die Miene seines Vaters wurde starr.

Jean redete sich in Rage.

„Und warum musste ich ausgerechnet in der Schweiz zur Schule gehen? Als ob es hier keine guten Schulen gäbe!"

Er merkte nicht einmal, dass er die Worte des Uniformierten vom Vormittag wiederholte.

„Weißt du überhaupt, was es heißt, ein guter Deutscher zu sein? Bestimmt heißt das nicht, die Liberalen zu wählen und bei den Muselmanen auf Kamelen herumzureiten, wie Ihr es auf eurer Hochzeitsreise getan habt. Und immer noch zeigt Ihr überall die Fotos herum. Das ist doch undeutsch!"

Jakob Kerko sprang auf, seine Halsschlagadern schwollen an, das Blut war ihm in den Kopf gestiegen und er schrie: „Du hast doch überhaupt keine Ahnung vom Leben! Dann geh, geh zu deinen guten Deutschen, wenn wir hier nicht dazu gehören.‟

An der Tür zögerte Jean, so hatte er seinen Vater nur einmal erlebt, als Heinrich auf die Hunde eingedroschen hatte. Jetzt war er seinetwegen außer sich, so heftig hatten sie noch nie gestritten, aber er drehte sich nicht mehr um, ließ seinen Vater stehen und knallte die Tür zu. Sein Herz klopfte wild.

Wohin sollte er gehen? Er rannte die Treppe rauf in sein Zimmer und starrte aus dem Fenster in den Garten. Er dachte an Nelly. Abends ging er oft zu ihr. Sie arbeitete nicht mehr bei ‚Herrschaften‘, sondern in einer Uniformfabrik. Sie war stolz auf diese Arbeit, stolz auf ihr eigenes Zimmer, wenn es auch nur ein winziger Raum im Reihenhaus der Familie eines Eisenbahnarbeiters war.

In ihrem Zimmer war nur Platz für zwei Stühle, einen kleinen Tisch und ein Bett, das eigentlich für zwei zu schmal war. In den ersten Wochen hatte sie das nie gestört. Immer, wenn Jean die Treppe zu Nelly hinaufschleichen wollte, steckte die Wirtin den Kopf aus ihrer Küchentür. Von dem Kohlgeruch, den sie mitbrachte, wurde Jean übel, er versuchte nicht zu atmen.

„Aber nur bis zehn, der Herr!‟ Sie tat so, als ob sie ihn nicht kannte. Dabei hatte sie schon überall rumerzählt, dass der junge Kerko mit dem ehemaligen Dienstmädchen ein Verhältnis hatte. Es war nur noch eine Frage der Zeit, bis auch seine Eltern es erführen.

Jean ließ sich auf sein Bett fallen. Nein, zu Nelly wollte er heute nicht. Lange konnte das sowieso nicht mehr gehen mit Nelly. Sie hing sehr an ihm, aber seine Verliebtheit war längst verflogen, seit er aus der Schweiz zurück war. Sie jedoch hatte sich so sehr gefreut, dass er wieder da war, dass er sich nicht von ihr abwenden mochte. Außerdem war es bequem für ihn. Er musste nicht auf Jagd nach anderen Mädchen gehen.

„Dann geh doch!‟ Die Worte seines Vaters dröhnten in seinen Ohren. Er war noch nicht volljährig. Er konnte gar nicht von zu Hause weg. Wovon sollte er leben? Er wusste, dass er nicht stark genug war für eine ungewisse Zukunft. Er ging in die Küche und bat Dora, ihm sein Abendessen aufs Zimmer zu bringen.

Abends auf dem Weg in das Clubhaus war es stockdunkel. Kleine schwarze Wellen platschten ans Ufer des Flusses, unentschlossen blieb Jean stehen, hob ein paar Kieselsteine auf und warf sie ins Wasser. Er dachte an Harry und an die Clique, mit der er sich hier früher getroffen hatte, und spürte denselben Drang wie damals. Er wollte einer von ihnen sein, wollte dazugehören, wollte nicht länger die Rolle des einzigen Sohnes und geborenen Nachfolgers des wohlhabenden Kaufmanns Jakob Kerko einnehmen, die seine Eltern ihm zugedacht hatten. Entschlossen ging er auf das Clubhaus zu, aus dem dumpfer Männergesang drang. Der Ruderclub war ihm vertraut. Sein Vater war lange Jahre dort Vorsitzender gewesen und hatte ihn früh mitgenommen zum Training. Aber noch mehr Gedanken an seinen Vater wollte er an diesem Abend nicht verschwenden. Er schob die Tür auf und blieb auf der Schwelle stehen, denn es dauerte einen Moment, bis seine Augen den Zigarettenqualm durchdrungen hatten. Mindestens dreißig junge Männer saßen an einem langen Tisch, alle hatten dasselbe braune Hemd an wie er. Am oberen Ende saß Harry in seiner vollen Uniform, einer spielte Gitarre und alle brüllten: *Es zittern die morschen Knochen / der Welt vor dem roten Krieg ...*

Einige Gesichter kannte Jean von früher. Zögernd ging er an den Tisch, grinste schief und setzte sich neben Hermann, der für ihn zur Seite rückte. Hermann war mit Harry und ihm in dieselbe Klasse gegangen. Aus voller Kehle sang Hermann weiter und schob Jean einen Zettel mit dem Text zu. Jean kannte das Lied nicht. Es wäre ganz neu, erklärte ihm Hermann später. Die Melodie gefiel Jean, er stimmte mit ein, zuerst leise, dann aber immer lauter, bis auch er grölte wie alle anderen.

... wir werden weiter marschieren / wenn alles in Scherben fällt ...

... denn heute gehört uns Deutschland, und morgen die ganze Welt!

‚Die marschieren mir zu viel, marschieren ist gefährlich.‘ Schon wieder hörte er die Stimme seines Vaters. Er schüttelte sich. Hermann tippte mit dem Zeigefinger auf die nächste Strophe, und sie sangen:

Und mögen die Alten auch schelten, so lasst sie nur toben und schrei'n,
und stemmen sich gegen uns Welten, wir werden doch Sieger sein.

Genau! Sein Vater – der hatte doch keine Ahnung.

An diesem Abend wurde nicht die nächste Ruderwanderfahrt geplant, wie Jean erwartet hatte, sondern Harry verteilte Flugblätter *Wider den undeutschen Geist*. Es waren dieselben Blätter, die Jean vormittags im Studentenclub bei dem Uniformierten auf dem Schreibtisch gesehen hatte.

Im Befehlston sagte Harry: „Hört zu, damit Ihr wisst, was wir zu tun haben, und damit Ihr versteht, warum Jean nicht länger seinen undeutschen Vornamen behalten kann."

Jean wunderte sich. Woher wusste Harry das mit dem Namen? Er schien tatsächlich zu denen zu gehören, die das Sagen hatten. Nicht nur in der Kleiderkammer.

Sprache und Schrifttum wurzeln im Volke. Harry las laut und bestimmt. *Das deutsche Volk trägt die Verantwortung dafür, dass seine Sprache und sein Schrifttum reiner und unverfälschter Ausdruck seines Volkstums sind.*

Reinheit von Sprache und Schrifttum liegt an Dir. Dein Volk hat Dir die Sprache zur treuen Bewahrung übergeben.

Mit immer lauter werdender Stimme las er alle zwölf Punkte des Flugblattes der deutschen Studentenschaft vor. Jean war begeistert. Das stimmte doch alles, was Harry da vorlas. Jawohl, auch er wollte dazu beitragen, dass die deutsche Hochschule ganz und gar *ein Hort des deutschen Volkstums* würde, so lautete der letzte Satz, den Harry las.

Der Vortragende heimste lautes und langanhaltendes Klopfen auf den Tisch begleitet von Jawoll- und Hurrarufen ein.

Harry machte eine ausladende Geste in Richtung Theke und ließ sich auf seinen Stuhl fallen. Eine Frau in Geinsburger Tracht schleppte Bierkrüge für alle herbei. Noch einmal erhob sich Harry: „Auf unseren Hans!", rief er und alle prosteten Jean zu.

„Auf Hans!"

Jean nahm einen tiefen Zug und wischte sich den Schaum vom Mund. Seinen Eltern würde er nichts von seinem neuen Namen erzählen, falls er überhaupt noch einmal mit ihnen reden würde. In einem Zuge leerte er den Krug und knallte ihn auf den Tisch.

Einige Tage nach dem Abend im Clubhaus schlich Jean mit einem Stapel Bücher unter dem Arm die Treppe hinunter. Bücher aus seinem Regal. An die Bücherschränke seiner Eltern hatte er sich nicht getraut.

Auf dem großen Platz vor den Kasernen hatten die anderen schon ein riesiges Feuer angezündet. Ihre grimmigen Mienen sahen im Schein des Feuers teuflisch aus. Alle hatten einen Stapel Bücher neben sich liegen. Harry fing an, er versuchte seinem Rufen einen feierlichen Ton zu geben: „Gegen den undeutschen Geist und moralischen Zerfall! Für Zucht und Sitte in Familie und Staat!"

Er schleuderte ein Buch in die Flammen. Und schon hörte Jean seine eigene heisere Stimme: „Ich übergebe der Flamme die Schriften von Heinrich Mann, Ernst Glaeser und Erich Kästner."

Schnell warf er zwei Bücher in die Flammen, die er nie gelesen hatte. Bei Kästners *Herz auf Taille* zögerte er, das Buch hatte ihm einmal etwas bedeutet, es war ein Geschenk von seinem Schweizer Freund Eric. Und *Emil und die Detektive* hatte er vor kurzem einem jungen Vetter geschenkt, auch den *Fabian* hatte er gelesen. Gern gelesen. Aber diese Offenheit, wenn er jetzt darüber nachdachte, das hatte ihn doch gestört. War er nicht sogar bei einigen Passagen rot geworden und hatte er nicht gedacht: Wie kann man so etwas schreiben? *Die Liebe ist ein Zeitvertreib, man nimmt dazu den Unterleib …*

Ab ins Feuer! Harry nickte ihm anerkennend zu. Jean starrte in die Flammen, das nächste Buch kam angeflogen, wer es geworfen hatte, wusste er nicht, im Feuer blätterte es sich auf, es bäumt sich auf, dachte er und rief sich gleich zur Ordnung. ‚Das hier muss sein, das ist alles richtig'. Der Qualm biss ihm in die Augen. Er drehte sich um. Eine stumme dunkle Menge stand in einiger Entfernung am Kasernenzaun und guckte zu.

Zu Hause in der Diele begegnete er seiner Mutter. Sie sah ihn entgeistert an, dann sagte sie: „Deine stinkenden Sachen wasche ich nicht!"

Er wurde grob: „Musst du auch nicht, dafür habe ich längst jemanden." Dann knallte er die Tür zu und flüchtet zu Nelly, obwohl er wusste, dass sie nicht zu Hause war. Sie ging abends zu Schulungen der NS-Frauenschaft. Vorsichtig drückte er die Haustürklinke runter. Gott sei Dank, es war noch nicht abgeschlossen, leise schlich er die Treppe hoch in Nellys Zimmer und legte sich aufs Bett. Er versuchte zu lesen. Ärgerlich, dass er hier nicht einmal duschen konnte. Er stand wieder auf und wusch sich notdürftig in der kleinen Wasch-schüssel, dann las er weiter.

„Heute haben wir einen Vortrag über den weiblichen Lebensraum gehört", sagte Nelly, als sie nach Hause kam. Sie freute sich, dass Jean nach den vielen Abenden im Clubhaus mal wieder bleiben wollte.

Jean hob nur kurz den Kopf: „So, so."

Nelly war enttäuscht.

„Was ich mache, interessiert dich überhaupt nicht." Er besann sich und legte sein Buch auf die Bettdecke: „Doch, erzähl", Nelly zog den Mantel aus und setzte sich auf einen der beiden Stühle.

„Die eigentliche Bestimmung der Frau ist es, für Nachwuchs zu sorgen und das Haus für Mann und Kinder zu pflegen, hat die Frau gesagt, die den Vortrag gehalten hat. Das hat mir gefallen, ein Haus pflegen, das kann ich ja. Und das macht mehr Spaß, als zehn Stunden Metallknöpfe an die harten Uniformmäntel zu nähen, sage ich dir. Fehlt nur noch der Nachwuchs!"

„Hör auf", sagte er schärfer, als er wollte, „das ist unmöglich. Ich kann dich nicht heiraten, das weißt du ganz genau. Komm her, wir wollen uns nicht den Abend verderben."

Wie meistens schwieg sie, um ihn nicht zu verärgern, und legte sich zu ihm.

Am nächsten Tag trieb er sich auf dem Universitätsgelände herum, ging auch an diesem Abend nicht nach Hause, sondern blieb im Club-haus, wo immer ein paar Kameraden anzutreffen waren. Sie soffen bis zum nächsten Morgen. Um sechs torkelte er in Nellys Zimmer, als sie gerade zur Arbeit musste. Sie war wütend.

„Musst du ausgerechnet jetzt kommen, und in diesem Zustand, wo die Alte da unten längst aufgestanden ist und alles mitkriegt. Die gan-ze Nacht habe ich auf dich gewartet."

Er wollte nichts mehr sehen und hören. „Weiber", lallte er, drehte sich um und stolperte wieder die Treppe runter. Unten riss die Wirtin die Küchentür auf: „Jetzt ist es genug. Das hat ein Nachspiel. Das mel-de ich! Ihr Liebchen kann sich ein anderes Zimmer für ihr unordent-liches Leben suchen."

Wieder einmal habe ich Jeans Sachen gepackt. Er hat nur ein Semester hier studiert. Jetzt geht er nach Berlin. Er wird dort in einem Kameradschaftshaus des Studentenbundes wohnen. Eine Art Kaserne, hat Jakob geknurrt, als ich von ihm wissen wollte, was das ist, ein Kameradschaftshaus. Vielleicht ist das gut für Jean. Er hat sich so verändert.

Dass er immer in diesem schrecklichen braunen Hemd rumläuft, gefällt mir gar nicht. Wenn ich etwas sage, bekomme ich zur Antwort: Ihr habt doch keine Ahnung. Ich erkenne ihn nicht wieder. Nachts schläft er oft im Ruderclub, wie er sagt. Jakob glaubt ihm das. Ich aber fürchte, es ist ein Mädchen im Spiel, und zwar eins, das er uns nicht vorstellen will. Ob er doch wieder Kontakt zu Nelly aufgenommen hat. Aber würde er nach Berlin gehen, wenn sie ihm etwas bedeutete?

Dieser schreckliche Harry Schröter ist inzwischen auch in Berlin. Vielleicht will Jean deswegen auch dorthin. Das macht mir noch mehr Sorgen als die Geschichte mit Nelly. Er ist so begeistert von der neuen Bewegung, von diesem Hitler. Ich kann die Stimme von dem Kerl nicht hören, dauernd senden sie jetzt seine großen Reden im Radio. Was er sagt, klingt primitiv. Mir macht das Ganze Angst. Jean war schon immer leicht zu beeinflussen. Ich weiß, dass er dabei war, als Studenten oben vor der Kaserne Bücher verbrannt haben. Wie kann man nur Bücher verbrennen, und mein eigener Sohn war dabei. Darüber bin ich sehr unglücklich.

Jean stand noch immer vor dem Tor seiner alten Schule. Die letzten Schüler an dem Kiosk erledigten ihren eiligen Einkauf und liefen zurück.

Harry ist Sieger geblieben, damals und später, immer war er der Sieger! dachte Jean. Von einem Tag zum anderen haben sie mich damals in das Internat in die Schweiz geschickt.

Aus dem offenen Fenster eines Klassenzimmers dröhnte die Stimme eines Lehrers. Jean ging langsam weiter.

Er durchquerte den Botanischen Garten. Andere Bilder aus seinem alten Leben drängten sich in den Vordergrund. Er wusste, dass er die stählerne Tür, hinter der sie verborgen gewesen waren, nie mehr würde schließen können. Unter einer mächtigen Eiche lagerten junge Leute auf dem Rasen wie früher. So viele Frauen waren allerdings nicht unter ihnen gewesen. An dem Weiher dort drüben hatte er sich oft mit Nelly getroffen. Jeden zweiten Sonntag hatte sie frei. Nelly, das Mädchen für alles im Hause Kerko!

Jean hätte sich gern ins Gras fallen lassen, aber der dunkle Anzug, die neuen Schuhe – er setzte sich auf eine Bank.

Auch Nelly hatte er aus seinem Gedächtnis getilgt. Jetzt aber sah er sie wieder vor sich, die krausen dunklen Haare, die Stupsnase, ihre fröhlichen Augen. Er blickte hoch zum Schloss und spürte die Sehnsucht nach den versunkenen Jahren, als sie die Stufen rauf und runter gejagt waren.

Mühsam fand er zurück in die Gegenwart, er blieb noch eine Weile auf der Bank sitzen und entdeckte jenseits der Straße das Schild ‚Fahrstuhl Oberstadt‘. Ein Fahrstuhl hinauf in die Oberstadt. Das hätten sie sich früher in ihren kühnsten Träumen nicht ausmalen können.

Schließlich stand er auf, verließ den Botanischen Garten und bog in die Akademiestraße zum Wilhelmsplatz ein. Er spürte sein Herz; hier in der Nähe hatten sie gewohnt. Das Haus würde er wiedererkennen, er war sicher. Die Adresse hatte er nie vergessen: Brunnengasse 2.

Zuletzt hatte er sie seinem Fahrer genannt, der ihn für einen Tag und eine Nacht von Berlin aus noch einmal nach Geinsburg gebracht hatte. Er rechnete: Vor zweiundzwanzig Jahren war das gewesen. Er ging die Brunnengasse hinauf, seine Augen prüften die Häuser mit den Jugendstilfassaden und den gepflegten Vorgärten. In so einem Haus hatten sie gewohnt, aber die Nr. 2 entdeckte er an der Wand eines hässlichen Flachbaus. Das war doch nicht möglich! Mitten in dieses Wohnviertel hatten sie eine Kaufhalle gebaut. Wo war sein Elternhaus? Er sah es vor sich wie auf einer Fotografie. Die weiße Front, das rote Walmdach, die hohen Sprossenfenster über drei Etagen, den Vorgarten, wo in seiner Erinnerung immer Blumen und Sträucher geblüht hatten. Wo war das alles geblieben? Eine Bombe konnte hier nicht gefallen sein, dann wären die Nachbarhäuser auch in Mitleidenschaft gezogen worden. Oder vielleicht doch? Die graue Waschbetonmauer der Kaufhalle schwieg ihn an. Jean fühlte sich getroffen und verletzt, als habe man ihn hart ins Gesicht geschlagen. Es war dasselbe Gefühl wie an dem Morgen vor vielen Jahren in Loquimar, als ein Polizist vor seiner Tür gestanden und ihm die Nachricht von Madeleines Unfall überbracht hatte.

Nur wenige Schritte noch, und er war am Friedhofstor angekommen.

Langsam ging er die breite Allee hinauf, die zur Kapelle führte. In der Nähe musste ein Seitenweg sein, an dessen Ende er die Grabstätte der Familien Kerko und Anger finden würde, oft hatte er seine Eltern an Sonn- und Feiertagen begleiten müssen, wenn sie das Grab der Großeltern besuchten.

Er setzte sich auf eine Bank und nahm erst jetzt den kleinen Jungen wahr, der hinter ihm her getrippelt sein musste. Er trug in jeder Hand eine große grüne Gießkanne, hatte die Zunge zwischen die Lippen geklemmt und lief so schnell es ihm mit der sperrigen Fracht möglich war hinüber zu seinen Eltern. Die beugten sich auf der anderen Seite des Weges über ein Grab. Jean scheute sich, weiter dorthin zu schauen, als er die Trauer erkannte, die die beiden Gestalten niederdrückte, aber er konnte seine Blicke nicht abwenden, bis der Junge bei den Eltern angekommen war und die Gießkannen absetzte. Sie nahmen ihn in ihre Mitte und knieten alle drei vor dem kleinen Grab nieder, auf dem Jean die Skulptur eines weißen Engels erkannte.

Jean schloss die Augen, sein Gesicht suchte die Wärme der Sonnenstrahlen. Unter der Eiche raschelte es im Laub, über ihm in den Zweigen klang das Zizizi einer Blaumeise so laut, als nahe der Frühling.

Hundertmal hatte er sich in früheren Jahren die letzte Begegnung mit seiner Mutter im Juli 1941 ins Gedächtnis gerufen, bis er auch diese Erinnerung verbannt hatte.

Die Eltern mit ihrem Kind an dem kleinen Grab gegenüber waren aufgestanden, sie nahmen ihren Jungen bei den Händen und hoben ihn durch die Luft. Das Kind lachte.

Auch Jean erhob sich und fasste den Mut, die paar Schritte bis zu der Grabstätte seiner Familie zu gehen. Die Grube, in die sie den Sarg mit seiner Mutter hinablassen würden, war ausgehoben und mit Brettern an den Seiten abgesichert. Feuchter, modriger Geruch stieg auf, und er wagte kaum, auf die Bretter zu treten, aber er musste es tun, wenn er die Inschrift auf dem Grabstein entziffern wollte. Er bückte sich und las: Jakob Kerko, geb. 14. November 1882, gest. 2. Oktober 1945.

Sein Vater war nur dreiundsechzig Jahre alt geworden. Im Oktober 45 war der Krieg längst aus. Er muss krank gewesen sein, dachte Jean.

Auch die Stimme seines Vaters hörte er, schon Jahre vor dem Krieg hatte er gesagt: „Die marschieren mir zu viel. Marschieren ist gefährlich. Was willst du bei denen?"

Er trat von der offenen Grube zurück auf den Weg und stieß ein paar Kieselsteine mit der Fußspitze vor sich her. Damals hatte er sich umgedreht und hatte seinen Vater einfach stehen lassen.

Ein Räuspern riss ihn aus seinen Gedanken, er blickte auf. Eine grauhaarige Alte im schwarzen Kostüm musterte ihn. Er erschrak. Kam die Frau zur Beerdigung seiner Mutter? Kannte er sie? Hatte sie ihn erkannt? Er blieb stehen und sah sich verstohlen um, aber die Frau war weitergegangen.

Ohne es zu merken, war er an der Friedhofskapelle angekommen. Ihre weiß getünchten Mauern erhoben sich über einem mächtigen Sandsteinsockel.

Er wusste von früher, dass sich unter der Apsis in diesem Sockel ein kleines Tor für die Särge versteckte. Er scheute sich, dorthin zu sehen. Vor einer Stunde vielleicht hatten sie den Sarg seiner Mutter durch dieses Tor geschoben.

Jean straffte die Schultern.

Der Mann im schwarzen Anzug vor den geschnitzten Türflügeln deutete auf die ausgelegte Kondolenzliste. Es waren nur wenige einzelne Blätter, noch hatte niemand sich eingetragen. Er zögerte. Schließlich nahm er den Stift und schrieb seinen Namen so unleserlich, wie er ihn unter amtliche Schriftstücke setzte. In dem kleinen Vorraum schlug ihm der dichte Geruch von Koniferen entgegen. Er verharrte. Unzählige Kränze und Gebinde lagen um den Sarg herum, bis in den

Gang hinein. Jean kämpfte den Anflug von Übelkeit nieder, setzte sich in die letzte Reihe und zog den Kopf tief in seinen Mantelkragen.

Die Kapelle füllte sich allmählich, auch die letzte Bank wurde besetzt. Flüstern und Husten verletzten die Stille, bis eine dunkelhaarige junge Frau herein kam. Niemand war an ihrer Seite, sie hielt den Kopf trotzig erhoben, schüttelte das krause Haar, als wolle sie sagen: „Starrt mich nicht so an" und ging mit raschen Schritten nach vorn. Viele Blicke begleiteten sie. Vor dem Sarg verharrte sie, dann setzte sie sich mit einer heftigen Bewegung in die leere erste Reihe. Auch Jean hatte sie mit den Augen verfolgt, das Herz schlug ihm bis zum Hals.

Als der junge blasse Pfarrer mit seiner Ansprache begann, hatte Jean sich so weit gefasst, dass er zuhören konnte. Der Pfarrer nestelte an seinem Beffchen, seine Stimme klang dünn, als müsse er seine eigene Anteilnahme überspielen. Er sprach Ria Kerko direkt an, und Jean erfuhr, dass sie die Tochter des verstorbenen Sohnes von Katharina Kerko war, die die Großmutter zu sich genommen und schließlich auch adoptiert hatte, als das Mädchen elf Jahre alt war.

Jean saß da, zitterte und konnte nicht wieder aufhören, die ganze Bank bebte. Die Leute, die in seiner Nähe saßen, drehten ihre Köpfe zu ihm. Nur mit äußerster Kraftanstrengung gelang es ihm nach ein paar Minuten, das Zittern zu unterdrücken.

Als die Gemeinde sich vor den Trägern mit dem Sarg erhob, setzte das Zittern wieder ein, er stürzte vor allen anderen hinaus und verbarg sich hinter einer Baumgruppe, bis der Trauerzug vorübergegangen war. Mechanisch folgte er in einigem Abstand. Er hatte nicht vorgehabt, sich bei denen einzureihen, die noch einmal an das Grab gehen und den Angehörigen kondolieren wollten. Aber sein Denken war ausgeschaltet, er fühlte sich wie durch magische Kräfte dorthin gezogen. Während der Pfarrer am Grab das Vaterunser sprach, konnte er die Augen nicht abwenden von der jungen Frau, die mit gesenktem Kopf dastand, und der die Tränen waagerecht aus den Augen spritzten.

Er war der Letzte in der Reihe. Wie in Trance ging er an das Grab, ließ drei Schaufeln Erde auf den Sarg poltern, registrierte die vielen weißen Blüten, aber den Gedanken, dass der Körper seiner Mutter unter diesem braunen Deckel lag, ließ er nicht zu. Ein kurzes Zögern noch, dann stand er vor der dunkelhaarigen Frau, streckte ihr die Hand hin, sah in das verweinte Gesicht, sah ihren fragenden Blick, wollte etwas sagen und brachte doch kein Wort raus.

Er hatte das Gefühl zu schwanken, als er grußlos an den wenigen Menschen vorbeiging, die noch geblieben waren.

Weit nach vorn gebeugt saß Jean nachts in seinem Hotelzimmer auf der Bettkante. Das weiße Hemd war zerknittert und verschwitzt, der schwarze Schlips baumelte lose zwischen seinen Knien. Mühsam richtete er sich auf, schob zwei Finger hinter den Hemdkragen, würgte, griff zu der Whiskyflasche auf dem Nachttisch und setzte sie sekundenlang nicht wieder ab.

„Ich habe eine Tochter", murmelte er.

„Ein Mädchen. Mein Mädchen", er weinte.

„Komm her, mein Mädchen, ich will dich umarmen. Nein, bleib da stehen, ich darf dich nicht anfassen. Ich bin schmutzig", schrie er.

Im Nachbarzimmer haute jemand an die Wand.

„Ich habe ein Kind", rief er laut.

„Ich bin ein Vater. Ein mieser Vater."

Er rülpste.

Eine Stimme von nebenan verlangte: „Ruhe, gib endlich Ruhe, verdammt noch mal."

„Schnauze", flüsterte Jean, „Schnauze. Ich habe eine Tochter."

Die Erinnerungen bauten sich vor ihm auf – ein Müllberg, der von Minute zu Minute höher wurde, ständig leerten andere Hände neue Eimer aus. Die Halde wuchs bis zur Zimmerdecke, Jean sah einen Hund in den Abfällen nach Essbarem wühlen und scharren. Es stank, er hielt es nicht aus, er wankte bis zur Tür, ging hinaus so wie er war, an den Füßen klebten nur die schwarzen Socken. Kaum hatte er einen Schritt vor die Haustür getan und die kalte Oktobernacht tief eingeatmet, brach er zusammen.

Vielleicht hatte er nur zehn Minuten dort gelegen, vielleicht aber auch mehrere Stunden. Als er aufwachte, fühlte er sich, als wäre er fest in kalte feuchte Tücher eingewickelt. Mühsam tastete er nach dem Türpfosten, er konnte sich nicht aufrichten. Auf allen Vieren kroch er in den Flur, kroch die Treppe hinauf. Wie ein Hund, dachte er, wie ein Hund. Er hob den rechten Arm. Nach oben gucken konnte er nicht. Unter großer Anstrengung erwischte er die Türklinke, schob sich kriechend in das Zimmer, trat nach hinten, um die Tür zuzustoßen, zog sich an dem Bettkasten hoch und streckte sich stöhnend auf dem Bett aus.

Als er am nächsten Morgen die leere Whiskyflasche neben seinem Bett sah, hörte er sich immer noch diesen einen Satz sagen: Ich habe eine Tochter. Nachts war ihr Gesicht immer wieder aus dem Dunkel aufgetaucht, blass, schmal, eine gerade Nase und eine hohe Stirn, krause dunkle Haare, dunkle Augen unter stark gezeichneten Brauen. Im Traum suchte er zwischen all den Bildern, die ungeordnet herumflogen wie Fotografien in einem Schuhkarton, und er fand das Bild nicht, an das sie ihn erinnerte.

Ich habe eine Tochter, flüsterte er, eine verdammt hübsche Tochter, ein Mädchen, das geradeaus weint. Wie ich.

Er drehte sich auf die Seite und fühlte sich außerstande aufzustehen.

12. NOVEMBER 1938

So lange habe ich nichts geschrieben. Wieder hatte ich mein Tagebuch fast vergessen. Aber es geschehen so schreckliche Dinge um uns herum, dass ich jetzt wieder schreiben muss. Heute Morgen wollte ich zum Zahnarzt. In der Hospitalstraße sah ich vor Spiros Haus mehrere Leute stehen und diskutieren. Ich konnte nicht vorbei, blieb ebenfalls stehen und sah, dass im ersten Stock ein Mann in Uniform am offenen Fenster das rote Inlett eines Federbettes aufschlitzte, die Federn segelten nach unten, und da erst fiel mein Blick auf den Mann am Boden. Das musste Herr Spiro sein, er krümmte sich vor Schmerzen. Seine Frau beugte sich schluchzend über ihn. Roh wurde sie von einem Uniformierten zurückgerissen, er drehte ihr die Arme auf den Rücken, sie schrie laut auf.
Meine Güte, die Spiros! Kaufleute wie wir. Jean ist mit dem ältesten Sohn zusammen eingeschult worden. Wir haben uns auf manch großem Fest getroffen und fröhlich getanzt. Das war in einem anderen Leben, denke ich oft.
Wie sorglos und wie ahnungslos wir waren.
Ein Polizist trieb uns auseinander: Weiter, weiter, hier gibt's nichts zu sehen! Ich ließ mich mit den anderen abdrängen. Im Weitergehen erst konnten wir die eingeschlagenen Schaufenster im Parterre sehen, wo die Spiros ihr Uhrengeschäft haben. Was ist dort nur passiert? Warum haben die Polizisten nichts unternommen?

Was sind das bloß für Zeiten? sagte ich zu der Frau, die neben mir ging. Das muss der Uniformierte gehört haben, der noch mit Frau Spiro beschäftigt war. Er drehte sich um: Was soll das heißen, brüllte er mich an, das ist die beste Zeit, die Deutschland je erlebt hat. Und wenn es Ihnen hier nicht mehr gefällt, können Sie gleich mitkommen, mit denen hier. Er hatte Frau Spiro immer noch nicht losgelassen, und ihrem Mann versetzte er einen Fußtritt.

Ich war zu Tode erschrocken. Mir wurde ganz übel. Zum Zahnarzt bin ich nicht mehr gegangen. Als ich Jakob das alles erzählte, hat er mich zu allem Überfluss auch noch ausgeschimpft: Bist du verrückt geworden, dich da einzumischen. Die hätten dich glatt mitnehmen können.

Aber dann hat er meine Hand genommen und nur gesagt: Ich will um dich nicht auch noch Angst haben; ich mache mir große Sorgen wegen Jean. Er kommt so selten und schreibt so wenig. Was macht er da in Berlin? Und es liegt Krieg in der Luft, dann wird er bestimmt eingezogen, oder meldet sich gleich freiwillig. Wir müssen uns auf harte Zeiten einstellen, Käthe.

Heute Nachmittag musste ich dringend das Laub unter den
großen Bäumen im Hof zusammenfegen. Wir hatten einen
sehr schönen sonnigen Tag. Hilfe im Haushalt? Das ist so
lange schon vorbei. Es ist Krieg! Die Frauen arbeiten jetzt in
den Fabriken, nähen Uniformen oder werden sogar in der
Waffenindustrie eingesetzt, wie mir Frau Professor König
erzählt hat. Osi ist noch da, aber die kann ich für eine solche
Arbeit nicht mehr gebrauchen; sie ‚frisst ihr Gnadenbrot‘,
wie Jakob in seiner manchmal rüden Art sagt. Oft seufzt sie:
Warum kommt Jean nicht wieder, ich würde doch seine Kinder auch noch groß kriegen. Heinrich ist noch da für die
schweren Arbeiten, aber in der Küche, im Haus und im Garten fehlt mir jemand. Kochen, saubermachen, einkochen,
waschen, stopfen, das alles bleibt an mir hängen. Das hätte
ich mir früher auch nicht träumen lassen!
Was für ein sorgloses Leben wir hatten. Warum ist das alles
dahin? Dieser schreckliche Krieg. Und diese ständige Sorge
um Jean. Natürlich hat er sich vor einem Jahr gleich freiwillig gemeldet, wie Jakob befürchtet hat. Zuerst war er in
Polen, von dort kamen zwei Feldpostbriefe – jeder nur fünf
Zeilen lang. In seiner letzten Nachricht hat er uns mitgeteilt,
dass er mit seiner Einheit nach Afrika geht. Was wollen wir
in Afrika, habe ich Jakob gefragt. Er hat die Schultern ge-
zuckt und mich nur gemahnt: Sag so etwas nie laut. Jeder
bespitzelt hier jeden, das musst du wissen, und uns Ge-
schäftsleute hat der Herr Gauleiter sowieso auf dem Kieker!

Neulich saß er mit lauter Braunhemden in unserer Bahnhofsgaststätte und sagte so laut, dass ich es hören sollte: Eine Schande, dass so etwas hier noch in Privatbesitz ist. Kaisertreue und Großbürgertum, das ist vorbei, hat er geschrien und auf den Tisch gehauen. Die anderen haben laut Beifall geklatscht. Ich habe Angst, Käthe! Weißt du eigentlich, dass der Schröter, der Vater von Harry, zu der Entourage des Gauleiters gehört? Als Türsteher wahrscheinlich, hat er grimmig hinzugefügt.

„*Ich steige hier aus*", sagte Jean zu seinem Fahrer, als sie in der Nähe seines Elternhauses angekommen waren. „Um sieben holst du mich wieder ab, in der Zwischenzeit" – er drückte ihm einen Zettel mit Nellys Adresse in die Hand – „warnst du sie vor. Sie wird dir bestimmt etwas Gutes zu essen geben!"

Der Fahrer grinste und ließ den Motor wieder an.

Seine Eltern saßen im Hof beim Kaffeetrinken, Heinrich kam aus den Ställen, die Mistforke hatte er noch in der Hand. In der Haustür stand Osi auf einen Stock gestützt, wahrscheinlich war sie gerade zum Kaffee gerufen worden. Seine Mutter sah ihn zuerst, sie schrie auf, die Kaffeetasse fiel ihr aus der Hand. Da war auch sein Vater schon aufgesprungen und umarmte ihn. Jean konnte sich nicht erinnern, dass er das je getan hatte. Sein Vater sagte immer wieder: „Junge, dass du da bist, dass du lebst!" Seiner Mutter liefen Tränen über die Wangen, sie sagte nichts, schüttelte den Kopf, umklammerte seine Oberarme und flüsterte: „Ich habe solche Angst um dich gehabt." Jetzt war Osi an der Reihe, Jean drückte sie fest an sich. Sie hatten die Rollen getauscht. Sie schluchzte, und er konnte nur sagen: „Nu, nu, Osi, ist doch kein Grund zum Weinen, wenn ich lebendig vor dir stehe!" Heinrich hatte im Hintergrund gewartet, er sah immer noch aus wie zehn Jahre zuvor mit seiner langen grauen Schürze und seinen kurzen Stoppelhaaren. Auch er fuhr sich mit dem Handrücken über die Augen, und Jean sah sich als Junge neben ihm auf dem Kutschbock sitzen und durch die Straßen der Stadt holpern, er hörte seine eigene helle Stimme von damals: „Heinrich, gib mir die Zügel!"

Nie hatte er ihm eine solche Bitte abgeschlagen.

Jetzt machte Heinrich ein paar zögernde Schritte auf Jean zu und packte ihn bei den Schultern: „Da sind Sie ja, Jean! Offizier sind Sie, seh ich doch gleich." Sein dicker Daumen fuhr ehrfurchtsvoll über die Epauletten. Jean hatte noch nicht einmal seine Uniformmütze abgenommen, das holte er schleunigst nach und setzte sie Heinrich auf den Kopf. Der wischte seine Hände an der Schürze ab und sagte: „Nicht doch, Jean, das ist ja Frevel, ich mit einer Offiziersmütze, das müssen Sie nicht tun!"

„Ich höre immer Sie!? Soll ich jetzt etwa auch Heinrich und Sie sagen", fragte Jean.

Heinrich war verlegen: „Aber ich kann doch zu so einem hohen Herrn nicht mehr Du sagen."

„Und ob du kannst. Ich sage dir Heinrich, was ich bei dir über Pferde gelernt habe, konnte ich verdammt gut gebrauchen an der Front. Die Gäule müssen wirklich was leisten im Krieg." Heinrich sah ihn begierig an, er hätte gern mehr gehört, aber Jean sprach nicht weiter.

Seine Mutter sah es zuerst. Sie umklammerte sein linkes Handgelenk. „Was ist mit deiner Hand passiert?", schrie sie.

Er starrte auf seine Hand. Sie hatte gebrannt. Bei Tripolis war es passiert, und er wunderte sich immer noch, dass das nicht sein Ende gewesen war. Die vier Finger waren steif und inzwischen wieder von einer dünnen roten Haut überzogen, die Nägel waren zusammengeschmolzen. Wie übrig gebliebene Trümmer ragten sie aus seinem verformten Handrücken. Den Daumen hatte das Feuer nicht erwischt; er hatte seine normale Haut behalten, dick und weißlich hob er sich von den rötlichen Krüppeln ab. Jean konnte ihn bewegen, er wackelte mit dem Daumen und sagte: „Das ist doch gar nichts, Ihr könnt euch nicht vorstellen, wie viel Blut ich schon gesehen habe."

Seine Mutter schlug die Hände vor das Gesicht.

„Afrika", sagte sein Vater. „Das ist doch Wahnsinn. Was wollten wir dort?" Jean sah ihn nicht an, er antwortete nicht.

Schließlich saßen sie zu fünft an dem runden Tisch im Hof unter der Platane.

„Wie im tiefsten Frieden", seufzte seine Mutter. „Aber es ist kein Friede, wie lange dauert das alles noch, Jean? Osi und Heinrich sind zum Glück noch bei uns. Von den Pferden haben sie uns nur noch Lotte gelassen, Max und Liese sind beschlagnahmt."

„Mein Opel auch", fügte sein Vater hinzu.

„Jeder muss jetzt Opfer bringen", sagte Jean rasch. Er wollte in diesem friedlichen Augenblick nicht an den Schlamassel denken, und erst recht verspürte er nicht die geringste Lust, Propagandareden zu schwingen. Er wollte sie nur anschauen, diese vier Menschen und noch einmal für kurze Zeit in ihre Geborgenheit zurückschlüpfen.

„Funktioniert der noch", fragte er und zeigte auf den Brunnen in der Mitte des Hofes neben dem Birnenbaum. Sein Vater nickte. „Gut, dass wir den haben. Was meinst du, wie oft die uns das Wasser abstellen." Jean stand auf und ging zu dem Brunnen hinüber. Ich habe Durst, dachte er.

Durst nach dem Wasser aus diesem Brunnen.

7. JULI 1941

Jean war für ein paar Stunden hier. Ich bin noch ganz aufgelöst. So lange hatten wir nichts von ihm gehört. Jetzt wissen
wir warum. Er ist verwundet worden, und gleich danach hat
er einen geheimen Auftrag bekommen, über den er selbstverständlich nicht sprechen durfte.

Er war in Nordafrika und ist in ein Feuergefecht geraten.
Seine linke Hand hat gebrannt. Nur das schnelle Eingreifen
der Sanitäter hat Schlimmeres verhindert, sagte er. Ich
konnte gar nicht richtig hingucken, so furchtbar sieht seine
Hand aus.

Ich hoffe so sehr, dass der Krieg nicht mehr lange dauert.
Kurz vor sieben sah Jean auf die Uhr und sagte: „Mein Fahrer
wartet draußen."

Wir haben keine Fragen gestellt. Ich wollte Jean und seinem
Fahrer für die lange Fahrt Brote mitgeben. Er hat abgelehnt.
Da wusste ich, dass er die Nacht noch in der Stadt verbringt.
Bestimmt wollte er zu Nelly.

‚Ist es denn immer noch nicht vorüber?' hätte ich ihn am
liebsten gefragt. Das Herz war mir so schwer, als er ging.
Wenn es nun das letzte Mal war, dass wir uns gesehen haben?
Jakob wurde böse, als ich das laut sagte: Hör auf, warum
willst du alles immer nur schwarzsehen?

Heute hat sich etwas so Aufwühlendes ereignet, dass ich
mein Tagebuch brauche, um meine Gedanken zu ordnen.
Ich wüsste nicht, mit wem ich darüber sprechen könnte, außer mit Jakob natürlich, das muss sein, gleich heute Abend,
umso wichtiger, dass ich einen klaren Kopf bekomme. Ich
hatte mich nachmittags gerade auf die Bank an der Hauswand gesetzt, um einen Moment vom Laubfegen auszu-
ruhen, mein Rücken schmerzte furchtbar, als ich eine junge
Frau mit einem Kleinkind auf dem Arm an der Pforte stehen
sah. Ich habe Nelly sofort erkannt und bin auf sie zugegangen.
Ich freute mich ehrlich sie zu sehen, das müsste sie eigentlich gespürt haben, aber sie wirkte sehr angespannt.
Sie brachte kein Wort heraus und drückte stattdessen das
Kind auf ihrem Arm fest an sich. Ich habe dem Kind meine
Arme entgegen gestreckt, wollte es selbst einmal nehmen,
aber es hat mich nur groß angesehen und sich an seine Mutter geschmiegt. Es ist ein Mädchen – ein halbes Jahr alt, wie
ich dann erfuhr.
Ich habe es angelächelt, um es aus der Reserve zu locken und
mit einem Schlage wusste ich alles. Die Kleine ist Jean wie
aus dem Gesicht geschnitten, am auffälligsten sind die Augen, große, dunkle Augen unter deutlich gezeichneten Brau-
en. Ungewöhnlich bei einem so kleinen Kind. Der Mund
schmal und ausdrucksvoll. Die Kleine verzog ihn schließlich
doch zu einem Lächeln und gab mir die letzte Gewissheit:

Das war Jeans scheues Lächeln, das er als Kind und manchmal auch später noch hatte.

Nelly muss mein Mienenspiel beobachtet haben, sie sagte nur: „Das ist Ria. Ihr Enkelkind, Frau Kerko!"

Dann hat sie leise gefragt: „Wissen Sie etwas von Jean? Ich habe seit eineinhalb Jahren nichts mehr von ihm gehört."

Ich kann nicht weiterschreiben, mir zittern die Hände, zu viel Aufregung. Bald kommt Jakob von seiner Versammlung nach Hause, wie wird er das aufnehmen?

Jakob war fassungslos, und ihm schossen die Tränen in die Augen – nach Kerko'scher Art; selten genug habe ich ihn weinen sehen. Als er sich beruhigt hatte, sagte er nur immer wieder: Warum schreibt der Junge nicht, ich verstehe das nicht. Und mir legte sich ein Ring um die Brust wie so oft in den letzten Monaten. Seitdem Jean uns hier im letzten Sommer besucht hat, nicht eine Zeile, kein Telegramm, nichts! Ich habe mich damit abgefunden, dass ihm etwas zugestoßen ist, aber Jakob will davon nichts hören.
Er sagte unvermittelt: Wir wollen die Kleine zu uns nehmen! Er sprach aus, was ich seit Stunden dachte. Aber ob das gut ist? Ein Kleinkind hier in unserem Haushalt? Schaffen wir das? Wie wird Nelly reagieren. Sie lebt in ärmlichen Verhältnissen. Sie hat Geld von mir angenommen und ihre Adresse dagelassen. Ich werde sie morgen besuchen.

Nelly hat abgelehnt. Sie will das Kind selbst groß ziehen, sie glaubt fest daran, dass Jean wiederkommt und dass er sie dann heiratet. Das Kind ist doch ein Teil von ihm, hat sie gesagt. Wenn Jean lebendig wiederkäme, wäre mir alles andere egal. Warum sollen die beiden nicht heiraten. Es ist doch sowieso nichts mehr wie es einmal war.

Jakob war empört, als er meine Meinung dazu hörte. Unser Sohn mit einer Hausangestellten? Ein Unding! Er kommt nicht mehr mit, mit der neuen Zeit.

Nelly ist mit gelegentlichen Kontakten einverstanden. Ich will sie auf jeden Fall mit Geld unterstützen, so gut ich kann.

Die Seitenbleche seines Jeeps waren durchlöchert, zum Proviant holen aber taugte der Wagen noch.

Sie hatten Jean Kerko, der wegen seiner verbrannten Hand keine schweren Waffen mehr bedienen konnte, zur Versorgungstruppe geschickt.

Auf Verdacht fuhr er in einen schmalen Feldweg außerhalb des Dorfes und entdeckte einen Hof hinter hohen Koniferenhecken. Die Einfahrt war versteckt und schmal. Ein schwarzer Hund kam auf ihn zugeschossen. Er wusste, dass seine Kameraden in solchen Fällen die Pistole zogen und abdrückten. Das hätte er nie fertig gebracht. Er stieg aus, redete beruhigend und lockend auf den Hund ein, bis der schwanzwedelnd auf ihn zulief. Eine Frau kam aus dem Haus, blieb mehr verdutzt als erschrocken in der Tür stehen und schrie ihren Hund an: «T'es pas bien de te faire caresser par un boche, grand malin. Ici, grouille-toi!»[1]

Jean ließ von dem Hund ab und sah die Frau an. Trotz ihrer Kittelschürze war etwas Aristokratisches in ihrer Haltung. Aufrecht stand sie da, das braun gebrannte Gesicht angespannt, herausfordernd sah sie ihn an. Der Hund trottete zu ihr.

Jean sagte: «Il est peut-être plus malin que nous. Il ne fait pas attention à la nationalité, il suit uniquement son instinct!»[2]

Die Gesichtszüge der Frau erstarrten. Jean sah, wie sie heftig atmete, sah in ihren Augen das Entsetzen darüber, dass er, der deutsche

---

1 „Bist du verrückt, dich von einem *boche* (= Schwein, abwertende Bezeichnung f. d. Deutschen während der Besatzung) streicheln zu lassen? Hierher, aber dalli!"

2 „Er ist vielleicht klüger als wir. Er achtet nicht auf die Nationalität, er folgt ausschließlich seinem Instinkt."

Soldat, sie verstanden hatte. Damit hatte sie nicht rechnen können. Sie straffte die Schultern, trotzige beinah, als wollte sie sagen: Tu, was du tun musst, ich bin auf alles gefasst.

Höflich bat er sie um Wasser, drehte sich um und holte mehrere verbeulte Kanister von der Ladefläche des Wagens. Sie wies erleichtert auf den Brunnen im Hof und blieb abwartend in der Tür stehen. Jean ging auf den Brunnen zu, sah die Eisenkurbel an der Seite, sah das hölzerne Halbrund der Abdeckung und schluckte. Genauso einen Brunnen gab es hinten im Hof seiner Eltern, gleich neben dem Eingang zum Weinkeller – tausend Kilometer östlich von hier.

Ich habe Durst, dachte er und sah sich als kleinen Jungen hinter Heinrich herlaufen, wenn er Wasser holte.

Die Winde rief mit ihrem Quietschen, die Kette, an dem Heinrich den blanken Eimer bedächtig hinunterließ, ächzte. Jean hängte sich über den Brunnenrand und Heinrich mahnte:

„Vorsichtig, Jean, vorsichtig."

Aber er hörte Heinrichs Stimme kaum.

Seine Augen versanken mit dem Eimer in der Tiefe, sahen, wie er übervoll aus dem Dunkel wieder auftauchte, schwankend, sorgsam dirigiert, damit er nicht an die Wände des Schachtes stieße und kostbare Tropfen verlöre. Jean wartete begierig, dass Heinrichs breite Hand mit ihren glitzernden weißen Härchen den Eimer entschlossen und vorsichtig zugleich auf den Rand heben und von der Kette befreien würde. Dann würde sich Heinrichs Arm blitzschnell in eine Schranke verwandeln, um Jean vor der eisernen Kurbel zu schützen, die zurückschnellte wie ein wütendes Tier.

Mit schwerem Schritt trug Heinrich den Eimer zu seinem Platz auf einem Schemel in der Diele. Jean rannte hinter ihm her, aber wieder waren Heinrichs Arme da: Halt! Er hängte die Schöpfkelle aus graumelierter Emaille über den Rand des Eimers und mahnte: Langsam, es ist sehr kalt.

Erst dann durfte Jean die Kelle eintauchen und in kleinen andächtigen Schlucken daraus trinken.

Jean wischte sich über die Augen, hob den Holzdeckel von der Öffnung, kettete den Zinkeimer an und ließ ihn hinunter in die Tiefe. Das Hochkurbeln mit nur einer Hand fiel ihm schwer. Aber er schaffte es, schaffte es auch, mit dem Daumen der verkrüppelten Hand die

Kette zu lösen. Mit seiner gesunden Rechten schöpfte er einen großen Schluck in den Mund. Das Wasser schmeckte nach Eisen, nach Sommer, nach Kühle, nach Lust, nach Freiheit, nach Liebe, nach Frieden.

Eimer um Eimer holte er hoch und füllte seine Kanister, als eine junge Frau auf den Hof geradelt kam. Sie wollte sich an der älteren, die den Soldaten im Auge behalten hatte, vorbeidrücken und ins Haus flüchten.

Sie hat zu viele schreckliche Geschichten gehört oder vielleicht auch selbst erlebt, dachte Jean.

«Attendez», sagte er, löste den letzten Eimer von der Kette und brachte ihn den beiden Frauen.

«Pour vous!»

Zum zweiten Mal an diesem Tag war er dankbar dafür, dass er im Internat Französisch gelernt hatte. Die Anspannung wich aus den Gesichtern der Frauen. Der Anblick der Jungen versetzte Jean in eine lange vergessene Welt. Er konnte sich nicht satt sehen an ihrem schmalen Gesicht, das von langen dunklen Haaren umrahmt war. Sie war sehr schlank und etwas größer als er. Verlegen drehte sie an einer Haarsträhne und schien bereit, sich auf ein paar Sätze mit dem feindlichen Soldaten einzulassen, doch die Ältere zog sie mit ins Haus. «Non, Madeleine.»

«Oui, ma tante», sagte sie leise und sah sich auf der Schwelle noch einmal zu ihm um.

Abends auf seiner harten Pritsche sah Jean immer noch ihr Gesicht, die vollen Lippen und die neugierigen Augen. Madeleine! Er schmeckte das Wasser aus der Tiefe, schmeckte für Sekunden seine Kindheit, und zum ersten Mal seit Monaten kamen ihm die Tränen. Er lebte wieder.

Jeden Tag fuhr er nun zum Wasserholen auf diesen Hof. Allmählich legte sich bei beiden Frauen die Furcht, weil Jean höflich blieb und immer öfter etwas mitbrachte, was sie nur selten bekommen konnten: Zigaretten, Kaffee und Schokolade. Manchmal kam er mittags, dann winkte ihn die Tante ins Haus, und er setzte sich zu ihnen an den Tisch, obwohl ihnen solche Art von Verbrüderung bei Strafe verboten war.

An einem Morgen kam er zu Fuß und traf Madeleine allein auf dem Hof an. Sie zog ihn mit in ihr Zimmer. Die Jalousien waren runtergelassen, von der Küste her hörten sie das Donnern der Kanonen. Madeleine hielt Jean die Ohren zu. Und er ließ sich wegtragen von allem Lärm und Schmutz, er genoss ihre weiche Haut, ihre Küsse, ihren Körper.

Sie erwachten, als die Nachmittagssonne ihre hellen Streifen auf das Parkett neben Madeleines Bett malte. Erwachten voneinander. Zueinander.

„Feind, Freund – was bedeutet das alles?", flüsterte Madeleine und strich ihm über die Augen wie einem Kind, um den Schatten zu vertreiben, der sich auf sein Gesicht legen wollte. „Nichts bedeutet es", sagte sie. „Ich liebe dich, ich behalte dich hier."

Sie stand auf und schnappte seine Uniform: „Heute Abend machen wir Feuer im Kamin."

Er musste nicht nachdenken, richtete sich auf und zog das Lederband über den Kopf, an dem seine Blechmarke hing: „Wirf das in die Jauchegrube!"

„Du wirst mich verlassen, ich spüre es!"

Madeleine lag neben ihm auf der Matratze, die sie mühsam durch die enge Bodenluke bugsiert hatten. Sie flüsterte: „Seit Tagen hört man keine Schüsse mehr, draußen ist es still. Viele deutsche Wagen fahren auf der Dorfstraße nach Süden. Richtung Paris: Retten, was zu retten ist. Bald ist der Krieg aus. Und dann gehst du weg."

Jean richtete sich auf und beugte sich über sie.

„Warum sollte ich dich verlassen", flüsterte er zurück. „Jetzt erst recht nicht, und wohin könnte ich gehen? Nicht nur meine Leute sondern auch eure dürfen mich doch nicht finden. Dich auch nicht. Uns beide dürfen sie nicht finden."

Durch das winzige Dachfenster fielen die ersten Sonnenstrahlen.

Bald würde die Hitze hier oben ihn wieder quälen wie seit Tagen.

Madeleine schlüpfte in ihren blauen Leinenrock und band hastig die Schürze darüber. Sie musste pünktlich unten sein. Alles musste aussehen wie immer.

Drei Wochen lang hatten sie es schon geschafft. Sie wollten die Tante raushalten. Jeder Mitwisser erhöhte die Gefahr für den Deserteur und seine Helfer.

„Du willst doch wieder nach Hause!?", sagte sie und bückte sich nach ihren Holzschuhen.

„Weil du Heimweh hast und Eltern, die auf dich warten. Wahrscheinlich auch eine Freundin, du erzählst es mir nur nicht! Es ist doch grausam, sie allein zu lassen mit dieser Ungewissheit. Jeden Tag werden sie sich fragen: Lebt er noch?"

Er verschränkte die Arme hinter dem Kopf.

„Ich habe Heimweh, das stimmt. Aber nach Hause werde ich nie mehr gehen. Ohne dich schon gar nicht. Ich hatte eine Freundin, stimmt auch – aber das war vor hundert Jahren. Ich denke nicht mehr an sie. Da war ich noch ein anderer, ein ganz anderer!"

„Und ich weiß überhaupt nichts von diesem anderen, ich will aber alles von ihm wissen! Heute Abend – spätestens!"

Sie hörten einen Hahn krähen. Jean richtete sich halb auf und Madeleine beugte sich zu ihm runter.

„Ich muss los, es ist sicher schon nach sechs. Ich komme wieder, sobald ich kann."

Jean legte einen Arm um ihren Hals und gab ihr einen Kuss.

„Bleib doch noch ein paar Minuten."

„Lass mich los, du weißt doch, dass es schon spät ist."

Sie wand sich aus seinem Arm und hob vorsichtig die Bodenklappe hoch. Jean rollte von der Matratze, packte auf allen Vieren die Leiter, die sie jeden Abend einzogen, schob sie in Richtung Luke und ließ sie behutsam hinunter, bis sie unten auf dem Zementboden stand. Madeleine drehte sich an ihm vorbei, setzte die nackten Füße auf die Leiter, jonglierte ihre Cloqs in einer Hand, legte die andere auf ihre Lippen, und bevor ihr Kopf nach unten verschwand, flüsterte sie: „Brav sein, keinen Mucks, nicht leichtsinnig werden in letzter Minute."

Er lag bäuchlings vor der Bodenluke und sah ihr nach. Sie winkte noch einmal zu ihm rauf, zog die Holzschuhe an und verschwand. Er umfasste die obere Sprosse, packte die Leiter mit beiden Armen, hangelte sich aus der Bodenluke so weit es ging und lehnte die Leiter zur Seite an einen Holzbalken. Vorsichtig schloss er die Bodenklappe und ließ sich schwer atmend wieder auf die Matratze fallen.

Lange würde er es nicht mehr aushalten, stundenlang hier in der höllischen Hülle zu liegen und zu warten, bis Madeleine sich tagsüber für ein paar Minuten wegstehlen könnte, um ihm etwas zu essen zu bringen. Danach kam sie erst abends wieder, sehr spät, aber sie hatten wenigstens die Nacht für sich. Die Stunden dazwischen waren quälend. Würden ihn die Feldjäger doch noch aufstöbern? Und wenn die Kämpfe wirklich bald vorüber wären, was dann? Ob die Tante etwas ahnte? Madeleine erzählte, dass sie jeden Tag sagte: „Was ist wohl aus ihm geworden? Er war der einzige anständige Deutsche, den wir kennen gelernt haben."

Anständig?

Er rollte zur Seite und starrte auf die verdreckten Scheiben der Dachluke. Er zog die Knie an und krümmte sich. Seine Leidenschaft zu Madeleine hatte die Bilder gnädig zugedeckt, aber in diesen angespannten Stunden wurden sie übermächtig.

Seit ein paar Tagen ist er im Lager. Harry hat ihn aus der Zentrale in Berlin hergelockt: Wir brauchen hier einen Bürohengst. Harry, Harry und immer wieder Harry. Er ist ihn nie losgeworden in all den Jahren. Auch jetzt steht er hinter ihm und macht sich lustig: Na, Kerko, immer noch keinen Hund? Wir haben hier alle einen Hund. Du musst dir auch einen aussuchen! Da hinten findest du die besonderen Rassen.

Harry schleudert ein Hundehalsband herum und gibt es Jean. Zögernd geht er hinüber zu den Gefangenen, die bewegungslos dastehen und in die Kälte starren. Jean schreitet die erste Reihe ab. Den da, der es jetzt wagt, die Augen zu bewegen und ihm ins Gesicht zu sehen, den kennt er. Es ist Ruben. Ruben Spiro. Sie sind zusammen eingeschult worden. Ein Hoffnungsschimmer in Rubens Augen. Seine Lippen scheinen sich zu bewegen. Kerko, du?

Harry ist ihm gefolgt.

Na, Kerko, gefällt dir etwa keiner von denen?

Doch! Er baut sich vor Ruben auf und zeigt auf den Boden.

Auf allen Vieren will ich dich sehen. Winseln sollst du.

Ruben sieht ihn ein paar Sekunden lang ungläubig an, dann lässt er sich auf Hände und Knie fallen.

Verdammt noch mal: winseln.

Und jetzt bellen, wuff, wuff, soll ich das etwa für dich machen. Jean treibt ihn vor sich her.

Harry folgt ihm: Gut Kerko, geht doch.

Ruben Spiro kriecht vor ihm her durch den Dreck.

Jean legt ihm das Halsband an und schleift ihn zu einer großen leeren Hundehütte: Rein mit dir.

Ruben zwängt sich in die enge Öffnung. Jean tritt ihm in den Hintern.

Dreh dich um, ich will deine Schnauze sehen!

Ruben schafft es nicht, er steckt fest.

Jean schreit ihn an, tritt ihm in die Seite.

Harry beobachtet ihn. Drohend steht er da, eine Zigarette im Mundwinkel. Er hat seinen Hund an der Leine, ein Gerippe. Nackt ist er. Graue Haut spannt sich über sein Skelett.

Na, Kerko, ist doch schön, so ein treues Tier. Musst ihn nur noch besser erziehen. Meiner hat gelernt, in die Hütte zu kriechen! Hat ja auch keine Klamotten an. Schon mal einen Hund mit Klamotten gesehen? Gib Laut, Karo. Das Gerippe gibt ein erschöpftes Wuff von sich.

So ist es brav!

Harry bleibt dicht hinter ihm.

Er zerrt an Rubens Leine: Los, Klamotten runter.

Ruben dreht den Kopf zu ihm hoch. Sein Blick ist müde. Er will sich aufrichten.

Willst du wohl unten bleiben.

Mühsam auf allen Vieren zieht Ruben die gestreift Jacke aus, das dünne Hemd darunter, die Hose, die Unterhose. Er senkt den Kopf, kriecht wieder auf die Hütte zu, steckt den Kopf rein.

Harry wiehert: Den Schwanz zieht er auch gleich ein, friert ihm ja sonst ab. Komm, lass das Vieh – verdammt kalt heute.

Nachts schleicht Jean noch einmal zu der Hundehütte. Ruben liegt davor, zusammengekrümmt, Arme und Beine um den Körper geschlungen. Er schlottert, kann kaum noch sprechen.

Was habe ich dir getan, Kerko? Sag es mir. Was haben die anderen hier getan, dir und deinen tollen Kameraden?

Für dieses Aufbegehren hätte er ihn erschießen müssen.

Für Ruben Spiro wäre es eine Erlösung gewesen.

Jean kann es nicht.

Am nächsten Morgen beim Frühstück in der warmen Baracke sagt Harry kauend: Kümmere dich um deinen Hund. Den wollen wir da draußen nicht mehr sehen. Schaff ihn weg.

Er geht raus. Ruben liegt in derselben Haltung vor der Hundehütte wie in der Nacht. Steif. Erfroren. Jean schleift ihn an der Leine hinter sich her bis zu der Grube und stößt ihn runter. Auf die anderen Leiber. Einige zucken noch.

Jean stöhnte und wälzte sich von der Matratze. Auf allen Vieren kroch er über den Holzboden durch den Staub. Er wurde Rubens Augen nicht los.

Dieser kleine Hoffnungsschimmer, als der ihn erkannte und für Sekunden glaubte, Jean würde ihm helfen. Und seine Verzweiflung, als er auch von Jean nur grausame Erniedrigung und unerträgliche Schmerzen erfuhr, die Grube mit den zuckenden Leibern. Noch am selben Nachmittag, als er die Szene mit den anderen beim Schnaps in der Baracke weggrölen wollte, spürte er nichts als Leere. Und endlich hatte er sich gefragt: Wer bin ich?

Er wusste, dass er sich aus den Fängen der schwarzen Krake befreien musste, die ihn jahrelang umschlungen hatten. Er konnte nicht mehr atmen, wollte raus aus dem Gestrüpp von Propaganda und Geschrei. Wer bin ich?

Er wollte mit dem Menschen, der er bis dahin gewesen war, nichts mehr zu tun haben. Auslöschen, dachte er, auslöschen werde ich ihn. Alles in ihm war dunkel und ohne Hoffnung. Er wollte zu der Grube gehen, in die er Ruben gestoßen hatte. Er schaffte es nicht.

Harry war ihm gefolgt „Das da", sagte er und machte eine Kopfbewegung in Richtung Grube, „wissen nur wir Eingeweihten. Also halts Maul."

„Hast du keine Angst, dass wir später zur Rechenschaft gezogen werden für das alles hier?", fragte Jean. Harry guckte ihn sekundenlang mit offenem Mund an. Dann schrie er: „Rechenschaft? Wofür? Dass wir unserem Volk dienen? Dass wir es befreien von Schmarotzern und Halsabschneidern?"

Harry ließ ihn stehen. Jean nahm seine Pistole aus dem Halfter, holte tief Luft und ging auf dem Trampelpfad der Schleifspur nach, die Rubens lebloser Körper in den langen Rasen gezeichnet hatte. Der Gestank, der von der Grube herüberwehte, nahm ihm den Atem, er hielt die Luft an, schloss die Augen und setzte seine Pistole an die Schläfe.

„Das könnte dir so passen, du Jammerlappen, feiger Hund. Willst dich davonstehlen und uns die Drecksarbeit alleine machen lassen!" Harry war unbemerkt hinter ihm hergegangen, umklammerte Jeans Handgelenk und entwand ihm die Pistole.

„Hau ab! Ich kann dich hier nicht mehr gebrauchen, Krüppel. Du hast dir selbst zu verdanken, dass du noch mal raus musst. Bis jetzt habe ich dich davor bewahrt. Aber für einen Feigling ist hier kein Platz. Adieu, man erwartet dich in Frankreich! Und wehe du sagst irgendwo ein einziges Wort von dem, was du hier gesehen hast. Dann bist du tot."

Warum konnte er mich nicht sterben lassen? Auf dem langen Transport nach Frankreich quälte Jean immer wieder nur dieser eine Gedanke, und immer wieder tastete er nach seiner Pistole.

Jetzt lag er hier in der Hitze auf einem staubigen Boden, verbrachte die Stunden mit Warten, durfte sich nicht rühren. Ein Deserteur, ein Feind, ein Nichts. Wie lange würde er das aushalten? Die empfindliche dünne Haut auf seinen steifen Fingern juckte.

Er hörte Geräusche auf dem Hof, laute Stimmen.

Aus, vorbei, dachte er. Gleich finden sie mich. Er angelte nach der Pistole unter der Matratze, steckte sie in die Tasche seiner dünnen Hose und robbte zu dem kleinen Fenster. Er konnte nichts erkennen.

Die Stimmen wurden dumpfer, waren im Haus zu hören, kamen wieder näher. Sein Herz schlug bis zum Hals, sie waren direkt unter ihm. Gleich würden sie in den Stall gehen, würden die Leiter entdecken.

Wohin? Er stand auf und wollte sich in die äußerste Ecke hinter einen Balken zwängen, die Stimmen entfernten sich, er hörte sie erst wieder auf dem Hof. Laut und fröhlich klangen sie. Er atmete wieder. Stille. Dann hörte er Madeleine unten rufen: „Jean, Jean – es ist vorbei, die Deutschen sind geschlagen! Komm runter."

Er wollte es nicht glauben, hob vorsichtig die Bodenklappe und sah die beiden Frauen, wie sie zu ihm hochschauten und sich die Augen wischten.

Madeleine zog ihre Tante an sich: „Sie hat längst gemerkt, dass ich nachts nicht in meinem Bett bin, und dass ich viel mehr zu essen brauche als sonst", sagte sie. „Sie weiß alles. Sie ist stark. Wir werden alle drei stark sein." Langsam, Schritt für Schritt kletterte er die Leiter hinunter, seine Pistole schlug dumpf an jede Sprosse.

„Wir werden leben", sagte Madeleine und zupfte ihm die Spreu aus den Haaren. „Komm mit in die Küche."

„Geht vor, gebt mir ein paar Minuten, ich muss es erst begreifen."

„Ich brauche eine neue Identität", sagte er abends.

„Wie möchtest du denn heißen", fragte Madeleine. Sie legte den Kopf zur Seite, lachte und zwinkerte ihm zu.

Er erzählte von den Jahren in der Schweiz und von seinem Freund Eric.

Als Eric Favre, der Schweizer, kehrte er ans Tageslicht zurück. Wie Madeleine und ihre Tante es angestellt hatten, ihm einen Pass zu beschaffen, erfuhr er nie. Beide Frauen waren in der Résistance aktiv und mit allen Wassern gewaschen. Ihr Wissen und ihre Möglichkeiten auch in den Dienst der Liebe zu stellen, war für sie selbstverständlich.

„Mein Neffe hat sich aus der Schweiz bis hierher durchgeschlagen", erzählte die Tante den anderen. Zögernd traf man sich wieder im Dorf. Die schwer gezeichneten Männer gingen ins Bar Tabac, und die Frauen trafen sich wie immer beim Bäcker, der es den ganzen Krieg über geschafft hatte, seinen Laden weiterzuführen. Ein junger Schweizer auf dem abgelegenem Hof da oben? Wen interessierte das schon. Niemand stellte Fragen. Jeder hatte mit sich selbst zu tun.

Ein halbes Jahr lang ließ Eric sich im Dorf kaum sehen. Er arbeitete auf den Feldern so hart wie noch nie in seinem Leben. Manchmal dachte er an zu Hause, und er wunderte sich, wie wenig ihm das ausmachte. Er liebte Madeleine und sie liebte ihn mit einer Intensität, die er bei Nelly nicht gekannt hatte und erst recht nicht bei den flüchtigen Begegnungen seiner Studentenzeit und während des Krieges.

Die Tante mahnte manchmal, die beiden müssten sich über ihre Zukunft Gedanken machen. Doch vorerst beschäftigten sie sich damit nicht.

Es ging schon auf den Winter zu, als Madeleine vor dem Essen einen Brief in den Händen drehte und wendete.

„Von der Präfektur, was wollen die von mir?"

„Mach schon auf", sagte Eric.

Er war nervös, man konnte nie wissen. Vielleicht war er entdeckt worden. Noch war der Krieg nicht zu Ende. Die Tante blieb ruhig, stellte Suppenterrine, Baguette und eine Flasche Cidre auf den Tisch. Keiner rührte das Essen an.

Madeleine las, schien nicht zu begreifen, murmelte etwas, las ein zweites und drittes Mal, bis sie den Inhalt verstanden hatte.

Der einzige Bruder ihres Vaters war gestorben, er war nicht verheiratet gewesen und hatte keine Kinder. Madeleine sollte sein Erbe antreten. Ein Haus und ein Lebensmittelladen. Fast vierhundert Kilometer weiter weg in der Bretagne. Ungläubig sah sie ihre Tante an.

Die überlegte nicht lange: „Das kommt für euch doch wie gerufen", sagte sie. „J..., ich meine Eric findet doch hier keine Arbeit. Mein Hof kann auf Dauer drei Leute nicht ernähren."

„Und du?", fragte Eric, „wie willst du allein klar kommen?"

„Ich werde nicht allein sein", sagte sie mit ihrer dunklen Stimme. „Mein Jugendfreund Guy ist zurück; er hatte mehr Glück als Alfons. Aber sein Haus da oben auf dem Felsen ist zerstört. Seine Frau hat ihn schon zu Beginn des Krieges verlassen. Er wird hierher zu mir ziehen."

Die beiden sahen die Tante erstaunt an. Kein Wort zu viel und doch alles gesagt. So war sie.

„Sie hat Recht", sagte Madeleine abends. „Das ist unsere Chance. Wie immer es dort ist. Es wird nicht so leicht Verdacht auf uns fallen. Hier habe ich immer noch Angst, dass irgendjemand dich wieder erkennt. Schließlich hast du nicht nur bei uns auf dem Hof Nachschub für eure Truppe besorgt."

Ein Volljurist in einem Krämerladen, dachte er - nicht schlecht. Aber er akzeptierte, er wollte sein altes Leben vergessen, und er liebte Madeleine.

Die wenigen kaufmännischen Kenntnisse, die er vor dem Studium bei seinem Vater erworben hatte, halfen ihm. Das Einkaufen, Saldieren und das Kalkulieren machten ihm keine Schwierigkeiten, auch nicht der Umgang mit den Kunden, meist Frauen, denn die Männer arbeiteten auf dem Feld oder auf dem Schiff, gingen mittags um elf zu Charles in die Bar und nachmittags um vier kamen sie wieder, um ihren kleinen Rouge zu trinken, der gerade so viel kostete, wie sie sich zweimal täglich leisten konnte. Sie hatten Gesichter wie Waschbretter und ihre kleinen Augen lugten prüfend unter ihren dunklen Schirmmützen hervor. Ihre skeptischen Blicke legten sie Fremden gegenüber nie ab.

„Was will dieser Ausländer mit der jungen Frau hier?", fragten sie Charles.

„Er übernimmt Gérards Laden."

„Gut, gut. Den Laden brauchen wir. Egal, wer sich drum kümmert. Ist ja eigentlich Weiberkram. Baguette und Käse verkaufen. Lächerlich."

„Aber Ihr wollt es auf dem Tisch haben, oder etwa nicht?", entgegnete Charles.

Er selbst war auch kein Bretone und wusste, dass die Einheimischen ihn nie ganz akzeptieren würden. Aber sie brauchten auch ihn. Ohne Bar in ihrem Dorf wäre ihr Leben sinnlos. Charles freundete sich bald mit Eric an, und wenn niemand dabei war, rächten sie sich auf ihre Weise, indem sie sich lustig machten über das bretonische Urgestein; jeder einzelne bekam einen Spitznamen und nur Eric und Charles wussten, wer gemeint war, wenn vom ‚Kindsvater', dem ‚Pockengesicht', dem ‚Pantoffelhelden' oder dem ‚Schläger' die Rede war.

„**Papi**", rief Ria, noch bevor sie die Tür zu ihrem Zimmer hinter sich zugezogen hatte, „Papili, wo bist du? Ach, ich weiß schon! Warte, ich helfe dir."

Sie legte sich auf den Teppich, langte mit dem linken Arm unter das Bett, zog einen Schuhkarton hervor und blieb auf dem Bauch liegen. Vorsichtig hob sie das Lackbild an, das sie von Lilo geschenkt bekommen hatte und zog eine Fotografie darunter hervor.

Mit dem Zeigefinger umkreiste sie die Augen, fuhr über die Nase, zog mit der Fingerkuppe das leise Lächeln seiner Lippen nach und drückte einen Kuss auf das Papier.

„Papili, was machen wir heute?

Wir gehen schwimmen? Au ja!"

Mit einem Ruck stand sie auf.

„Ich hole schnell meine Sachen."

Sie schloss den Wandschrank auf und warf einen kleinen gelben Badeanzug und eine weiße Badekappe hinter sich. Dann fiel es ihr wieder ein.

Sie drehte sich um und kniete sich vor den Kaufmannsladen.

„Papi, wir spielen lieber einkaufen, ich – ich darf nicht raus, ich habe Stubenarrest. Weil ich in der Schule nachsitzen musste, ich habe mit Lilo geschwatzt, sagt Fräulein Raue, dabei habe ich gar nichts gesagt, Lilo hat mir andauernd etwas ins Ohr geflüstert – aber nachsitzen musste nur ich. Das ist doch ungerecht, Papi. Und dann noch Stubenarrest, dabei hätte Mami gar nichts gemerkt, aber Lilo ist extra schnell nach Hause gerannt, vor unserer Gartenpforte ist sie stehen geblieben, bis Mami sie gesehen und gefragt hat: Wo bleibt denn Ria!

Und Lilo hat gepetzt, wie findest du das Papi?

Papili, guck mal, mein Kaufmannsladen, so schön blau und glänzend, hast du die vielen Schubladen gesehen? Warte, ich drehe dich um: Zucker, Mehl, Reis, Grieß!"

Sie stellte die Fotografie auf die kleine Ladentheke.

„Was möchten Sie? Schokolade? Haben wir leider gerade nicht da, mein Herr! Papi, neulich im Diktat kam ,Grieß' vor, nur ich und noch eine konnten das richtig schreiben, alle anderen hatten es falsch. Weil ich das hier an der Schublade immer ablesen kann. Ist doch lieb von Peer, dass er so ein schönes Geschenk für mich gebaut hat. Peer war dein Vater, Mumu hat mir das alles genau erzählt. War der auch immer so lieb zu dir so wie du jetzt zu mir, wenn wir zusammen spielen? Ich habe Mumu so gern, wie die mich immer anguckt und mich in den Arm nimmt, Mama macht das nie. Hat Mumu dich auch immer in den Arm genommen, als du noch klein warst, Papi? Peer ist schon tot, wusstest du das? Aber Mumu ist nicht allein, Heinrich ist noch da und Osi auch, du weißt schon: dein Kindermädchen von früher. Wie war das mit einem Kindermädchen, Papi? Ich hätte auch gerne ein Kindermädchen, so eins wie Osi, die fühlt sich immer so weich an. Mama sagt, nur reiche Leute haben ein Kindermädchen. Wart Ihr reich, Mumu, Peer und du? Bald gibt es Sommerferien, dann darf ich wieder zu ihnen, Heinrich holt mich mit der Kutsche vom Bahnhof ab. Er hat mir erzählt, dass du früher vorne neben ihm auf dem Kutschbock gesessen und die Zügel gehalten hast – ich soll das auch immer machen, aber ich trau mich nicht. Papi, sag doch mal was!"

Sie nahm das Foto, betrachtete es lange und stellte es wieder an die Ladentheke. Sie seufzte, schob die Fußbank vor das Fenster, öffnete beide Flügel und lehnte sich über die Fensterbank. Draußen war es wärmer als im Zimmer, tief sog sie die laue Luft ein, aus der Ferne hörte sie Kreischen und Juchzen – die Sommermelodie, die vom Freibad herüberklang. Lilo, Rudi, Hella und all die anderen Kinder waren jetzt dort. Sie hatte Chlorgeruch in der Nase und meinte warmes Selterswasser zu schmecken. Letzte Woche hatte sie endlich auch einmal so eine grüne Flasche am Kiosk gekauft wie die anderen Kinder. Sie hatte dafür drei Groschen aus ihrer Spardose geklaubt und war überrascht, welchen Aufruhr das Wasser, das nach nichts schmeckte, im Mund anrichtete. So ein Wasser hätte sie jetzt gern gehabt.

„Papili, kaufst du mir …"

Ria drehte sich um, die Fotografie war umgekippt und vor die kleine Kasse gerutscht. Ein Lufthauch hatte den Zauber verweht. Bedrückt rutschte sie zurück auf den Fußboden, nahm das Bild, legte es zurück in den Karton und wollte nach einem besseren Versteck suchen, als sie die Stimme ihrer Mutter im Flur hörte. Schnell stieß sie den Karton mit dem Fuß wieder unter das Bett.

„Ria, wie oft soll ich dich noch rufen!"

Sie schob sich aus der Tür, da stand ihre Mutter schon vor ihr, groß und drohend erschien sie ihr. Sie hatte die graue Kittelschürze an, in der Ria sie nicht leiden mochte. Daran änderten auch die kleinen bunten Blümchen auf dem grauen Stoff nichts. Ria mochte ihre Mutter überhaupt nicht in der Kittelschürze, denn das bedeutete, dass sie schlechte Laune hatte.

„Stundenlang am Herd stehen – und in fünf Minuten ist alles aufgegessen", so klagte sie jeden Tag.

„Mach nicht so ein Gesicht. Den Stubenarrest hast du dir selber eingebrockt. Bist du mit deinen Schularbeiten fertig? Was? Immer noch nicht? Was hast du bloß die ganze Zeit gemacht? Rumtrödeln ist alles, was du im Moment zustande bringst. Und wie sieht es hier aus! Als ich zehn war, musste ich schon mit aufs Feld, den ganzen Nachmittag spielen, das gab es nicht. Und an ein eigenes Zimmer war nicht zu denken, und du, du achtest es nicht einmal. Nur Unordnung machen, das kannst du. Ihr wisst ja gar nicht, wie gut Ihr es habt."

Ihr, Ihr, dachte Ria, wen meint sie bloß, ich bin doch ganz alleine hier!

„Jetzt aber dalli, aufräumen und Schularbeiten machen, in einer halben Stunde kommt Onkel Einhard, dann essen wir."

Am nächsten Morgen spürte Ria die Hand der Mutter wie Samt auf ihrer Wange, am liebsten hätte sie die Augen nicht aufgemacht, damit sie die Berührung noch länger fühlen konnte.

„Aufstehen, Ria, es ist Zeit. Du musst dich beeilen, aber wenn du nachher aus der Schule kommst, erzähle ich dir etwas sehr Schönes."

In der Rechenstunde konnte sie nicht aufpassen. Was Mama ihr wohl sagen wollte? Sie hatte morgens beim Wecken ganz anders ausgesehen, so jung. Vielleicht wollte Mumu zu Besuch kommen, die war noch nie bei ihnen gewesen. Oder vielleicht würde Mama mit ihr ins Freibad gehen, sie beide ganz allein, ohne Onkel Einhard, das wäre schön! Ria rieb auf dem rubbeligen Holz der Tischplatte herum und ließ ihre Finger in das Loch für die Tintenfässer fahren.

„Ria, du passt nicht auf; das sehe ich doch!"

Sie fuhr zusammen; Fräulein Raues Stimme schlug an wie der Schäferhund im Nachbarhaus.

„Alle aufstehen: Kopfrechnen!"

Blitzschnell standen alle Jungen und Mädchen neben den Bänken.

„Au ja",

Lilo war Feuer und Flamme, sie war immer eine der ersten, die sich setzten durfte.

„Fünfmalneunundzweiwenigersiebengeteiltdurchvier?"

„Zehn!", rief Lilo; diesmal war sie sogar die allererste, für Ria aber hatte sich schon bei undzwei alles in ihr verknotet, sie hatte Bauchweh, ihr Hals war mit Schmirgelpapier ausgeschlagen, nie wieder würde sie ein Wort rauskriegen. Fräulein Raue hatte sich in einen riesigen Mund verwandelt, der eine Zahlenreihe nach der anderen ausspuckte. Ria kniff die Augen zusammen, konzentrierte sich auf diesen Mund und schob ihn weit weg bis vor die schwarze Wandtafel.

„Ria!"

Ria erschrak, riss die Augen auf und sah sich um. Alle Kinder saßen schon auf ihren Plätzen, nur sie allein stand noch neben der Bank. Alle Gesichter hatten sich zu ihr gedreht.

„Du willst einfach nicht. Was ist bloß mit dir los!?"

Fräulein Raue stand kerzengerade vor der Tafel und entließ sie nicht aus ihrem Blick. Am liebsten hätte Ria vor Wut und Scham ihren Tornister genommen und wäre rausgerannt. Aber ihre Füße klebten auf den Holzdielen fest, sie bekam keine Luft, starrte auf das Heer von hellen Ovalen unter ihr, hörte das Kichern und Glucksen und glaubte, dreißig Zeigefinger auf sich gerichtet zu sehen.

„Ihr Arschlöcher!"

Sie zuckte zusammen, das war ihre eigene Stimme gewesen! Mit diesen beiden Wörtern, die sich drohend über empörtes Murmeln hinweg zu Fräulein Raue den Weg bahnten, war der Ring weggesprengt von Rias Brust. Sie warf ihre Zöpfe nach hinten und war auf alles gefasst, aber sie hatte keine Angst mehr.

Die Ovale verschwanden, dafür guckte sie jetzt auf die fettigen Haare auf den Hinterköpfen von Hella und Rudi. Lilo neben ihr hielt angestrengt die Luft an, es war totenstill.

Als das schlimme Wort Fräulein Raue erreicht hatte, schüttelte sie den Kopf, guckte an Ria vorbei, ließ die Schultern hängen und sagte nur:

„Setz dich! Nehmt alle eure Hefte raus, jetzt gibt es schriftliche Aufgaben."

„Das haben wir dir zu verdanken, dumme Kuh", zischte Lilo.

Diese Aufgaben machten Ria keine Mühe. Wenn sie allein vor ihrem Heft saß und Ruhe hatte, konnte sie die Zahlen in ihrer gewohnten Ordnung aufmarschieren lassen.

Die Zahlen von eins bis zehn gingen in einer leicht schrägen Linie von unten links nach rechts oben, bei der Elf gab es einen spitzen Winkel nach links, und bis zur Zwanzig reihten sich die Zahlen auf einer schrägen Linie aneinander, die allerdings flacher verlief. Von der Einundzwanzig an gab es wieder eine Kehrtwende nach rechts, dann war es einfach für sie, denn alle weiteren Zahlen bis hundert reihten sich an einer Schnur entlang, die eine unsichtbare Hand ziemlich steil nach oben zu ziehen schien. Hinter der Dreißig, der Vierzig, der Fünfzig bis zur Neunzig gab es jeweils einen roten Punkt, sodass Ria sich leicht zurecht finden konnte.

Nur im Stehen in der Schule ließen ihre Zahlen sich einfach nicht aufbauen.

Als Fräulein Raue sie nach der letzten Stunde zu sich nach vorn rief, hatte Ria Angst, dass sie schon wieder nachsitzen musste, wo Mami ihr doch etwas Schönes erzählen wollte. Sie wollte sie auf keinen Fall noch einmal zornig machen. Aber Fräulein Raue sah Ria nur ernst an und sagte:

„Ich will nie wieder so ein Gassenwort von dir hören, hast du mich verstanden!?"

Ria nickte heftig und streckte ihr vor Verwirrung die Hand hin. Die Lehrerin schlug ein. Mehr noch, sie gab Ria das grüne Klassenbuch und sagte:

„Bring das nach oben zu Herrn Sander."

Ria konnte es kaum glauben, denn das Klassenbuch anvertraut zu bekommen, war eine besondere Ehre. Rasch lief sie die Holztreppe hoch. Die schief getretenen Stufen lechzten nach Bohnerwachs. Vom Treppe bohnern verstand sie etwas. Das war ihre verhasste wöchentliche Pflicht zu Hause.

Gerade wollte sie an Herrn Sanders Tür klopfen, als sie merkte, dass sie der Versuchung nicht widerstehen konnte: Sie setzte sich auf die oberste Treppenstufe und legte das dunkelgrüne Buch auf ihre Knie. Klasse 4b stand vorn auf dem weißen Etikett. Vorsichtig begann Ria zu blättern, bis sie die Seite gefunden hatte, die sich alle anguckten, wenn sie das Klassenbuch einmal zu fassen bekamen.

PERSONALIEN

Mit dem Zeigefinger ging sie an der Namensliste entlang und studierte die Eintragungen. Bei *Esser, Ria* schob sie den Finger nach rechts weiter: *unehel.*

Sie war bei dem Makel angekommen. Ria seufzte.

Name des Vaters: *Kerko, Jean*

Name der Mutter: *Esser, Nelly*

Sie sah das verlegene Grinsen in den Gesichtern der anderen Kinder vor sich, sah wie sie sich in die Rippen stießen und hörte ihr Kichern, wenn sie auf dieses *unehel.* stießen. Bei keinem anderen Kind stand es hinter dem Namen. Immer wieder hatte Ria versucht, mit ihrer Mutter darüber zu sprechen. Aber sie sagte nur: Das ist eben so, ich erkläre es dir später, und nun lass mich in Ruhe.

Sie musste unbedingt Mumu danach fragen. Mumu hieß auch Kerko, Katharina Kerko, und Peer, ihr Großvater, hatte Jakob Kerko geheißen, das wusste sie. Endlich wollte sie auch von ihrer Großmutter wissen, warum ihr Vater so einen schweren Vornamen hatte, den man ganz anders schreiben musste, als er gesprochen wurde. Schaan, flüsterte sie ein paarmal. Dann las sie weiter.

Beruf des Vaters: *vermisst.*

Ihre Hände wurden feucht. Ihr Finger glitt weiter nach unten; auch bei Hellas Vater stand *vermisst* und bei Veras, zehnmal zählte sie dieses *vermisst* und bei Dieter und Volker stand hinter Beruf des Vaters: *gef.* Und dahinter war ein kleines Kreuz.

Niemand hatte ihr bis jetzt richtig erklärt, was *vermisst* und *gefallen* genau bedeutete.

Lilo hatte nicht auf sie gewartet, und sie musste allein nach Hause gehen. An diesem Tag erschien ihr der Weg besonders lang, es war so heiß. In dem dunklen Hausflur blieb sie einen Moment stehen. Es roch nach Sauerkraut. Sie zählte an den Knöpfen ihres blauen Kleides entlang: wie würde die Stimmung oben in der Wohnung sein? Gut-schlecht-gut-schlecht-gut. Gott sei Dank! Ach ja, Mama wollte ihr doch etwas Schönes erzählen, das hatte sie durch die Aufregungen in der Schule ganz vergessen. Gespannt drückte sie die Klinke der Korridortür runter und lief in die Küche.

Mama und Onkel Einhard saßen auf der braunen Chaiselongue. Sie war enttäuscht. Onkel Einhard kam sonst immer erst abends. Die beiden lächelten sie an.

„Komm mal her, mein Mädchen", sagte Onkel Einhard, streckte ihr die Hand hin und zog sie an seinen dicken Bauch. Ria machte sich steif. Er roch nach Zigarre, und sie war nicht Onkel Einhards Mädchen! Sie dachte an das Bild, das oben in dem Schuhkarton auf sie wartete.

„Ria", sagte Mama feierlich, „Onkel Einhard und ich heiraten bald, du darfst dann Vati zu ihm sagen, und du bekommst ein schönes neues Kleid, freust du dich!?"

Instinktiv nickte sie, sie spürte, dass sie das Spiel mitspielen musste, sonst hätte sie verloren.

„Ein blaues Samtkleid mit einer weißen Schleife?", sagte sie mühsam gegen die dicke Glaswand, die sich augenblicklich zwischen ihr und den beiden aufgerichtet hatte.

„Ja, ja, an so etwas habe ich auch gedacht", sie hörte Mamas Stimme wie von weitem, „und jetzt wollen wir essen."

„Ich habe keinen Hunger", sagte Ria zu der Wand.

„Dann ab in dein Zimmer!" Mama hatte sich schon an ihren Platz gesetzt, nahm Einhards Teller und tat ihm das Essen auf. Ria starrte auf ihren Rücken, ihre Mutter hatte ihre gute rosa Bluse an. Sie drehte sich nicht nach Ria um.

Wie schwere Gewichte schleppte sie ihre Füße den schmalen Flur entlang.

„Papi", flüsterte sie mit knappem Atem, noch bevor sie die Tür zu ihrem Zimmer hinter sich zugezogen hatte.

„Papili, wo bist du?"

Den Rücken an die Tür gelehnt, blieb sie eine Weile in ihrem Zimmer stehen. Erst dann gab sie sich einen Ruck und holte den Schuhkarton hervor. Sie nahm sein Foto in die Hand und legte sich auf ihr Bett.

„Die heiraten! Papi, wo bist du, warum kommst du nicht nach Hause, warum bist du so vermisst? Ich will nicht Vati sagen zu Onkel Einhard!

Papili, heute habe ich in der Schule ein schlimmes Wort gesagt, zweimal, weil die anderen über mich gelacht haben, ich konnte die Aufgaben nicht lösen, dabei weiß ich genau, wie das geht und kann alles ganz leicht ausrechnen, wenn ich nicht stehen muss! Da durfte ich doch so etwas sagen, oder? Antworte doch Papi, nur ein einziges Mal."

Aber seine Augen sahen an ihr vorbei, sein Lächeln veränderte sich nicht, er blieb stumm.

„Papi, ich heirate dich, wenn ich groß bin!"

Sie kniff beide Augen zusammen, hielt sie starr auf die Fotografie gerichtet, und da war es wieder: Er bewegte den Mund und zwinkerte ihr zu. Jawohl. Sie sah es genau.

„Was ist das für ein Bild?"

Sie hatte ihre Mutter nicht reinkommen hören. Sie erstarrte und wollte die Fotografie unter den Po schieben, da hatte ihre Mutter ihr das Bild schon aus der Hand genommen und wurde blass. Sie kam vom Abwaschen und hatte wieder ihre Kittelschürze an. Ein paar Sekunden starrte sie auf das Bild, dann funkelten ihre Augen Ria so böse an wie lange nicht.

„Woher hast du das!", zischte sie. „Bestimmt von Mumu. Vergiss deinen Vater, der ist tot! Ein Betrüger war das, ein Verbrecher – auf den brauchst du nicht stolz zu sein."

Ihre Stimme überschlug sich, und sie zerriss das Bild.

„Du bekommst jetzt endlich einen Vater, einen anständigen, freu dich, dass Onkel Einhard mich heiraten will und dass wir eine richtige Familie werden. Hör auf zu heulen – da gibt es nichts zu heulen!"

Sie stopfte die Papierfetzen in ihre Kitteltasche und ging raus. Ria rollte sich auf die Seite und konnte nicht aufhören zu schluchzen.

Lange hatte sie so auf ihrem Bett gelegen und gegen die Wand gestarrt, als ihre Mutter wieder reinkam und sie an einem Arm hochriss. Sie sagte kein Wort, sondern zerrte Ria aus dem Bett, den Flur entlang bis in die Küche vor den Ausguss, schüttete Ata auf einen feuchten Lappen, und ehe Ria begriff, was los war, fuhr sie ihr mit dem widerlichen Lappen über den Mund, riss ihr die Lippen auseinander und scheuerte über ihre Zähne, bis sie würgte und würgte und nicht mehr aufhören konnte.

„Nie wieder kommt so ein Dreckswort über deine Lippen, hast du mich verstanden!", presste sie hervor. „Was sollen die Nachbarn denken, wie kommst du bloß dazu, dich in der Schule derart aufzuführen! Stubenarrest, das ist ja wohl klar – und heute Abend übt Onkel Einhard mit dir Kopfrechnen, wäre doch gelacht, wenn du das nicht kapierst!"

In die Worte ihrer Mutter hinein spuckte Ria das graue milchige Zeug aus und wollte den Wasserhahn aufdrehen, um sich das Knirschen aus dem Mund zu spülen. Aber ihre Mutter umklammerte ihre Hand, Ria konnte kaum noch atmen.

Sie spürte wie ihre Tränen sich mit dem salzigen Rinnsal vermischten, der ihr langsam aus den Mundwinkeln lief, erst jetzt durfte sie das Wasser aufdrehen. Sie spülte und spülte, aber den Geschmack von feuchtem Ata wurde sie nicht los.

Ich kann nicht mehr sprechen!

Ria hatte es für Lilo auf einen Zettel geschrieben. Die riss weit die Augen auf und schon tat es ihr leid, dass sie ihrer Mutter alles erzählt hatte, die dann gleich zu Rias Mutter gelaufen war.

„Wie? Gar nicht mehr?"

Ria schüttelte den Kopf, riss den Mund weit auf, bewegte die Zähne, die Zunge und ihre Lippen, aber heraus kamen nur merkwürdig stöhnende Laute. Wie ein Lauffeuer verbreitete sich die Neuigkeit in der Klasse: „Ria kann nicht mehr sprechen."

„Weil sie gestern Arschloch gesagt hat?!", Hellas Stimme überschlug sich. Ihre Affenschaukeln mit den roten Schleifen wackelten, und ihre Augen wurden rund vor Aufregung.

„Weiß ich doch nicht, versuch es noch einmal, Ria, bitte." Lilo legte ihren Arm um Rias Schultern, so sanft war sie noch nie gewesen.

Wieder schüttelte Ria den Kopf. Alle standen noch um sie herum, als Fräulein Raue in die Klasse kam. Sie hatte eine weiße Bluse und einen blauen Faltenrock an, so einen wünschte Ria sich schon lange.

„Ria kann nicht mehr sprechen!!"

Im Chor schallte es der Lehrerin entgegen. Irritiert ließ sie ihre Aktentasche auf den Tisch fallen.

„Steh auf, Ria, sieh mich an! Was ist los, du kannst nicht sprechen?"

Ria nickte heftig.

„Hast du Halsweh?"

Ria schüttelte den Kopf.

„Das ist doch nicht möglich. Komm bitte nach vorn."

Langsam ging Ria auf Fräulein Raue zu. Die hob Rias Kinn mit dem Zeigefinger an: „Mach den Mund auf, sag ahh!"

Fräulein Raue sah Rias Zäpfchen hinten im Hals auf und ab tanzen, außer einem gepressten Stöhnen kam kein Laut aus Rias Mund und ihre Spucke lief direkt auf Fräulein Raues Hand. Sie ließ Rias Kinn los, holte ein Taschentuch aus ihrer Jacke und wischte ihre Hand ab.

„Was mache ich mit dir?" Ihre Stimme klang ärgerlich. Ratlos guckte sie an ihrer Schülerin vorbei auf ihre Aktentasche auf dem Pult.

„Deine Mutter soll sofort mit dir zum Arzt gehen!" Sie sah Ria streng an und sprach so langsam wie beim Diktat. In der Klasse war es auch ganz still. Rudi hatte sich mit dem Oberkörper auf die Bank gelegt und die Arme unter dem Kinn verschränkt: Nur nichts verpassen, sagten seine Stielaugen!

Der Doktor stellte Rias Mutter viele Fragen, dann sah er sie durch seine dicke Brille lange an, als wollte er direkt in ihre Seele blicken, und sagte: „Ehe wir sie in die Klinik schicken und sie dort weiteren Untersuchungen aussetzen, warten wir mal eine Weile ab. Dann sehen wir weiter."

„Aber Herr Doktor, ich will in vierzehn Tagen heiraten, das geht doch nicht mit – mit so einem kranken Kind!"

Ihre Stimme wurde schrill. Sie packte Ria am Arm und wollte sie von dem Stuhl ziehen.

„Ria ist nicht krank, Frau Esser, sie kann nur nicht sprechen, und ich habe die starke Vermutung, dass das vorüber geht. Ich kann mir auch die kleinen Verletzungen in der Wangenschleimhaut nicht recht erklären. Hast du etwas sehr Scharfes gegessen?"

Er nahm Rias Hände in seine großen Pranken. „Hast du vielleicht einen ganzen Löffel Salz genascht, weil du dachtest, es wäre Zucker?" Seine Augen ließen Rias nicht los, als ob sie noch weitere Fragen stellen wollten.

‚Mama, warum kommt Mumu nicht zu der Hochzeit?' Ria schob ihrer Mutter den Zettel über den Tisch. Ihr Schreibtempo hatte sich in den letzten Tagen erheblich gesteigert. Ihre Mutter hatte ihre Kittelschürze an und schälte Kartoffeln.

„Dumme Frage, so klein bist du doch auch nicht mehr. Meinst du Mumu ist begeistert, dass ich heirate, so wie die an ihrem Prinzen gehangen hat, die wartet doch noch immer, dass er wiederkommt."

Sie warf die nackte Kartoffel in die Schüssel, das Wasser spritzte bis auf Rias Zettelblock, den der Kaufmann ihr am Tag zuvor aus Mitleid über ihr plötzliches Verstummen geschenkt hatte.

Welcher Prinz? Wollte Ria noch aufschreiben, aber die gereizte Stimmung ihrer Mutter hinderte sie daran.

„Eine Hochzeitsfeier mit einem stummen Kind, das reicht mir schon! Soll ich auch noch die Frau einladen, die sowieso nie meine Schwiegermutter geworden wäre. Die glaubt doch, dass sie etwas Besseres ist und hat ihre Argusaugen überall! Einhard wird niemals vor ihr bestehen – ein einfacher Arbeiter!"

Mit einem Ruck stand sie auf und schüttete das schmutzige Wasser in den Eimer mit dem Gießwasser.

„Ich bringe dich in den Sommerferien zu ihr, du kannst sechs Wochen lang dort bleiben! Vielleicht lernst du endlich wieder sprechen bei deiner Mumu!"

Ria guckte in Richtung Ausguss, ihre Vorfreude war so groß, dass der Anblick ihr nichts mehr ausmachte. Am liebsten wäre sie aufgesprungen und durch die Küche getanzt, aber sie war auf der Hut, sie wollte nicht zu viel von ihrer Freude preisgeben.

Ich will alleine fahren, schrieb Ria auf einen Zettel und schob ihn zu ihrer Mutter rüber, die vor einem kleinen Spiegel saß, den sie auf dem Küchentisch aufgestellt hatte und sich die Haare hochsteckte. Ria ahnte, dass Onkel Einhard gleich käme, um sie abzuholen. Sie überflog Rias Zettel.

„Wie stellst du dir das vor, ein stummes Kind allein in der Eisenbahn!"

Ria malte mit beiden Zeigefingern ein Rechteck auf ihre Brust und ‚schrieb' ihren Namen darauf.

„Du meinst, wir sollen dir ein Schild um den Hals hängen?"

Ihre Mutter stand auf und prüfte ihre Frisur noch einmal vor dem Spiegel über dem Ausguss: „Stimmt, das könnte gehen! Deine Großmutter wird sich zwar aufregen und mich verantwortungslos nennen, aber ich müsste keinen Urlaubstag nehmen, um dich hinzubringen."

Sie ging zu Ria und strich ihr übers Haar. Ria schloss die Augen. Warum konnte Mama nicht immer so sein?

In der nächsten Sekunde war alles wieder vorbei.

„Gut, ich schreibe an Frau Kerko, dass du allein kommst und – dass du nicht mehr sprechen kannst. Sie wird entsetzt sein."

Ria senkte den Kopf, sie hasste es, wenn ihre Mutter von Frau Kerko sprach anstatt Mumu zu sagen – oder wenigstens: deine Großmutter. Und wie das bei Mumu ohne Sprechen werden sollte, wusste Ria auch noch nicht.

Der freundliche Schaffner schob Ria in ein Abteil zu einer älteren Dame, die eine weiße Spitzenbluse anhatte; auf ihrem Kopf thronte ein kleiner schwarzer Hut. Lieber hätte Ria ein Abteil für sich allein gehabt, aber sie dachte, die Frau steigt sicher gleich wieder aus, den Hut hat sie ja schon auf. Die Frau redete sofort auf Ria ein: „So ein tapferes kleines Mädchen, du fährst ganz allein Eisenbahn?!"

Der Schaffner hatte ihren kleinen Holzkoffer ins Gepäcknetz gelegt. Er gestikulierte ein wenig, beugte sich zu der Dame runter und flüsterte ihr zu: „Sie kann nicht sprechen! Aber sie kann Sie verstehen."

Ria zog ihren Mantel aus und tat so, als hätte sie nichts gehört. Im ersten Moment huschte Erleichterung über das Gesicht der Frau, als wäre sie froh, nicht gestört zu werden, dann aber schien sie sich zu schämen. Mitleidig beugte sie sich vornüber und las laut von dem Pappschild ab:

Ria Esser, Hannover, Lange Straße 30, wird in Geinsburg abgeholt von Frau Katharina Kerko.

Ria spürte genau, dass sie jetzt dachte: Armes Ding!

Kaum hatte sich der Zug in Fahrt gesetzt, da strich die Frau ihren schwarzen Rock glatt, breitete ein Spitzentaschentuch auf ihrem Schoß aus und wickelte ein sorgfältig eingepacktes Butterbrot aus dem Pergamentpapier. Sie sah Ria an. Möchtest du die Hälfte abhaben, fragte sie mit den Augen und machte Anstalten, das Brot zu teilen. Ria schüttelte heftig den Kopf und packte ihr eigenes Brot aus. Die Frau besann sich darauf, dass sie selbst ja noch sprechen konnte und sagte: „Guten Appetit!"

Eine Weile saßen sie sich stumm kauend gegenüber, dann hielt Rias Gegenüber ihr eine pralle dunkelrote Tomate hin: „Möchtest du? Aus unserem eigenen Garten."

Ria überlegte einen Moment und dachte an Mumus Garten. Schon morgen würde sie dort die reifen Tomaten abpflücken, sie spürte den pelzigen Belag der grünen Fruchtblätter und hatte den herben Geruch in der Nase, der noch lange an den Händen haften blieb. Sie nickte. Die Frau polierte die Tomate noch einmal mit ihrem Taschentuch und reichte sie Ria. Sie biss hinein, die pralle Haut bot heftigen Widerstand, und schon spritzte ein halbrunder roter Strahl direkt auf die blütenweiße Bluse gegenüber. Die Frau erstarrte, Ria begriff zuerst nicht, wie der große rote Fleck auf die Bluse gelangt war, dann sprang sie auf und haute sich mit der flachen Hand auf den Mund.

„Mein Gott", schrie die Frau, „kannst du denn nicht aufpassen, das hat man von seiner Gutmütigkeit! Wie soll ich das jemals wieder rauskriegen? Meine allerbeste Bluse!"

Der Tonfall erinnerte Ria an zu Hause, und sie war heilfroh, dass sie nicht antworten musste. Sie presste die Lippen zusammen und guckte angestrengt aus dem Fenster.

„Du setzt dich jetzt dahinten hin, an die Tür, damit du nicht noch mehr Unheil anrichtest."

Erleichtert rutschte Ria auf der Holzbank bis in die äußerste linke Ecke und holte ihr Buch aus ihrer Umhängetasche: Heidis Lehr- und Wanderjahre. Sofort hatte sie alles um sich herum vergessen und war vollends eingetaucht in Heidis Geschichte, die sie um den brummeligen Großvater beneidete, der so lieb war zu Heidi, und sie mit dem Geißenpeter auf die Alm schickte. Heidi durfte den ganzen Tag draußen sein und musste überhaupt nicht in die Schule gehen. Gerade jetzt aber geschah das Schreckliche, Tante Dete tauchte auf und wollte Heidi wieder mit nach Frankfurt nehmen, wo sie der kranken Clara Gesellschaft leisten sollte. Die Ärmste! Hoffentlich erlaubte der Großvater das nicht!

Ria biss sich die Lippen blutig, sie hatte ihr schlechtes Gewissen vergessen und fast auch die Frau, die jetzt böse auf sie war. Einmal nur schielte sie zu ihr hinüber. Unter ihrem Hut hinweg schaute die Frau angestrengt aus dem Fenster.

„Na? Es ist ja so still bei den Damen", der Schaffner schob die Abteiltür halb auf.

„Das junge Fräulein kann allmählich die Sachen packen"; er zwinkerte Ria zu und sah fragend zu der Frau mit der fleckigen Bluse hinüber, die weiter stur aus dem Fenster guckte.

Ria folgte ihm schnell auf den Gang und war heilfroh, als sie das Quietschen der Bremsen hörte.

Der Schaffner hielt sie an der Wagentür zurück: „Immer langsam mit den jungen Pferden, lass mich zuerst raus, ich helfe dir."

Er sprang die hohen Stufen hinunter auf den Bahnsteig, dann packte er sie fest unter beide Arme und hob sie aus dem Zug. Ria strampelte empört mit den Beinen, sie wollte allein aussteigen, sie war doch kein kleines Kind mehr! Aber dann sah sie Mumu, und alles war vergessen. Ihre Großmutter kam langsam auf sie zu und sah genau so aus, wie Ria sie in Erinnerung hatte mit ihren weißen Haaren, der weißen Bluse und dem engen grauen Rock. Die Kragenecken der Bluse waren mit einer schmalen goldenen Nadel zusammengesteckt. Ria war fest davon überzeugt, dass sie nur diese eine weiße Bluse und den einen grauen Rock besaß. Anders als Mama, die oft vor ihrem Kleiderschrank stand und seufzte: Was soll ich bloß anziehen? Meist geschah das, wenn sie Onkel Einhard erwartete. Aber an zu Hause wollte sie jetzt überhaupt nicht denken.

Endlich stand Mumu vor ihr. Ganz dicht.

Sie drückte Ria, die sie so lange nicht gesehen hatte, fest an sich: „Da bist du ja, ich bin so froh."

Ria schlang die Arme um Mumus Taille und sog den Duft aus ihren Kleidern, dann erst sah sie zu ihr hoch. Zum ersten Mal seit Wochen bedauerte sie zutiefst, dass sie sich im Stummsein verstrickt hatte.

Mumu beugte sich zu ihr hinunter, hob ihr Kinn nach oben und sagte ernst: „Und du kannst wirklich kein Wort mehr sagen?"

Ria schüttelte den Kopf und spürte, wie ihre Wangen heiß wurden.

Als Ria abends im Bett lag, kam Mumu mit zwei Büchern in der Hand und fragte: „Soll ich dir etwas aus den lustigen Streichen von Till Eulenspiegel vorlesen oder ein Märchen? Aber für Märchen bist du vielleicht schon zu groß?"

Ria schüttelte den Kopf, zeigte auf das Märchenbuch, zog sich die Bettdecke bis über die Schultern und guckte Mumu unverwandt an. Auf der goldenen Nadel an ihrem Kragen funkelte ein kleiner Punkt im Strahl der Abendsonne. Ihre Blicke blieben an Mumus seidigem Haar hängen, glatt gekämmt war es und hinten zu einem Knoten zusammengefasst, dieser Anblick flößte ihr zusätzlich Sicherheit ein. Wie auf einer Wolke fühlte sie sich, und so eingehüllt in Wohlbehagen vergaß sie alles, was hinter ihr lag.

Das Märchen von der Prinzessin, die auf einmal nicht mehr sprechen konnte, begann Mumu, und Ria kroch noch ein wenig tiefer unter die Decke.

Es waren einmal ein König und eine Königin, sie hatten eine wunderschöne Tochter, die hieß Rosenschön. Und wirklich, sie war schön wie eine rosarote Rose am Morgen. Eines Tages wurde die Königin krank, ganz bleich lag sie in ihrem Bett und Rosenschön durfte nur auf Zehenspitzen an ihr Bett gehen. Vielleicht muss ich sterben, Rosenschön, du musst mir versprechen, dass du immer brav bist und auf den Vater hörst. Rosenschön brach in Tränen aus: du sollst nicht sterben, aber da hatte die Mutter ihre Augen schon geschlossen und die Worte ihres Töchterleins hörte sie nicht mehr.

Gespannt verfolgte Ria Rosenschöns Geschichte, die nicht mehr sprechen konnte, als ihre Mutter gestorben war. Der König ließ einen Einsiedler rufen, der für seine Heilkunst bekannt war. Der Einsiedler braute in der Schlossküche einen Zaubertrank, und siehe da, als Rosenschön davon getrunken hatte, konnte sie augenblicklich wieder sprechen.

Und wenn sie nicht gestorben sind, dann leben sie noch heute, sagte Mumu mit ihrer Stimme, die Ria umschlang wie ein großes weiches Tuch.

„Was ist ein Einsiedler?", wollte sie fragen, aber sie war schon so müde, dass ihr das Stummsein gerade noch einmal recht war.

Mumu schloss das Buch, Ria fielen die Augen zu und sie spürte, wie ihre Großmutter sich über sie beugte und ihr einen Kuss gab.

Als sie am nächsten Morgen aufwachte, saß Mumu an ihrem Bett, als habe sie die ganze Nacht dort ausgeharrt und Rias Schlaf bewacht. Noch bevor Ria die Augen richtig aufgemacht hatte, nahm sie einen Geruch aus Schokolade, Vanille und Wärme wahr. Sie schnupperte.

„Guten Morgen, Ria, rate mal, was ich dir mitgebracht habe: einen Zaubertrank!"

Ria riss die Augen auf und sah einen roten Becher auf ihrem Nachttisch stehen.

„Nimm einen großen Schluck, du wirst sehen, das schmeckt, ich habe ihn selbst probiert. Stell dir vor, ich habe gestern Abend noch weiter gelesen und habe am Schluss des Buches das Rezept gefunden."

Ria setzte sich kerzengerade hin, vorsichtig nahm sie den Becher und trank. Wieder spürte sie ihre Wangen heiß werden, und sie sah ihre Großmutter nicht an, als sie murmelte: „Danke Mumu!"

Dann setzte sie den Becher ab, ließ sich schnell zurück fallen und rollte sich in das Deckbett ein. Sie merkte, wie Mumus Hand ihr Ohr frei legte und flüsterte: „Ich bin so glücklich, mein Zauber hat gewirkt. Komm probier es doch gleich noch einmal." Ihre Worte kitzelten im Ohr, Ria kroch noch tiefer unter die Bettdecke und wollte nicht wieder auftauchen.

„Frühstück ist fertig, beeil dich, Prinzessin", sagte Mumu und schloss die Tür so laut, dass Ria es hören musste.

Sie hatte kaum noch Luft bekommen in ihrer Höhle. Schnell sprang sie aus dem Bett, trödelte beim Waschen und Anziehen, sah immer wieder in den Spiegel und sprach laut mit dem Mädchen, das sie anlachte und Grimassen machte, die Lippen zusammenpresste, dann den Mund wieder weit aufriss und schrie: „Ich kann wieder sprechen!"

Ria hüpfte die Treppe hinunter ins Esszimmer und wollte nicht vergessen, Mumu etwas Wichtiges zu fragen. Endlich war das blöde Aufschreiben vorbei, sie fühlte sich leicht wie eine Feder.

„Mumu? Warum hieß Papa eigentlich Schaan?"

„Früher war es schick, französisch zu sprechen und den Kindern französische Namen zu geben. Und französisch hört sich der Name so an", sagte sie. „Jean." Sie sprach es ihr vor. Warm und weich klang der Name, wenn sie ihn aussprach. Dann übten beide, bis Ria es auch konnte.

„Das hast du schnell gelernt, du bist sprachbegabt", sagte Mumu. Ria wusste nicht, was sprachbegabt bedeutete, aber sie freute sich über das Lob, biss in ihr Brötchen und fragte: „Mumu, wo hat Papa früher geschlafen?"

„In demselben Zimmer wie du. Sogar in demselben Bett. Aber mit vollem Mund durfte er nicht sprechen!" Sie zwinkerte Ria zu. Die guckte verlegen in ihren Kakaobecher.

„Warte, ich hole ein paar Bilder von deinem Papa", sagte Mumu und stand auf. „Dies hier habe ich am liebsten." Sie kam aus dem Nebenzimmer zurück. „Da ist er genauso alt, wie du jetzt bist." Sie setzten sich aufs Sofa und Ria betrachtete aufmerksam das Foto, das hinter einer dicken Glasscheibe in einem Metallrahmen steckte.

Ein Junge im Matrosenanzug mit riesigem Kragen war darauf zu sehen, die kurzen Hosen endeten unter dem Knie; darunter guckten gestrickte, lange Strümpfe hervor und die Füße steckten in halbhohen Schnürstiefeln. Steif stand er da, die rechte Hand an ein verziertes Tischchen gelehnt, auf dem ein Spitzendeckchen lag. Er sah unglücklich aus. Ria ließ einen Finger über den Kopf des Jungen mit der kurzen glatten Ponyfrisur gleiten, dann fuhr sie über die schmalen Lippen und fragte: „Warum sieht er so traurig aus?"

„Ich glaube nicht, dass er traurig war", sagte Mumu, und Ria sah, wie sich ihre Augen mit Tränen füllten. „Es war ihm einfach lästig, er hat sich nie wohl gefühlt in seinem Matrosenanzug. Das Bild ist bei einem Fotografen gemacht worden, der Mann hat Jean so lange hin- und hergeschoben, bis er nach seiner Meinung richtig stand, das fand Jean furchtbar."

„Schenkst du mir das Bild", bat Ria schnell, denn Mumu war im Begriff, es wieder wegzustellen. Ria erzählte, was Nelly mit dem Foto von ihrem Papa gemacht hatte. Mumu sah sie erschrocken an, sagte aber nichts, nahm das kleine schmale Bild in die Hand und schüttelte den Kopf. „Nein, leider, das kann ich es dir nicht schenken, ich würde es zu sehr vermissen."

Ria nickte. Sie war enttäuscht, aber sie verstand, sie hatte doch gerade selbst erlebt, was es heißt, ein Foto zu vermissen.

„Weißt du was, wir stellen das Bild auf deinen Nachttisch, dann kannst du es abends und morgens immer ansehen, und ich schenke dir ein anderes Foto, das du mit nach Hause nehmen kannst."

Die Tür ging auf und Heinrich zwinkerte Ria zu. Er hatte seine lange graue Schürze nicht umgebunden, das hieß, er würde mit der Kutsche fahren.

„Darf ich mit?", rief Ria, und schon war sie draußen, stellte sich neben das Pferd und klopfte mit der flachen Hand auf den dicken Bauch, ganz hohl klang das. Lotte schnaubte. Ria drückte ihre Nase in das Fell, sie hatte vergessen, wie Lotte roch. Immer wieder sog sie den Geruch des alten Pferdes ein, und wusste noch nicht, dass er sie für immer an Mumu, Heinrich, Sommer, Sonne und Ferien erinnern würde.

„Ich hab's schon gehört: das junge Fräulein kann wieder sprechen", sagte Heinrich und zwinkerte ihr zu. „Da bin ich aber froh."

„Ich auch", sagte Ria und ließ sich von Heinrich auf den Kutschbock helfen wie eine Prinzessin. Zum Glück konnte er ihr nicht mehr ins Gesicht sehen. Warum musste er überhaupt davon anfangen, dass sie mal nicht sprechen konnte? Sie selbst hatte es doch auch schon fast vergessen. Die Kutsche rumpelte los, und jetzt konnte man sowieso nicht mehr sprechen, nur noch schreien, aber das mochte Heinrich nicht, weil Lotte dann gar nicht mehr wusste, was er von ihr wollte.

„Brrrr!"

Auf einem Waldweg brachte Heinrich Lotte zum Stehen, band ihr einen Hafersack um, nahm eine Kiepe und begann, Holz vom

Waldboden aufzusammeln. Ria half ihm, atmete den Duft aus Erde, Blättern und Pilzen ein und speicherte ihn zusammen mit Lottes Geruch in einer geheimen Kammer ihrer Seele.

Abends im Bett bat sie Mumu: „Erzähl mir etwas von Papa, als er so alt war wie ich, bitte!"

Ria nahm die Fotografie vom Nachttisch und behielt sie in der Hand. Mumu überlegte einen Moment und sagte: „Also gut, aber sei nicht enttäuscht, dein Vater war nicht ganz so brav wie du, und schon gar nicht so brav, wie er auf dem Bild aussieht. Oft war ich sogar ziemlich ärgerlich auf ihn."

Ria wunderte sich und schaute auf den ernsten Jungen in dem Bilderrahmen.

„Er war bestimmt auch schon etwas älter, vielleicht dreizehn, als er an einem Abend gegen sechs weinend und zitternd aus dem Volksbad heimkam. Mein erster Gedanke: er wird doch nicht jemanden ins Wasser gestoßen haben und derjenige ist ertrunken – so aufgelöst war er. So schlimm war es zum Glück nicht, aber schlimm genug. Beim Spielen mit den anderen Jungen aus der Rudergesellschaft hatte er doch tatsächlich mit einem Ball eine der großen Dach- Glasscheiben eingeworfen. ‚Mutter, ich habe nicht absichtlich dahin gezielt', sagte er und schaute mich flehend an. Da wusste ich, dass er es doch mit Absicht getan hatte! Die Scheibe war ins Bassin gestürzt, Gott sei Dank wurde dabei niemand verletzt. Aber das Bassin musste abgelassen und das Bad ganz geschlossen werden. Ein riesiges Theater! Jean zitterte furchtbar und ich habe ihm erst einmal Baldriantropfen gegeben, denn er konnte sich zuerst gar nicht beruhigen. Er tat mir leid, aber ich war auch sehr ärgerlich. So war er oft: ohne Überlegung und Hemmung drauf los, und die Verzweiflung kam, wenn es zu spät war."

„Hat er Schläge bekommen?"

„Nein, wo denkst du hin. Davon wäre die Scheibe doch auch nicht wieder heil geworden."

„Auch von Peer nicht?"

„Nein, der hat zwar lauter geschimpft als ich, aber geschlagen hat auch er deinen Vater nie."

Peer hat deinem Papa nach zwei Wochen die Rechnung aus dem Volksbad hingelegt und gesagt: „Wenn du mal Geld verdienst, zahlst du mir das zurück!"

„Mumu, hat mein Papa zu dir ‚Mutter' gesagt? Das hört sich so ..."

Wie es sich anhörte, erfuhr ihre Großmutter nicht mehr, Ria war eingeschlafen.

„Ich möchte bei dir bleiben, Mumu!", jammerte Ria. Mumu beugte sich über den offenen Koffer auf dem Bett. Es dauerte eine Weile, bis sie sich zu Ria umdrehte. Sie hatte ihr Spitzentaschentuch in der Hand. Instinktiv vermied Ria, sie anzusehen.

„Das geht nicht", sagte Mumu nach einer Weile, ihre Stimme klang gepresst. Ria fragte nichts und betrachtete die Fotografie ihres Vaters auf dem Nachttisch. Seine Kleidung, der Tisch, die Tapete – alles war braun.

Ria sah sich um. Auch aus dem Zimmer, in dem sie ein paar Wochen lang so glücklich gewesen war, waren alle hellen Töne gewichen. Die Bilder an den Wänden, die Gardinen, die Linde vor dem Fenster, alles sah bräunlich aus wie der Matrosenanzug des Jungen auf dem Bild.

„Ich möchte dich doch auch am liebsten bei mir behalten", sagte Mumu und nahm sie fest in den Arm. „Aber deine Mutter wartet auf dich, und die neue Schule. Dort wird es dir bestimmt gefallen. Du wirst sehen, die Monate bis zu den nächsten Ferien vergehen schnell. Dann kommst du wieder! Und jetzt gibt es ein besonderes Abendessen."

„Was gibt es denn?"

„Kartoffelsalat und Würstchen."

„Bekomme ich zwei?"

„So viel wie du willst – ausnahmsweise!"

Sie hatte sogar drei gegessen und nun konnte sie nicht einschlafen. Die ganzen Wochen hatte sie kaum an zu Hause gedacht, an Einhard schon gar nicht. Plötzlich sah sie ihn wieder vor sich mit seinem dicken Bauch und den gelben Zähnen. Warum musste Mama den unbedingt heiraten? dachte Ria, sie hat doch mich!

Nach einer ganzen Weile stand sie auf und schlich die Treppe runter. Die Wohnzimmertür war angelehnt, Ria blieb auf dem Flur stehen und spähte durch den Spalt.

Mumu saß unter der Stehlampe und hielt die Tageszeitung in der Hand, aber sie las nicht. Immer wieder tupfte sie sich mit dem Taschentuch die Augen. Am liebsten wäre Ria zu ihr gerannt, aber sie traute sich nicht, mucksmäuschenstill blieb sie an der Tür stehen, bis Mumu sich stöhnend erhob.

Ria wollte die Treppe rauf flüchten, aber dann merkte sie, dass Mumu sich gar nicht umdrehte sondern ein paar Schritte weiter ins Zimmer ging und vor Peers Gemälde neben dem Kamin stehen blieb. Ria mochte das Bild nicht, weil Peer so streng guckte und gar nicht schön aussah mit seiner Glatze und den abstehenden Ohren. Sie hatte ihren Großvater immer nur mit dem Kaufmannsladen in Verbindung gebracht und sich einen Opa mit dichten weißen Haaren vorgestellt, so wie Lilos Großvater. Mumu begann mit dem Bild zu sprechen. Ria erschrak und drückte sich noch dichter an den Türpfosten.

„Ach, Jakob, morgen bin ich wieder allein. Ich möchte Ria gar nicht hergeben. Ich frage mich, was Nelly und dieser Einhard alles falsch machen. Es war so einfach, sie wieder zum Sprechen zu bringen. Ich möchte so gern, dass sie ein fröhliches Kind bleibt. Immer wieder habe ich daran gedacht, sie zu mir zu nehmen. Aber ein Kind braucht doch eine Mutter, wenn es schon keinen Vater mehr hat. Ich bin jetzt 65, und gesund bin ich auch nicht. Diese ewigen Gelenkschmerzen. Manchmal kann ich mich gar nicht rühren. Hast das Geld umsonst rausgeschmissen für meine Kuren. Vor dem Krieg – in meinem anderen Leben. Morgen schreibe ich an Nelly und rede ihr ins Gewissen."

Sie seufzte tief, und Ria versuchte immer noch, den Atem anzuhalten.

„Jakob, was sagst du dazu? Du sprichst auch nicht, wenn du nicht willst, wie deine Enkelin. Warum hast du mich allein gelassen mit dem ganzen Schlamassel?"

Prüfend betrachtete sie Peers Gesicht: „Dass ich aber auch nie wieder etwas von Jean gehört habe. Er ist tot, Jakob. Ich spüre es."

Ria hielt es nicht länger aus, sie musste husten. Mumu drehte sich um.

„Ich kann nicht schlafen", sagte Ria schnell. „Die Leute da oben sind so laut."

Ihre Großmutter zog sie mit zum Sofa und nahm sie auf den Schoß, obwohl sie dafür eigentlich schon zu groß war. „Du bist ja ganz kalt, wie lange hast du da schon gestanden?"

„Nicht lange", log Ria.

Mumu nahm ihre Wollstola ab, die sie abends immer um die Schultern legte, Ria durfte sich darin einwickeln. Sie rutschten beide eng aneinander.

„Früher hat uns das ganze Haus gehört", sagte Mumu. „Da wurden wir nicht gestört und konnten so laut sein, wie wir wollten. Aber gleich nach dem Krieg musste ich die drei Zimmer in der oberen Etage neben deinem Zimmer abgeben. Einquartierung nannte man das. Zuerst war ich ärgerlich, aber als ich von den Flüchtlingsströmen erfuhr, hatte ich keine Einwände mehr. Nur Osi hat geknurrt: *Fremde Menschen im Haus!* Ich aber fand es gerecht. Diese Menschen mussten von einem Tag zum anderen ihre Heimat verlassen, und wenn sich auch vieles hier in Geinsburg verändert hatte, wir durften doch wenigstens in unserem eigenen Haus bleiben."

„An Osi kann ich mich erinnern", sagte Ria. „Ich weiß, dass sie Papis Kindermädchen war. Sie hat sich immer so weich angefühlt. Und ich habe mir früher auch immer ein Kindermädchen gewünscht." Mumu lächelte. „Warum sind die Leute eigentlich geflohen?", wollte Ria noch wissen.

„Darüber wollen wir heute Abend nicht mehr sprechen", wehrte Mumu ab, „aber leicht hatten sie es nicht, die Flüchtlinge."

Ria hätte gern mehr von ihr erfahren. Ihre Mutter und Einhard schimpften immer nur auf die Flüchtlinge. „Denen stecken sie alles in den Hintern! Und unsereins, wo bleiben wir? Wir haben auch viel verloren."

Einhards Stimme drängte sich in Rias Gedächtnis. Sie fror.

Nelly und Einhard waren während Sommerferien umgezogen in ein kleines Haus am Rande von Hannover, das Einhard geerbt hatte. Das einstöckige Haus aus rotem Klinker verschanzte sich hinter einer mannshohen Hecke und war außerdem von riesigen Fichten umgeben, als böte die Hecke nicht Schutz genug. Neugierig betrat Ria das Treppenhaus. Es war dunkel, und ein muffiger Geruch stieg ihr in die Nase, den sie schon an ihrer Mutter wahrgenommen hatte, als sie sie am Bahnhof abholte. Ihre Mutter zeigte ihr unten die Küche, das große Wohnzimmer, in das kaum Licht fiel, und das Schlafzimmer mit den Ehebetten. „Und wo schlafe ich?", fragte Ria bange und spürte im selben Moment unbändiges Heimweh nach Mumu.

Ihre Mutter zeigte auf die steile Treppe mit schmalen Stufen und sagte vorbeugend: „Ich wäre als Kind froh gewesen, wenn ich so ein eigenes Zimmer gehabt hätte."

Ria lief die Stufen hinauf und öffnete die knarrende Tür zu einer kleinen Kammer, die vom Boden abgeteilt worden war. Es passten nur ihr Bett, ein schmaler Schrank, ein Tisch und ein Stuhl hinein Aber es war ihr eigenes kleines Reich, weit weg von denen da unten. Sie war erleichtert, obwohl ihr Zimmer in der anderen Wohnung viel heller gewesen war.

Die andere Wohnung. Lilo, Rudi und Hella fielen ihr wieder ein, die waren jetzt weit weg. Sie guckte zu dem kleinen schrägen Fenster hoch und stellte fest, dass sie es nicht öffnen könnte, ohne auf einen Stuhl zu steigen.

„Komm runter", rief ihre Mutter, „du musst doch noch den Garten sehen." Selbst der Garten kam ihr düster vor. „Einhards ganzer Stolz", sagte Mama. „Wir haben ein Haus und einen Garten und wir sind jetzt eine Familie."

Familie, das stimmte doch nicht, aber Ria hütete sich, zu widersprechen. Die Hartmanns aus dem Lesebuch, das sie in der Volksschule hatten, waren eine Familie. Vater, Mutter, zwei große Kinder und ein Baby, so stellte sie sich eine Familie vor.

Ihre Mutter hatte sie am Gymnasium angemeldet. Sie sprach das Wort langsam und ehrfürchtig aus, und sie klagte: „Hätte ich früher doch so eine Chance gehabt." *Schankse*, sagte sie.

In der neuen Schule gefiel es Ria so gut, dass sie vormittags nie an zu Hause dachte. Sie musste mit dem Bus fahren, mit der Linie 2, die auch in der Nähe ihrer alten Wohnung gehalten hatte. Einem der Fahrer hatte sie oft zugewinkt, als sie noch kleiner war. Immer hatte er mit einem kurzen Hupen zurück gegrüßt und jetzt fuhr sie mit ihm und seinem Bus in ihre neue Schule.

Englisch lernen, toll war das. Fräulein Bauer war der erste Mensch, in den Ria verliebt war. Wenn sie ihre Gitarre mitbrachte und die Klasse englische Lieder sang, hätte der Unterricht ewig dauern können. *My Bonnie is over the ocean*; alle 32 Mädchen warteten auf die Strophe *Last night, as I lay on my pillow* ... Begleitet von ihrem Kichern klang der Gesang etwas gequetscht, aber Fräulein Bauers augenzwinkernder Blick brachte sie zur Raison, und sie sangen mit Inbrunst bis zum *brought back my Bonnie to me*.

Im Matheunterricht gab es kein öffentliches Kopfrechnen mehr im Stehen, und ihrem Lehrer, Herrn Albrecht, konnte Ria sogar erzählen, wie ihre Zahlenreihe von 0 bis 100 aussah, er lachte nicht, sondern er sagte: Das ist ja sehr interessant! Da kam sie sich wichtig vor, das würde sie Mumu schreiben.

Erst auf dem Heimweg im Bus dachte Ria wieder an das Haus, in dem sie jetzt wohnte, es war wie eine Bedrohung für sie. Nie mehr war sie mit ihrer Mutter allein, immer war Onkel Einhard da, zu dem sie eigentlich Vati sagen sollte. Das brachte sie nicht fertig. Aber versuchen wollte sie es mit Onkel Einhard und erzählte ihm abends, was Herr Albrecht zu ihrer Zahlenreihe gesagt hatte. Aber Einhard sagte nur: „So einen Quatsch habe ich noch nie gehört."

Mama interessierte sich noch weniger für sie als früher, und Ria ging meist gleich nach dem Essen rauf in ihr Zimmer. Der Schuhkarton mit den neuen Fotos von ihrem Papa, die Mumu ihr geschenkt hatte, stand unten im Kleiderschrank. Sie holte ihn seltener hervor. Den Kaufmannsladen von Peer hatte ihre Mutter vor dem Umzug weggegeben, und Rias Teddy hatte sie einem kleinen Jungen aus der Nachbarschaft geschenkt, ohne sie zu fragen.

„Dafür bist du doch nun wirklich zu groß." Das stimmte, aber trotzdem war Ria traurig und wütend zugleich. Das waren ihre Sachen gewesen, die konnte ihre Mutter doch nicht einfach verschenken.

Ria hatte den alten Küchentisch bekommen, den sie zu ihrem Schreibtisch machte. Sie rückte ihn unter die Schräge, breitete ihre neuen Schulbücher darauf aus und erklärte ihn zu ihrem Lieblingsplatz. Wenn ihre Mutter nach ihr sah, guckte sie nur auf Rias Rücken und war zufrieden, dass sie Schularbeiten machte. Nie kam sie näher oder fragte etwas. So konnte Ria ungehindert lesen oder an Mumu schreiben.

Manchmal rückte sie den Tisch zur Seite, stieg auf den Stuhl und zog sich am Fenstergriff hoch, um raussehen zu können. Aber immer guckte sie nur gegen die graue Wand des Nachbarhauses, sie vermisste den Blick auf die Bäume vor ihrem Zimmerfenster bei Mumu.

Später am Abend, wenn sie nicht schlafen konnte, hörte sie aus dem Schlafzimmer unten Geräusche, die sie nicht leiden konnte, sie kroch unter die Bettdecke und hielt sich die Ohren zu, aber das unterdrückte Stöhnen von Onkel Einhard und manchmal ein komisches Wiehern von Mama drangen trotzdem in ihre Seele.

Das Verhängnis war klein und aus rotem Leder. Es kam nach einer Sportstunde. Ria hatte getrödelt und war allein in dem Umkleideraum. In dem dumpfen Geruch aus Schweiß und dreckigen Socken sah das herzförmige Portemonnaie wie eine wundersame Blüte aus. Einladend lag es auf der glatten Holzbank und sie schob zögernd ihre Hand darauf zu. Schritte auf dem Flur! Schnell nahm sie das Portemonnaie und steckte es in ihren Tornister.

Mittags im Bus nahm sie vor den Augen der anderen Kinder zwanzig Pfennig für die Busfahrt aus dem roten Portemonnaie und dachte: Mami freut sich, wenn ich die beiden Groschen wieder mitbringe, die sie mir heute Morgen gegeben hat.

Helga schrie: „Da ist ja mein Portemonnaie; die hat das geklaut", und wollte sich auf Ria stürzen.

„Stimmt ja gar nicht, das ist meins", schrie Ria zurück und schloss die Faust fest um das Lederherz. Der Busfahrer verwies sie streng auf ihre Plätze. Es war der freundliche, den Ria von früher kannte. Als sie aussteigen musste, fragte er: „Ria, was ist mit dem Portemonnaie?"

„Es gehört mir!", sagte sie trotzig.

Zu Hause konnte sie nichts essen, ihre Mutter nahm es gleichgültig hin und schimpfte nicht wie sonst, sie schien ihre Tochter kaum wahrzunehmen. Ria schlich hinauf in ihr Zimmer. Das schlechte Gewissen hatte sich um ihre Brust gelegt wie das zu enge Leibchen, das sie sonntags frisch gewaschen anziehen musste, und das erst nach zwei Tagen nicht mehr drückte. Sie legte sich aufs Bett und vertiefte sich in das Buch, das in aus der Schülerbücherei ausgeliehen hatte: ‚Der Trotzkopf'. Sie beneidete die fünfzehnjährige Ilse glühend wegen der Freundschaft mit ihrer Lehrerin Charlotte Güssow. Ria seufzte. Toll war das. In einem Pensionat war man den Lehrerinnen so nahe.

Als sie abends das Buch endlich aus der Hand legte, dachte sie wieder an das rote Portemonnaie tief unten in ihrem Tornister und der Druck auf ihrer Brust war wieder da.

Am nächsten Morgen wurde sie auf dem Schulhof von sechs Mädchen aus ihrer Klasse umringt, zwei von ihnen packten sie rechts und links am Arm und brachten sie zu Fräulein Bauer. Ausgerechnet zu Fräulein Bauer! Sie hatte ihr blaues Kostüm an und guckte so streng, wie Ria es noch nie erlebt hatte: „Komm mit in den Kartenraum, ich möchte deinen Tornister sehen."

Ria liebte diesen Raum, im Erdkundeunterricht meldete sie sich oft zum Kartendienst. Für sie war es jedes Mal wie ein Wunder, wenn die große Deutschlandkarte am Kartenständer entrollt wurde und man sogar Geinsburg und den kleinen Fluss ganz leicht finden konnte. Anders als im Atlas, wo sie immer so lange suchen musste. An diesem Morgen aber nahm sie zum ersten Mal den muffigen Geruch in dem kleinen Raum wahr und sie starrte auf den ausgestopften Riesenvogel mit dem stechenden Blick oben auf einem Schrank, den sie vorher nie bemerkt hatte.

Mit ausgestrecktem Arm hielt sie Fräulein Bauer den braunen Ranzen hin und wartete auf ein Wunder. Fräulein Bauer packte den Ranzen aus. Ganz unten auf dem Boden entdeckte sie das Portemonnaie. Drohend sah sie Ria an: „Wem gehört das?"

„Es gehört mir."

„Seit wann hast du das Portemonnaie?"

„Ich habe es zu Weihnachten bekommen!"

Ria glaubte inzwischen selbst, dass es ihr Portemonnaie war und kämpfte mit den Tränen.

Fräulein Bauer änderte ihre Taktik. Sie legte eine Hand auf Rias Schulter, und ihre Stimme wurde leise, als sie sagte: „Wir geben Helga jetzt gemeinsam das Portemonnaie zurück, du entschuldigst dich, und die Sache ist vergessen."

Ria schüttelte den Kopf und stammelte: „Es ist aber meins."

Fräulein Bauer wurde unsicher.

„Sag die Wahrheit, Ria. Sonst müssen wir deine Mutter holen."

Ria schwieg und starrte auf ihre Fußspitzen.

Fräulein Bauer zog den Reißverschluss des Portemonnaies auf.

„Ria, Ria, ich habe dir eine Chance gegeben", sagte sie mit veränderter Stimme. „Hier steht doch Helgas Name, innen, mit Kugelschreiber hineingeschrieben."

Ria sah sie flehend an. „Es ist meins", flüsterte sie. Fräulein Bauer schüttelte den Kopf, öffnete die Tür und Helgas Mutter stürmte in den Raum, Helga hinter ihr her. Beide zeigten auf das Portemonnaie in Fräulein Bauers Hand und riefen: „Da ist es ja!"

Fräulein Bauer gab Helgas Mutter das Portemonnaie und sagte zu Ria nur: „Geh nach oben in die Klasse und pack deine Sachen ein."

Ria sah sie ungläubig an: „Aber die Englischarbeit!"

„Die brauchst du nicht mehr zu schreiben, hier an dieser Schule wirst du keine Arbeiten mehr schreiben, wir wollen dich hier nicht mehr sehen."

Fräulein Bauers Stimme schnitt mitten in ihre Seele.

Helga sah sie triumphierend an, und ihre Mutter nickte heftig. Ria stand da mit gesenktem Kopf und starrte auf Helgas neue Lackschuhe. Bestimmt hatte sie ihren karierten Faltenrock an, so einen hätte Ria auch gern gehabt, aber ihre Mutter hatte ihr einen graumelierten Rock aus dickem Stoff gekauft für die neue Schule.

„Du wartest hier, bis deine Mutter dich abholt!"

Wieder konnte sie nicht glauben, dass diese schreckliche Stimme zu Fräulein Bauer gehörte, zu ihrer geliebten Lehrerin. Die ging raus, ohne Ria noch einmal anzusehen.

Ria blieb wie festgenagelt vor den Regalen mit den Landkarten stehen. Wenig später hörte sie durch die Tür wieder Fräulein Bauers empörte Stimme und ab und zu die leise Stimme ihrer Mutter. Sie hatten sie also geholt. Rias Herz schlug wild um sich wie ein gefangener Vogel. Sie krümmte sich. Sie hatte Bauchweh. Die Deutschlandkarte hing ausgerollt auf einem der Kartenständer. Die Stimmen im Nachbarraum wurden lauter. Ria trat ganz dicht vor die Karte, suchte einen Moment und legte den Finger auf Geinsburg.

Und stand bei Mumu im Hof neben dem Brunnen. Heinrich kam auf sie zu. Er hatte gelbe Birnen unter dem mächtigen Baum aufgesucht und trug sie in seiner langen Schürze zu ihr.

„Da, nimm, sie sind in diesem Jahr zuckersüß."

Sie biss durch die harte Schale in das süße Fleisch, der Saft lief an ihrer Hand hinunter und tropft auf den Boden.

„Das schmeckt dem kleinen Fräulein", sagte Heinrich und lachte.

„Komm!" Ihre Mutter riss sie am Arm und zog sie zur Tür. Dort drehte sie sich noch einmal zu Fräulein Bauer um und sagte: „Wenn Ria einen Vater hätte und mein Mann bei der Stadt angestellt wäre, wie Helgas Vater, hätten Sie sie bestimmt behalten!"

Ria sah noch, wie Fräulein Bauer die Achseln zuckte und sich umdrehte.

Ich habe einen Vater, dachte Ria empört.

Auf der Straße zerrte ihre Mutter wieder an ihrem Arm, dann blieb sie stehen, und ihre Worte prasselten wie Steine auf Ria herab.

„Rausgeschmissen haben sie dich. Kein Wunder. Ein Kind, das stiehlt. Warum hast du das verdammte Portemonnaie genommen? Ich hatte dir doch Geld für den Bus gegeben. Was soll jetzt werden? Helgas Mutter arbeitet in derselben Abteilung wie ich. Morgen ist das überall rum."

Vor Rias Augen verschwamm die Welt, sie stolperte und stürzte auf den Fußweg.

„Auch das noch!", schimpfte ihre Mutter. „Steh sofort wieder auf. Ja, heul nur. Mir ist auch zum Heulen. Was wird Einhard sagen. Ob der dich jetzt noch adoptiert?"

Der soll mich gar nicht adoptieren, dachte Ria und rappelte sich wieder hoch. Sie guckte auf ihre aufgeschürften Hände und ihre Knie, das Blut lief in die weißen Kniestrümpfe. Die weiteren Worte ihrer Mutter erreichten sie nicht mehr. In ihr war es leer und schwarz.

Auf dem Küchenhocker fand sie sich wieder; ihre Mutter drückte ihr immer noch schimpfend ein Pflaster aufs Knie, sprach kurz mit Einhard und sagte: „Mach du das!"

Einhard war puterrot angelaufen und schrie Ria an: „In den Holzstall!"

Ria hasste den Holzstall, es war dunkel dort, man hörte unheimliche Geräusche, und es roch nach Moder. Aus den Augenwinkeln sah sie, wie Einhard die geflochtene Hundepeitsche von der Wand nahm und sie wollte nicht glauben, was ihr schwante. Aber da schob Einhards breite Hand sie schon vor sich her nach draußen in den Stall bis zu dem großen Klotz, auf dem er Holz hackte. „Bücken", befahl er, Ria starrte auf den angetrockneten Dreck an seinen Gummistiefeln und dann hörte sie das Sirren der Peitsche in der Luft. In der nächsten Sekunde spürte sie einen rasenden Schmerz auf ihrem Po. Vor Schreck brachte sie keinen Ton raus.

„Auch noch störrisch", Einhard atmete schwer, und er drosch auf sie ein, viermal, fünfmal, zehnmal bis das Mädchen laut schrie. Dann ließ er sie über dem Holzklotz liegen und ging raus.

Mühsam rappelte Ria sich auf und rannte aus dem Stall in den Garten bis hinter den Johannisbeerbusch. Dort ließ sie sich bäuchlings in einen Sandhaufen fallen.

Sie spürte ihren Po nicht mehr, in ihrem Inneren brannte alles, und im Mund knirschte feuchtes Ata.

„Ich wollte nicht stehlen, Papi", sagte sie am Abend im Bett in die schwarze Leere hinein. Sie hatte nicht mehr die Kraft gehabt, den Schuhkarton hervorzuholen.

„Ich wollte das Portemonnaie nur anfassen, es war so rot und sah so weich aus. Dann habe ich Schritte gehört und habe es ganz schnell eingesteckt. Jetzt darf ich nicht mehr zur Schule gehen."

Sie schluckte, und obwohl eigentlich keine Tränen mehr übrig geblieben sein konnten, schossen sie ihr wieder aus den Augen, flogen zuerst in die Luft und liefen dann an ihrem Hals hinunter auf das Kopfkissen. Nie mehr zur Schule. Nie mehr englische Lieder bei Fräulein Bauer.

„Papi, wo bist du?"

Der Gedanke an die Katastrophe legte sich so schwer auf ihre Brust, dass sie nicht weitersprechen konnte.

Ihre Mutter weckte sie am nächsten Morgen wie gewohnt, sprach jedoch nicht mit ihr. Onkel Einhard dafür umso lauter: „Na, dann wollen wir mal", sagte er, nachdem ihre Mutter zur Arbeit gegangen war und schob sie aus der Haustür.

„Komm her, Stift! Du bist jetzt mein Gartengehilfe. Wir wollen doch wieder Freunde sein." Er hatte die grüne Latzhose und dieselben dreckigen Stiefel an wie am Tag vorher. Er legte eine Hand in ihren Nacken und berührte ihre bloße Haut, in der anderen Hand hielt er einen Spaten. Die Härchen auf ihren Armen stellten sich auf, alles in ihr sträubte sich.

„Und ich will endlich nicht mehr Onkel Einhard hören, ich bin dein Vati. Väter müssen auch mal streng sein, wenn aus den Kindern etwas werden soll. Das gestern war nötig, das wirst du schon noch einsehen." Er blieb stehen, ließ sie endlich los und stieß den Spaten in das Gras. Sie waren am Holzschuppen angekommen.

„*Vati* will ich von dir hören, versuch's gleich mal."

Sie presste die Lippen aufeinander. Einhard packte sie bei den Schultern, ganz dicht war sein großer Kopf vor ihrem Gesicht, sie starrte auf seine gelben Zähne.

„V-a-t-i", buchstabierte er. „Soll ich's dir aufschreiben?" Der Boden unter Ria wurde weich und weicher, gleich würde sie versinken. Sie flüsterte: „Vati."

„Siehst du, ist doch gar nicht schwer!"

Er schulterte den Spaten und pfiff: Auf, auf zum fröhlichen Jagen.

Beim Abendessen merkten sie es noch nicht, weil sie nicht mit ihr sprachen, aber als Ria am nächsten Morgen auf alle Fragen nur mit

Nicken oder Kopfschütteln antwortete, schrie ihre Mutter sie an: „Nein, das nicht auch noch! Das tust du uns jetzt nicht an, hast du mich verstanden? Du wirst reden, oh ja, du wirst den Mund aufmachen, ich weiß nicht, was sonst passiert." Sie packte Ria bei den Schultern und schüttelte sie, die aber sah ihrer Mutter fest in die Augen und presste die Lippen zusammen.

„Was hast du? Auf der Stelle antwortest du mir!"

Ria schüttelte den Kopf, öffnete den Mund und stieß ein paar dumpfe Rachenlaute aus. Die Spucke lief ihr aus dem Mund. Ihre Mutter stöhnte: „O Gott!"

„Lass, die kommt zur Besinnung, wenn sie das Bohnenbeet umgräbt!", donnerte Onkel Einhard.

Diese Rechnung aber hatte er ohne Ria gemacht. Sie hatte ihre Waffe gefunden.

„Zuerst die Treppe, wenn ich nach Hause komme, will ich eine blank geputzte Treppe sehen", sagte ihre Mutter, bevor sie die Haustür zufallen ließ. Sie wusste, wie schwer es für Ria war, die ganze lange Holztreppe so zu putzen, bis alle Stufen glänzten. Vier Arbeitsgänge kostete das.

Ria dachte an die anderen, die jetzt vielleicht schon die Englischarbeit zurückbekamen, Fräulein Bauer korrigierte immer schnell. Sie hatte so für diese Arbeit geübt. Umsonst! Es war aus. Kein Englischunterricht mehr, nie mehr Fräulein Bauer lächeln sehen und singen hören. Nie mehr zur Schule.

Zuerst fegte sie die Stufen, dann schleppte sie den Emailleeimer mit Wischwasser herbei und tauchte das graue Scheuertuch ein. Sie hörte sich selbst ächzen, als sie das unförmige Wischtuch auswrang. Ihre Hände taten weh von der Gartenarbeit, ihr Po brannte wie Feuer. Sie konnte den steifen Scheuerlappen kaum halten. Er war noch klatschnass, als sie mit der ersten Stufe begann, aber darauf achtete sie schon nicht mehr, ihre Gedanken glitten weg.

Onkel Einhard war an einer schweren Krankheit gestorben, sie lebte allein mit Mama in dem großen Haus.

Mittags nach der Schule saß sie in der Sonne auf einer Bank am Rathausplatz und wartete auf den Bus. Ihre Schultasche umklammerte sie mit der rechten Hand. Sie hatte eine Eins in der Englischarbeit und freute sich schon, dass Mama sie in den Arm nehmen und rufen würde: Ich bin stolz auf dich!

Ein großer Mann schlenderte vorbei, er guckte an den Fachwerkfassaden der Häuser hoch und schien etwas zu suchen. Er setzte sich auf eine Bank gegenüber und zog eine Karte aus der Tasche. Sicher ein Stadtplan, dachte sie. Sie sah ihm ins Gesicht. Die hohe Stirn, die dunklen Haare, die braunen Augen, von denen eins ein bisschen kleiner war. Wie bei mir, dachte sie. Papi! Der sieht doch aus wie Papi auf den Bildern von Mumu, wo er noch keine Uniform anhatte. Papi ist wiedergekommen! Ihr Herz klopfte wild. Der Mann sah von der Karte auf. Sie lief zu ihm hinüber und fragte: Sind Sie Jean Kerko?

Ja, sagte der Mann zögernd, und sah sie aufmerksam an. Und wer bist du?

Ich bin Ria, meine Mutter heißt Nelly Esser, und Sie, Sie sind mein Vater, das weiß ich genau. Der Mann guckte ungläubig, dann sagte er leise: Nelly Esser, die suche ich. Sie hat ein Kind? Das wusste ich nicht!

„Ria!" Einhards laute Stimme riss sie aus ihrem Traum. Er stand unten an der Treppe. Schnell nahm sie sich die nächste Stufe vor.

„Trödel nicht so rum. Du müsstest doch längst fertig sein! Ich brauch dich im Garten, das Bohnenbeet wartet." Er knallte die Tür zu, und schon saß sie wieder am Rathausplatz in der Sonne auf einer Bank neben ihrem Vater.

Erzähl mir von dir und deiner Mutter, forderte er sie freundlich auf. Darauf hatte sie nur gewartet, denn gleich würde er wirklich staunen; scheinheilig fragte sie: Soll ich von meiner Großmutter, ich meine von Ihrer Mutter auch erzählen? Der Mann zögerte einen Moment, und es sah so aus, als ob er Tränen in den Augen hatte, dann sagte er leise: Ja, bitte! Und sie erzählte von Mumu und dass Osi nicht mehr lebte und von Heinrich, mit dem sie Kutsche fahren durfte und sagte noch: Den kennen Sie doch auch. Heinrich hat mir nämlich erzählt, wie Sie, als Sie noch ein Junge waren, selbst die Pferde gelenkt haben. Der Mann neben ihr guckte immer ungläubiger, bis er schließlich sagte: Meinst du, ich kann mit dir zu deiner Mutter kommen? Wird sie mich sehen wollen?

Aus weiter Ferne hörte sie Mamas Worte: Vergiss deinen Vater, ein Verbrecher ist das! Schnell wischte sie den bösen Satz weg, lächelte den Mann an und sagte: Die freut sich riesig, ganz bestimmt.

Sie stieß mit dem Fuß gegen den Eimer. Beinah wäre er umgekippt, das hätte noch gefehlt, dann wären die Stufen nie trocken geworden. Ria guckte auf das ausgemergelte Holz, holte die große Bohnerwachsdose, einen weichen Lappen und begann mit dem Einbohnern. Den süßlichen Geruch ertrug sie kaum.

„Bis heute Abend, Papi", flüsterte sie.

In diesen Wochen durfte sie das Grundstück nicht verlassen.

„Frische Luft bekommt sie genug im Garten, und ihre Freundinnen vermissen eine Diebin nicht. Und überhaupt – was könnten sie mit einer Stummen schon anfangen?", sagte ihre Mutter beim Abendessen zu Einhard. Sie wusste, dass sie damit Rias Strafe noch viel schlimmer machte.

Sie hörten nicht auf, Ria wie Luft zu behandeln. Abends schlich sie die Treppe hinunter bis vor die Wohnungstür und versuchte, etwas von ihren Gesprächen aufzuschnappen. „Wir müssen eine Lösung finden", hörte sie Einhard raunzen. „So kann es doch nicht weitergehen."

Nein, so konnte es nicht weitergehen, das fand Ria auch und schrieb einen Brief an Mumu. Sie beichtete den Diebstahl und den Schulverweis und stöhnte über die Gartenarbeit.

In den folgenden Tagen sehnte sie jeden Morgen den Briefträger herbei.

„Was schleichst du da am Zaun herum, komm her, bück dich gefälligst, hier ist das Unkraut!", schimpfte Einhard, der das Salatbeet säuberte.

Am vierten Tag hörte sie das Klappen des Briefkastendeckels. Sie richtete sich auf und sah den Briefträger den Plattenweg runter radeln. „Bitte, lieber Gott, lass den Brief von Mumu sein", murmelte sie zehnmal, zwanzigmal.

„Was fällt dir ein, ohne mein Wissen an deine Großmutter zu schreiben. Woher hast du die Briefmarke. Ach, auch gestohlen! Ist ja deine Spezialität!" Das waren die ersten Worte, die ihre Mutter nach den Wochen des Schweigens wieder an Ria richtete. In der Küche stand sie vor ihrer Tochter und redete sich in Rage. „Ich, ich will, dass die Schande unter uns bleibt, schreibe extra nicht an deine feine Großmutter und nun tust du es selbst. Enterben wird sie dich! Keinen Pfennig siehst du von dem Kerko'schen Geld. Mir wird sie auch keins mehr schicken! Raus, ich will dich nicht mehr sehen!"

Auf dem gelben Wachstuch des Küchentischs lag noch ein Brief – ungeöffnet. Rias Herz hüpfte. Sie erkannte ihren Namen, und sie erkannte Mumus Schrift. Allein Rias wegen hatte sie sich noch die lateinische Schrift angeeignet.

„Steh hier nicht mehr rum. Verschwinde!" Ihre Mutter holte aus. Ria blieb. Sie würde die Ohrfeige einstecken, und sie würde nicht heulen, das schwor sie sich. Ria zeigte auf den Brief auf dem Tisch und schluckte: „Der ist doch für mich", sagten ihre Augen. Ihre Mutter warf den Briefbogen, den sie immer noch in der Hand hatte, auf den Tisch, nahm Rias Brief, riss ihn auf, überflog ihn, und warf ihn ihr vor die Füße.

Ria hob das Blatt auf und auch den Umschlag, nicht das Geringste, was von Mumu für sie war, sollte ihr entgehen. Sie stürmte rauf in ihr Zimmer und schloss sorgfältig die Tür. Sie hätte gerne abgeschlossen, aber einen Schlüssel gab es für ihre Tür nicht.

Liebe Ria, ich bin traurig über alles, was du mir erzählt hast, am meisten aber darüber, dass du nun gar nicht mehr zur Schule gehst und nur noch im Garten arbeiten musst. Ich habe deiner Mutter geschrieben, dass ich dich gerne für eine Weile hier bei mir hätte. Du könntest hier zur Schule gehen. Ich hoffe, dass sie es erlaubt. Die Sache mit dem Portemonnaie ist schlimm, aber ich habe dich trotzdem lieb. Wir werden darüber sprechen und dem Mädchen und den Eltern einen Brief schreiben. Hoffentlich kannst du bald zu mir kommen. Deine Mumu

Ria weinte hemmungslos. Unten hörte sie Einhard und Mama laut reden.

Nach einer Weile kam ihre Mutter die Treppe rauf, schob einen Teller mit zwei Broten auf den Schreibtisch und sagte: „Eine Belohnung hättest du ja nicht verdient, aber meinetwegen, fahr zu ihr. Vielleicht ist es das Beste so."

Schon am nächsten Tag packte sie Rias Koffer. Am Bahnhof war ihre Mutter anders als in den letzten Wochen. Sie nahm Ria in den Arm. Als der Zug angesagt wurde, flüsterte sie ihr ins Ohr: „Vergiss mich nicht – und sprich wieder, bitte. Schreib auch mal!"

Ria sah, dass sie Tränen in den Augen hatte.

Er wusste, dass er nicht eher nach Frankreich zurückkehren konnte, bis er sie noch einmal gesehen hatte.

So benommen er noch war von der Nacht, in der er auf seine Fragen mit jedem Glas Whisky immer weniger Antworten gefunden hatte, so klar war sein Entschluss. Im Telefonbuch fand er Adresse und Telefonnummer: Katharina und Ria Kerko, Akademiestraße 32.

Nein, anrufen würde er nicht, er musste sich zwingen, zu ihr zu gehen.

Die Akademiestraße war Teil seines Schulweges gewesen, nichts hatte sich verändert an den Jugendstilfassaden und den ordentlichen Vorgärten, nur die Farben der Herbstblumen erschienen ihm fahler als früher. Unterwegs wiederholte er immer wieder die Sätze, die er sich zurecht gelegt hatte.

Als er vor der Haustür mit der Nr. 32 stand und auf die Klingel neben dem Namensschild Kerko drücken wollte, konnte er seine rechte Hand nicht heben.

Mit einem Ruck wurde die schwere Tür von innen geöffnet. Ein älterer Mann musterte ihn argwöhnisch: „Zu wem wollen Sie?"

„Zu Fräulein Kerko", sagte er leise. Der Mann sah den Blumenstrauß in seiner Hand und sagte nach kurzem Zögern:

„Unten rechts", und hielt ihm die Tür auf.

Langsam ging er die drei steinernen Stufen bis zu den Parterrewohnungen hinauf und blieb vor der hohen hölzernen Korridortür stehen. Hinter dem geriffelten Glas in der oberen Hälfte war es dunkel. ‚Kerko', las er noch einmal auf dem Messingschild. Er erkannte die verschnörkelte blank geputzte Schreibschrift, es war das Schild, das sie im Brunnenweg an ihrer Haustür neben der altmodischen Metall-klingel gehabt hatten. Auch diese Klingel sah er hier wieder, und er hörte ihr lautes Scheppern, ohne dass er sie berührt hätte.

Er starrte auf das Kreuz, das die Glasscheiben in vier Quadrate teilte.

Nicht das leiseste Geräusch drang aus der Wohnung, er hörte nur sein eigenes angestrengtes Atmen, das er zu beherrschen versuchte. Wieder wollte er sich die Worte in Erinnerung rufen, die er eingeübt hatte. Es gelang ihm nicht. Keine einzige Wendung fiel ihm ein. Er bewegte seine Hand auf die Klingel zu. Hinter den Scheiben wurde es heller, eine Tür war im Inneren geöffnet worden. Sein Herz schlug bis in die Kehle. Schnell zog er die Hand von der Klingel zurück.

Die Haustür wurde aufgeschlossen. Der Mann, der ihn reingelassen hatte, kam zurück.

„Ist sie nicht da?" fragte er.

Jean schüttelte den Kopf.

„Soll ich Ihnen die Blumen abnehmen, ich könnte sie Fräulein Kerko später bringen."

Jean nickte und drückte dem Mann den Strauß in die Hand. Ohne ein Wort zu sagen, stürzte er die drei Stufen hinunter und hatte Mühe, die schwere Tür aufzuziehen.

„Von wem soll ich …?"

Er hörte die ratlose Frage des Mannes noch, drehte sich aber nicht mehr um.

Draußen begann er zu laufen, hetzte über Stufen und Wege, die steil nach oben führten, hinauf bis zur Pfarrkirche. Er keuchte, als er auf dem Kirchplatz angelangt war, lehnte sich über die Stadtmauer und blickte über die Dächer mit ihren roten und dunklen Schindeln auf die Höhenzüge jenseits des Flusses. Allmählich bekam er wieder Luft.

Was habe ich mit ihr zu schaffen? Ich verschwinde. Komme nie mehr zurück. Ich hatte bisher keine Tochter und werde auch in Zukunft keine haben. Sie braucht mich nicht. Ich verwirre sie nur. Wie sie mich angesehen hat gestern bei der Beerdigung. Wie eine Verwundete.

Sie ist nicht verwirrt, sie trauert. Sie trauert um ihre Großmutter.

Um Mutter.

Seine inneren Stimmen überschlugen sich.

Er wandte sich um zu der romanischen Kirche aus rotem Stein. Hinter diesen Mauern war er konfirmiert worden. Ganz in der Nähe hatten Nellys Eltern gewohnt. Nelly! Wo war sie geblieben, was war aus ihr geworden? Nein, sie war ihm nicht begegnet gestern auf dem Friedhof, er hätte sie wieder erkannt. Wie konnte er so sicher sein? Zwei Jahrzehnte waren vergangen, seitdem er ein letztes Mal bei ihr gewesen war.

Es war derselbe Tag, an dem er auch seine Eltern zuletzt gesehen hatte.

Wenn Ria seine Tochter war, dann war Nelly ihre Mutter, anders konnte es nicht sein: die krausen Haare, der kleine Mund – das war Nelly.

Und wenn du nun gar nicht der Vater bist! Wer weiß wie viel Männer Nelly in den Jahren hatte?

Vergiss das alles und fahr zurück ans Meer, wo du endlich deinen Frieden gefunden hast.

Ja, genau das würde er tun. Wer weiß, wie Nelly seine Mutter rumgekriegt hatte, Ria als ihre Enkeltochter anzuerkennen, sie sogar zu adoptieren. Was ging ihn das alles an? Gar nichts. Er hatte mit dieser miefigen Stadt nichts mehr zu schaffen. Mit dieser Stadt, die zugelassen hatte, dass er zu einem Schuft wurde. Er hatte dafür gebüßt. Er war ein anderer geworden. Er wollte nicht noch einmal in den Sog dieser Stadt geraten.

Abreisen, sofort abreisen, das war die einzige Lösung.

Nein, so nicht, Feigling, Mistkerl. Die andere Stimme ließ sich nicht übertönen.

Du weißt genau, dass sie deine Tochter ist. Sie sieht Nelly ähnlich und dir selbst ist sie ähnlich, sie hat deine Augen: Und sie weint wie du. Hast du das schon vergessen?

Er wandte sich um.

KIRCHE GEÖFFNET.

Das Schild schien nur ihn zu meinen. Mechanisch durchschritt er das Eingangsportal und blieb in der Turmhalle stehen. *Den Opfern des Krieges*, las er auf dem Gedenkstein.

Er setzte sich auf die steinerne Bank.

*Und Gott wird abwischen alle Tränen von ihren Augen, und der Tod wird
nicht mehr sein, noch Leid, noch Geschrei, noch Schmerz wird mehr sein, ...*

Allein saß er den eingemeißelten Worten gegenüber – *Leid und Geschrei*, er hörte das Stöhnen und sah die zuckenden nackten Leiber,
die übereinander gestapelt in der Grube lagen. Warum war er herge-
kommen, dass er dieses alles nun wieder ertragen musste? Gestank,
dachte er, Gestank haben sie noch vergessen.

Sein Körper bebte, bittere Flüssigkeit sammelte sich in seinem
Mund, er sprang auf, rannte raus, hielt sich würgend an der Sand-
steinmauer fest und übergab sich, bis er nur noch eine dünne gelb-
liche Flüssigkeit ausspuckte.

Er wischte sich mit dem Jackenärmel den Mund ab und atmete tief
durch.

Rasch ging er durch die schmalen Gassen hinunter in das Hotel und
holte seinen kleinen Koffer.

Auf dem Weg zum Bahnhof hob er den Blick zu den Hügeln, zwischen denen sich die Häuser hier unten duckten wie eine Schar von
Verfolgten, und er lief umso schneller.

Nachbarn brachten Ria nach der Beerdigung nach Hause. Mit hastigen Worten verabschiedeten sie sich vor der Haustür, dann war sie allein. Sie ging über den langen Flur durch die Stille, vorbei an den beiden Türen zu Mumus Zimmern. Fest verschlossen waren sie, versiegelt mit ihrer Trauer und ihrer Angst. Nur die beiden weiß lackierten Flügel der Wohnzimmertür am Ende des Flures standen offen. Sie hörte den Widerhall ihrer Schritte, als wäre die Wohnung in der Zwischenzeit leer geräumt worden.

Auf der Schwelle zum Wohnzimmer blieb sie stehen. Es war dunkel, sie machte kein Licht. Mit schnarrendem Atemholen kündigte die Wanduhr ihre Westminsterschläge an. Der sechste torkelte noch einen Moment durch den Raum, dann hörte sie nur noch ihr Herz klopfen. Sie rührte sich nicht, wusste nicht, ob sie sich hinsetzen, stehen bleiben oder weglaufen sollte. Auf dem Klavier vor dem großen Sprossenfenster spiegelte sich das grünliche Licht der Straßenlaterne. Nie wieder würde sie Mumu am Klavier sitzen sehen, die Töne würden für immer in dem schwarzen Kasten eingesperrt bleiben. Die anderen Möbel hatten sich im Schatten verschanzt, nur die Glasscheiben des Bücherschranks gaben ebenfalls das karge Licht von draußen wieder. Sie wollte sich bis zum Lichtschalter tasten, aber sie konnte den Arm nicht heben und starrte in den Raum.

Zehn Jahre lang hatten sie in dieser Wohnung zusammen gelebt, Mumu und sie, und jetzt war sie so allein wie als Kind bei ihrer Mutter, die sie nie geliebt hatte. So allein wie auf der ständigen Suche nach ihrem Vater, den sie nie gesehen hatte.

Am liebsten wäre sie auch gestorben. Gegen dieses Gefühl konnte sie nichts tun.

Als sie später im Bett lag, wurde es schlimmer, sie schlief nicht. Grau und schwer lagen die Nachtstunden auf ihr, sie horchte in die Stille.

Plötzlich ging ein Luftzug durch den Raum, und sie hörte Mumus Stimme. Ganz deutlich hörte sie sie rufen: Ria! Ihr Herz klopfte, sie richtete sich auf, raffte ihr Nachthemd vor der Brust zusammen, als müsse sie sich an sich selbst festhalten, setzte die Füße vor das Bett und wagte schließlich, auf den Flur zu gehen. Nichts, kein Laut, sie tastete nach dem Lichtschalter. Mumu hat mich gerufen, dachte sie, ich muss nach ihr sehen und wagte es nun, die Tür zu Mumus kleinem Wohnzimmer zu öffnen. Es roch nach ihr, Ria sah sie in ihrem Sessel sitzen. Als jedoch die Lichter eines Autos durch das Zimmer irrten, musste sie begreifen, dass der Sessel leer war. Sie schlich zurück in ihr Zimmer und ließ sich aufs Bett fallen. Schlaf fand sie nicht in dieser Nacht.

Am nächsten Tag stand sie vor Mumus Schlafzimmer. Auch diesen Raum hatte sie noch nicht betreten, seitdem sie Mumu auf eine Bahre gelegt und draußen in den Krankenwagen geschoben hatten.

„Sie bleiben besser hier", hatte der Pfleger zu ihr gesagt.

Sie gehorchte und sah ihre Großmutter erst wieder, als man im Krankenhaus einen grünen Vorhang für sie beiseiteschob und Ria ihre Mumu daliegen sah mit wächsernem Gesicht, aus dem alles Warme und Vertraute gewichen war.

Langsam drückte sie die Klinke nach unten und setzte einen unsicheren Schritt in den Raum. Dumpf war es hier. Sie mochte das Fenster nicht öffnen. Vielleicht war Mumus Seele noch hier. Es gab solche Geschichten. Hirngespinste! Sie riss das Fenster auf und atmete durch. Der Himmel hing grau und tief über dem Garten, Ria sah sich um. Es half nichts, sie musste aufräumen, wegwerfen, Blusen, Röcke, Schuhe, Spitzentaschentücher. Alles. Alles, was sie nicht selbst behalten wollte. Es war aus. Vorbei. Mumu war einfach nicht mehr da.

Bei der Beerdigung hatte sie funktioniert wie eine Marionette. Abschied genommen hatte sie noch nicht.

Das musste sie jetzt tun. Für immer.

Ria holte einen großen Wäschesack und griff in dem trüben Licht Mumus weiße Bluse, ihren grauen Rock, ihr Mieder, ihre Strümpfe, ihre Unterhose, Unterhemd, alles, was sie an ihrem letzten selbst bestimmten Tag getragen hatte: Rein in den Sack, weg, aus, vorbei.

Die Trauer würgte sie. Sie versuchte, sich zu befreien. Wo bist du, Mumu? Du kannst doch nicht einfach verschwunden sein!

Was soll ich ohne dich in dieser großen Wohnung?

Sie starrte auf das leere Bett. Es war noch aufgeschlagen. Auch das würde sie tun müssen. Bett abziehen, abbauen, verschenken? Sperrmüll? Spuren verwischen, entsorgen. Sie ließ den Wäschesack fallen, sie musste sich hinsetzen und hörte Mumu sagen: Ach Kind!

Wie oft hatte sie das gesagt, bis vor wenigen Tagen; meist, wenn es ihr schlecht ging.

Das war nun für immer vorbei. Ria war niemandes Kind mehr. Sie war allein. Sie stand auf und schaute in den dreiteiligen Spiegel an der Frisierkommode. Als Kind war sie ganz verrückt danach gewesen, heimlich in Mumus Schlafzimmer zu schlüpfen und sich vor diesen Spiegel zu stellen.

Wie früher verschob sie leicht die beiden Seitenflügel und sah sich achtmal, sechzehnmal, zweiunddreißigmal.

Sie sah sich lächeln, ihr wurde leichter.

Prüfend betrachtete sie sich, fuhr durch ihre Haare, die sie wilder aussehen ließen als sie war, und hielt Zwiesprache mit ihrem Spiegelbild.

Ich bin einundzwanzig. Ich bin nicht hässlich. Ich kann hier in dieser Wohnung bleiben, sie wird mir gehören. Ich kann sie auch vermieten und weggehen, in eine andere Stadt, in ein anderes Land. Aber wohin?

Sie betrachtete ihr Profil von rechts, von links, von rechts – löste ihr Gesicht auf in viele Augen, Nasen, Münder – das alte Kinderspiel.

Und ich bin jetzt frei.

Sofort schämte sie sich für diesen Gedanken. Wie war das möglich, das passte doch nicht zusammen. Ihre Trauer um Mumu und dieser Gedanke, der sich nicht verscheuchen ließ.

Sie war jetzt frei. Das stimmte. Frei zu tun, was sie wollte. Weiter studieren, oder etwas ganz anderes machen, ohne Mumu zu erschrecken. Ein abgebrochenes Studium wäre für sie eine Katastrophe gewesen. Nie hatte sie sich getraut, ihr zu sagen, dass sie gar nicht mehr sicher war wegen ihrer Studienwahl, dass sie an der Universität litt. Sie hatte sich für die Juristerei entschieden, weil ihr Vater Jura studiert hatte. Sie quälte sich mit dem Stoff. Aber sie wollte doch Richterin werden, das war ihr großes Ziel, dafür musste sie durchhalten.

Sie war jetzt auch frei, sich zu verabreden. Mumu hatte es nicht gern gesehen, wenn sie sich mit ehemaligen Klassenkameraden oder Kommilitonen traf. Sie verbot es ihr nicht, aber sie sagte immer: Denk dran, du bist noch nicht volljährig, ich habe die Verantwortung.

Energisch drehte Ria die Seitenspiegel zur Wand, Schluss mit der Spielerei. Sie stieß an den Kristallflakon, den sie früher oft heimlich in die Hand genommen hatte. Nie konnte sie der Versuchung widerstehen, auf das Gummibällchen mit den goldenen Fransen zu drücken, und sich mit dem Parfüm einzustäuben, wie sie es bei Mumu gesehen hatte. „Ei, Ria, du Schlingel", sagte Mumu dann, wenn sie sich wie ein wogendes Veilchenfeld näherte: „Damit musst du noch warten, das ist nichts für Kinder."

Sie hob die viereckige Flasche mit der honigfarbenen Flüssigkeit hoch. *Guerlain Insolence.* Sie drehte und wendete den Flakon, und wie früher drückte sie auf den Zerstäuber. Augenblicklich verteilte sich Mumus Duft nach Veilchen und alten englischen Rosen im ganzen Raum.

„Was heißt Insolence?" hatte sie wissen wollen, als sie in der 7. Klasse mit dem Französischunterricht begann.

Mumu lachte und verbesserte ihre Aussprache, so wie sie früher geübt hatten, den Namen ihres Vaters richtig auszusprechen: Jean, en, Insolence.

„Frechheit, heißt das", sagte sie. „Dein Großvater hat es mir zum ersten Mal vor dreißig Jahren aus München mitgebracht, vielleicht hätte er mich gern ein bisschen frecher gehabt."

Versonnen hatte sie Ria angeschaut.

„Frech, so wie Jean war und wie du es manchmal bist."

Ei, Ria, du Schlingel. Sie hörte Mumus Stimme wieder so deutlich wie in der Nacht.

Sie sah auf. Der Anflug von Heiterkeit war aus ihrem Gesicht gewichen. Ganz nah rückte sie vor den Spiegel. Ihr Atem hinterließ einen feuchten Fleck, der langsam verschwand.

Ria prüfte ihre Augen – braune Augen, das linke geringfügig kleiner als das rechte, so wie bei ihrem Vater.

So wie bei dem Fremden gestern bei der Beerdigung.

Sie konnte die Gedanken an ihn nicht länger in Schach halten. Er hatte Augen wie ihr Vater auf dem einzigen Foto, das sie als Kind von ihm besessen hatte, bis ihre Mutter es zerriss. Aber das war doch nicht möglich. Ein Fremder, der genau dieselben Augen hatte? Oder war es kein Fremder gewesen, war es ihr Vater? Seit den Nachtstunden hatte sich dieser Gedanke immer wieder in den Vordergrund drängen wollen, aber sie hatte ihn energisch zurückgewiesen. Auch jetzt wollte sie die Welle abwehren, die über ihr zusammenzuschlagen drohte, aber sie musste den Kampf aufgeben.

In den letzten Jahren hatte sie seltener an ihren Vater gedacht. Nur in den Momenten, in denen Mumu sie lange anschaute, aber nichts sagte, wusste sie, dass Mumu an ihn dachte. Augenblicklich übertrug sich ihre Trauer auf Ria. Manchmal war sie wütend auf diese Gefühle, sie wollte nicht immer wieder in ihren Bann geraten. Sie wollte auch lachen wie die anderen Mädchen, tanzen gehen und am liebsten einen Freund haben.

Vor diesem Spiegel griffen die alten Gefühle wieder nach ihr. Sie beobachtete, wie sich ihre Lippen bewegten. „Papi, Papili." Nein, das durfte nicht wieder anfangen, sie war doch erwachsen. Erwachsen? Woraus erwachsen? Noch näher kroch sie vor den Spiegel: „Du hast seine Augen!"

Wie oft hatte sie das von Mumu gehört.

Sie schreckte zusammen, es hatte geklingelt. Irgendjemand, der sie trösten wollte? Herr Kramer stand vor der Tür. Er reichte ihr einen Blumenstrauß, den ein Mann gebracht habe, sie sei nicht zu Hause gewesen. Schnell drehte er sich wieder um und ging zurück in seine Wohnung.

Mit klammen Fingern wickelte Ria das Papier ab. Weiße Rosen, Mumus Lieblingsblumen. Verwirrt ging sie in die Küche und suchte eine passende Vase. Sie war doch den ganzen Tag hier gewesen. Warum hatte er nicht geklingelt?

Plötzlich war sie ganz sicher. Das war ein Zeichen von ihm. Von dem Fremden. Ihr stockte der Atem:

Papi ist zurückgekommen. Das war wirklich er gestern bei der Beerdigung. Schnell, das zusammengeknüllte Blumenpapier, wo ist es? Im Mülleimer, da muss doch irgendwo ein Kärtchen sein, ein Gruß. Er kann mir doch nicht einfach Blumen auf die Matte legen. Nichts Geschriebenes, was soll das? Warum erschreckt er mich so?

Sie warf das Papier zurück in den Mülleimer und ließ sich auf einen Küchenstuhl fallen.

Nein, nein, nein. Ich muss aufpassen. Höllisch aufpassen. Ich bin doch nicht mehr zehn. Das alles darf nicht wieder anfangen. Mein Vater lebt und taucht plötzlich auf? Unsinn! Ich muss das endlich loswerden.

Sie riss ihren Anorak vom Garderobenhaken, stürzte raus auf die Straße und rannte, bis ihr die Luft wegblieb. Es regnete, alles war feucht. Sie achtete nicht darauf. Im Botanischen Garten ließ sie sich auf eine Bank fallen.

„Ria, um Gottes Willen, was machst du hier bei diesem schrecklichen Wetter?"

Ria sah auf und erkannte Frau Wiedemann. Sie hatte sich aus der kleinen Gruppe von Frauen löste, die unter ihren aufgespannten Regenschirmen schwatzend an Ria vorbei gegangen waren. Caroline Wiedemann hatte Rias Großmutter jeden Dienstag nach der Chorprobe nach Hause begleitet, und durfte nicht eher wieder gehen, bis sie mit Mumu ein Glas Sherry getrunken hatte. Trotz der zwanzig Jahre Altersunterschied hatten sich die beiden Frauen gut verstanden. Manchmal setzte Ria sich zu ihnen. „Ich sollte aufhören zu singen", sagte Mumu dann, „meine Stimme wird so brüchig."

„Auf keinen Fall!" Frau Wiedemanns Protest war ehrlich.

„Wir brauchen Sie. Ohne Ihre trockenen Kommentare zu Möhlmanns Ermahnungen hätten wir doch kaum noch etwas zu lachen bei den Proben."

„Na gut", gab Mumu nur allzu gerne nach, „bis Ende des Jahres noch."

Diesen Dialog konnte Ria auswendig. Frau Wiedemann lachte und sah sie verschwörerisch an, als wollte sie sagen: Wir kennen sie ja beide nur allzu gut und wissen, wie viel ihr der Chor bedeutet.

Ria mochte Frau Wiedemann sehr und freute sich immer, wenn sie sie zufällig in der Stadt traf. Ihre hohe Gestalt und die blonde Einschlagfrisur waren nicht zu übersehen. Immer blieb sie stehen und hatte Zeit für Ria. Sie fragte nach Mumu, aber sie fragte jedes Mal auch: „Und wie geht es dir?"

Außer Mumu wollte das nie einer wissen. So eine wie Frau Wiedemann hätte Ria gern als Mutter gehabt.

Sie war auch eine der wenigen, denen Ria in den unwirklichen Tagen zwischen Mumus Tod und der Beerdigung die Tür geöffnet hatte.

„Ria, komm, steh auf, geh mit zu uns, hier kannst du doch nicht sitzen bleiben."

Frau Wiedemann legte ihren Arm um sie. Ria stand auf und schlüpfte mit unter den Schirm.

„Ich war gestern nicht mit am Grab", sagte Frau Wiedemann und hakte Ria ein. „Das muss doch grausam für dich gewesen sein." Ria fühlte ihren Atem am Ohr. „Deine Großmutter war ein großartiger Mensch."

Ria heulte hemmungslos, bis sie an dem schmalen Reihenhaus angekommen waren. Frau Wiedemann klappte den Schirm zu, holte den Schlüssel aus ihrer Handtasche und schloss die Haustür auf. Ria suchte nach einem Taschentuch in ihrer Anoraktasche.

Als sie den Flur betraten, kam Christoph aus seinem Zimmer. Er war ein paar Jahre älter als Ria, sie kannte ihn aus der Schule. Bisher hatte sie ihn immer nur aus der Ferne gesehen. Ob er sie je wahrgenommen hatte, wusste sie nicht. Er war noch größer als seine Mutter. Auf dem Schulhof hatte er alle anderen überragt. Breitschultrig und blond war er und so blaue Augen hatte Ria noch nie bei einem Jungen gesehen. Immer war er von den Mädchen aus seiner Klasse umringt gewesen. Der Arier. Seinen Spitznamen kannten alle. Später erfuhr Ria, wie sehr er sich dagegen zur Wehr gesetzt hatte.

Ausgerechnet jetzt musste er sie sehen, in diesem kläglichen Zustand. Christoph strich sich die Haare aus der Stirn und versuchte ein Lächeln.

„Geht ins Wohnzimmer", sagte seine Mutter und nahm Ria den nassen Anorak ab. „Ich mache etwas zu essen. Bis dahin ist deine Jacke wieder trocken."

Christoph rang nach Worten.

Er berührte Rias Schulter und schob sie durch die Tür.

„Es tut mir so leid", sagte er und zeigte auf einen Sessel.

„Setz dich doch."

„Geht nicht", sagte sie.

„Mein Rock ist nass; ich habe mich im Botanischen Garten auf eine Bank gesetzt."

Sie lachte und weinte gleichzeitig.

„Komm mit in mein Zimmer. Zieh den Rock aus, ich leihe dir meine Trainingshose." Als er das Zimmer verlassen hatte, streifte Ria unentschlossen ihren Rock ab und nahm Christophs Trainingshose in die Hand. Ein schwarzer Sack mit Beinen. Sie sah sich in seinem Zimmer um. Es war schmal und hell, sein Bett drückte sich an die Wand, und die Bettdecke war zurückgeschlagen. So etwas hätte es bei ihr zu Hause nie gegeben: ein ungemachtes Bett!

Überall hingen Filmplakate.

Der Leopard. Die Vögel. Das Mädchen Irma la Douce.

Ria staunte. So konnte man ein Zimmer auch dekorieren!

Es gefiel ihr.

Wieder schaute sie auf sein Bett.

Am liebsten hätte sie sich ganz ausgezogen und sich hineingelegt.

Sie erschrak. Was fiel ihr ein?

Christoph klopfte.

„Bist du soweit? Das Essen ist fertig."

In seiner Trainingshose sah sie aus wie ein Clown, bis unter die Achseln musste sie sie hochziehen und unten mehrmals umkrempeln.

Er lachte ungeniert.

Mit großer Mühe aß Ria ein paar höfliche Bissen von dem Gemüse und den Kartoffeln. Frau Wiedemann hatte Koteletts gebraten, bestimmt extra, weil sie einen Gast hatte. Kross und duftend lagen sie vor ihnen auf der Fleischplatte, aber Ria wusste, dass sie davon keinen Bissen runterkriegen würde. Frau Wiedemann hatte Verständnis.

„Christoph würde wohl auch zwei schaffen", sagte sie, „aber er ist vernünftig. Das teilen wir uns nämlich morgen."

„Pech gehabt", versuchte Christoph zu scherzen.

Später bestand seine Mutter darauf, dass er sie nach Hause brachte.

Es hatte aufgehört zu regnen. Beide hielten die Hände tief in den Anoraktaschen vergraben und umgingen die Pfützen. Christoph suchte krampfhaft nach Gesprächsstoff.

„Das ist bestimmt alles sehr schwer für dich!"

Seine Nähe, seine Stimme – Ria fühlte sich besser, sie hatte nicht mehr diesen dicken Kloß im Hals.

„Meine Mutter hat mir erzählt, warum du bei deiner Großmutter lebst – gelebt hast, meine ich."

Er schluckte.

Das waren nicht nur höfliche Worte, sie spürte es.

Es begann wieder zu regnen.

Sie waren an der großen Kirche in der Unterstadt angekommen. Das Portal mit den üppigen Schnitzereien stand einen Spalt offen.

„Lass uns einen Moment hineingehen", bat Ria.

Sie setzten sich in die letzte Bank, und Ria sah dieselben Bilder wie als Jugendliche, sie fiel in einen Zustand, den sie lange überwunden glaubte.

Ihr Vater kommt in die Kirche. Sie erkennt ihn sofort an der Uniform, die er auf dem Foto anhatte, das ihre Mutter zerrissen hat. Über dem Arm trägt er einen schweren grau-grünen Mantel. Es sind nur ein paar Menschen in der Kirche. Sie sitzen in den vorderen Bänken und beten. Er versteckt sich hinter einer Säule und wartet, bis es dämmrig ist. Bald ist niemand mehr in der Kirche. Er geht nach vorn zum Lettner, stellt sich vor das Kruzifix und tut so, als ob er betet. Er weiß von seinen Eltern, dass ein wichtiger Künstler diese Figur geschaffen hat und dass sie gefährdet ist wie viele andere Kunstwerke und wie die Bücher, die einige Jahre zuvor verbrannt wurden. Er sieht sich vorsichtig um, dann prüft er, wie die Figur befestigt ist. Es ist leicht, sie aus

der Verankerung zu heben. Er wickelt sie in seinen Mantel und wartet, bis es
ganz dunkel ist. Dann trägt er sie vorsichtig hinaus, dreht sich auf den Stufen
vor der Kirche noch einmal um und geht mit raschen Schritten nach Hause.
Zu Hause versteckt er die Figur im Keller. Mumu findet sie nach dem Krieg
und gibt sie zurück. Ein großer Artikel erscheint in der Zeitung; stolz erzählt
sie von ihrem Sohn, dem Retter.

Als Ria und Christoph wieder draußen waren, machte der Regen
Pause. Sie blieben auf den Stufen vor der Kirche stehen, und Ria erzählte Christoph die Geschichte, die in dieser Kirche früher so oft wie
ein Film vor ihrem inneren Auge abgelaufen war.

Er schüttelte den Kopf und schwieg.

Noch nie hatte sie irgendjemandem von ihren Fantasien erzählt.
Sie schämte sich, aber zugleich hatte sie das dringende Bedürfnis zu
reden. „Lange, viel zu lange, habe ich solche Tagträume zugelassen,
in denen mein Vater die Hauptrolle spielte. Manchmal überfallen sie
mich immer noch so wie hier in der Kirche. Ich kann nichts dagegen
tun. Es ist wie eine Sucht, ich bin mir selbst unheimlich.“

Ein Windstoß jagte die Tropfen von der mächtigen Kastanie auf den
Kirchplatz, beide sprangen zur Seite.

„Lass uns ein trockenes Plätzchen suchen“, sagte Christoph, umfasste ihren Ellenbogen und zeigte auf die andere Straßenseite.

„Die Milchbar hat noch offen.“

Der Raum mit den weißen und schwarzen Bodenfliesen sah im Licht
der nackten elektrischen Birnen aus wie eine penibel aufgeräumte
Kantine.

Die Mosaikplatten der kleinen Tische und die roten Sitzflächen der
Stühle versuchten vergeblich die Heiterkeit der Sommernachmittage
aufkommen zu lassen.

Christoph bestellte Bananenmilch für beide.

Seine Stimme hallte in dem Raum, sie waren die einzigen Gäste.

Ria zog ein paar Schlucke durch den Strohhalm hoch.

„An meine erste Banane kann ich mich noch genau erinnern“, sagte
Christoph. „Ich war enttäuscht, dass sie nicht süßer war und so meh-
lig schmeckte.“

Sie achtete nicht auf seine Worte.

„Gestern bei der Beerdigung hat mir ein Mann kondoliert, den ich noch nie gesehen habe", sagte sie zögernd, sah Christoph nicht an und fügte hastig hinzu: „Ich glaube, das war mein Vater."

„Wie kommst du denn darauf?" Vor Überraschung rutschte er mit seinem Stuhl ein Stück zurück. Das Geräusch der Metallbeine auf den Fliesen jagte ihr eine Gänsehaut über den Rücken.

Sie krümmte sich, schlang ihre Arme um die Schultern und beschrieb den Fremden, sie schilderte seine Augen und seine Haare.

Christoph rutschte wieder an den Tisch, stützte die Ellenbogen auf und sah ihr in die Augen. Sie konnte seinen Bananenatem riechen.

„Stimmt, das ist ja interessant, dein linkes Auge ist ein bisschen kleiner als das rechte. Schöne Augen!"

Ria wurde rot. Christoph hörte auf, sie zu fixieren, setzte sich wieder gerade hin, überlegte und sagte: „Wenn dein Vater noch lebte, hätte er sich doch längst bei euch gemeldet. Und wenn das Unwahrscheinliche doch wahr wäre, dann hätte er sich nicht einfach davon geschlichen. Und so wie du den Fremden geschildert hast, das würde doch gar nicht passen. Dein Vater wäre jetzt doch höchstens fünfzig. Mit fünfzig hat man doch noch nicht so weiße Haare."

Sie griff wieder zu dem Strohhalm. Ihre Hände zitterten.

„Du musst dich an Tatsachen halten", sagte er, und begann zu erzählen. Sein Vater war bei Stalingrad gefallen. Seine Mutter hatte durch Nachforschungen des Roten Kreuzes Gewissheit.

„Das war furchtbar für uns, aber mit den Jahren gewöhnt man sich dran."

Er sah zur Seite, seine Mundwinkel zuckten.

„Das Ungewisse ist genauso schlimm, oder schlimmer", sagte Ria.

„*Vermisst* – du kannst dir gar nicht vorstellen, wie ich das Wort hasse!"

„So intensiv wie du habe ich mich nie mit meinem Vater beschäftigt", überlegte Christoph und sah sie an. Seine Augen waren jetzt dunkelblau.

„Und solche Geschichten wie du hätte ich mir sowieso nicht ausdenken können. Vielleicht liegt das daran, dass ich von meiner Mutter alles über meinen Vater weiß. Bis auf das Ende natürlich, daran musste ich oft denken. Das Rote Kreuz wusste von schweren Kämpfen dort, wo er gefallen ist. Wie er gestorben ist, das wüsste ich gern. Meine Mutter bestimmt auch. Aber darüber sprechen wir nie."

Er schob das hohe Glas beiseite, Ria starrte auf die Reste der Bananenmilch, die innen an dem Glas hingen wie eine schmierige Gardine.

„Manchmal war ich wütend auf meinen Vater, weil er nicht zurückgekommen ist wie andere Väter", sagte Christoph. „Das habe ich auch noch niemandem erzählt, ist doch auch verrückt, oder?"

Er stand auf und schob seinen Stuhl zurück.

„Lass uns gehen."

Der Regen hatte ganz aufgehört. Ein klarer kühler Abend hatte sich über die Stadt gelegt. Vor der Tür der Milchbar blieben sie stehen und sahen zu der schwarzen Silhouette des Schlosses hinauf. Ria dachte an die leere Wohnung, es grauste sie. Sie fror.

„Komm mit runter an den Fluss", bat Christoph.

Auf dem Sandstreifen am Ufer legte Christoph seinen Arm um sie. Sie war erschöpft von all den Empfindungen der letzten Tage, vom Reden, das sie selbst überrascht hatte, und sie ließ sich in den Schutz seines Armes fallen, in die ungekannte Nähe seines Körpers.

Christoph steuerte auf eine Bank zu.

In dem trüben Licht einer Laterne sah man noch die Regentropfen auf dem Holz.

„Mein Rock ist gerade wieder trocken", sagte sie matt.

Er nahm sein großes Taschentuch und wischte die Sitzfläche ab.

Ein Brief aus Frankreich? Noch unten im Hausflur vor dem Briefkasten drehte und wendete Ria den Umschlag, betrachtete die fremde Briefmarke und war enttäuscht. Immer noch hoffte sie, dass Christoph ihr einmal schreiben würde. Seit dem Abend unten am Fluss hatte sie ihn nicht wieder gesehen, sie sehnte sich nach seiner Nähe, die sie getröstet und zugleich verwirrt hatte. Von seiner Mutter wusste sie, dass er nach dem Examen seine erste Stelle bei einem Bauunternehmen in einem kleinen Ort in der Nähe bekommen hatte. Einmal sah sie ihn abends mit einer Frau in der Schlange vor der Kinokasse. Sie hatte sich weggeduckt. Er hat schon eine Freundin, dachte sie, und hoffte trotzdem weiter.

In ihrem Zimmer setzte sie sich in ihren kleinen Sessel und las noch einmal in Ruhe den Absender. Eric Favre, Loquimar, France. Den Namen hatte sie noch nie gehört. Wer konnte das sein?

Mit unruhigen Fingern nahm sie den eng beschrieben Bogen aus dem Umschlag.

> *Liebe Ria Kerko,*
> *sicher wundern Sie sich sehr über einen Brief von einem Fremden*
> *aus Frankreich. Wir sind uns vor ein paar Monaten bei der*
> *Beerdigung Ihrer Großmutter begegnet. Vielleicht erinnern Sie*
> *sich. Ich habe Ihnen als einer der Letzten kondoliert, wollte*
> *mich eigentlich vorstellen, aber der Moment schien mir dann*
> *doch ganz und gar unpassend. Lassen Sie mich erklären:*
> *Ich stamme aus der Schweiz und bin mit Ihrem Vater in der Nähe*
> *meines Heimatortes ein paar Jahre zusammen in einem Internat*

*gewesen. Wir waren enge Freunde damals in unserer kleinen
internationalen Gesellschaft.*

*Einmal hat mich Jean in den Ferien zu sich nach Hause ein-
geladen, und ich habe Ihre Großmutter kennen gelernt, ich habe
sie sehr gemocht. Im Oktober letzten Jahres hatte ich geschäftlich
in Ihrer Stadt zu tun und las zufällig die Todesanzeige für Ihre
Großmutter und wollte unbedingt an der Beerdigung teilnehmen,
wollte Jeans Tochter kennen lernen! Ich habe in den Jahren vor
dem Krieg und danach nichts mehr von ihm gehört, habe aber oft
an ihn gedacht, als all die schlimmen Nachrichten aus Deutschland kamen. So wusste ich auch nicht, dass er Familie hatte, der
Anzeige musste ich dann entnehmen, dass er vermisst ist. Den
Rest habe ich durch die Ansprache des Pfarrers erfahren. Das hat
mich sehr erschüttert.*

*Seit unserer Begegnung muss ich immer wieder an Sie denken. Es
war mir eine so große Freude, Sie wenigstens kurz zu sehen, die
Ähnlichkeit mit Ihrem Vater ist sehr groß. Ich hätte so gern mit
Ihnen über Jean gesprochen, aber ich sah Ihre tiefe Trauer, und so
habe ich mich auch am nächsten Tag im letzten Moment nicht
getraut, Sie aufzusuchen. Meinen Blumenstrauß haben Sie später
sicher gefunden. Ich hoffe, dass es Ihnen inzwischen besser geht.
Ich wohne hier in einer sehr schönen Gegend. Seit ein paar Jahren
entdecken auch die Touristen die Bretagne wieder. Ich wage
kaum, es auszusprechen – aber nun tue ich es doch: Ich möchte
Sie einladen, mich hier zu besuchen. Ich habe einen kleinen
Laden und könnte Ihnen ein Zimmer in der Pension eines Freun-
des vermitteln. Wenn Sie das Meer lieben, wird es Ihnen hier
gefallen. Über eine positive Antwort von Ihnen würde ich mich
sehr freuen,*

Ihr Eric Favre

Ihr Herz raste, die Zeilen verrutschten, und die Buchstaben ver-
schwammen vor ihren Augen. Sie las den Brief noch einmal von vorn
und sah etwas klarer: Der war das damals gewesen an Mumus Grab!

Und er hatte ihr die Blumen vor die Tür gelegt. Also nichts Mysteriöses, trotzdem hatte das Erscheinen des Fremden etwas mit ihrem Vater zu tun. Ihre Antennen hatten richtige Signale aufgefangen, sie hatte sie nur falsch gedeutet.

Sie schüttelte den Kopf, ging in die Küche und starrte aus dem Fenster, als ob sie da draußen Aufklärung bekommen könnte.

Ein Freund ihres Vaters, er hat auch Mumu gekannt! Sie hat mir nie etwas von seinem Besuch erzählt, dachte Ria. Aber das war ja auch lange vorm Krieg, wahrscheinlich hatte sie einen so kurzen Besuch bei all ihren damaligen gesellschaftlichen Verpflichtungen vergessen.

Noch einmal las Ria Zeile für Zeile. Der Ton, in dem der Fremde geschrieben hatte, berührte sie.

Der könnte ihr etwas über ihren Vater erzählen! Ria überlegte.

Aber er hat ihn doch auch nur als jungen Mann gekannt. Über das Leben ihres Vaters in der Zeit, die sie am meisten interessierte, würde er ihr auch nichts erzählen können. Das schrieb er ja selbst. Warum hatte er sich bei der Beerdigung nicht zu erkennen gegeben? Irgendetwas fand sie merkwürdig an dem Verhalten des Mannes.

Aber sie wusste, dass sie dorthin fahren würde. Sie musste den Mann kennen lernen, der ihrem Vater ein paar Jahre lang so nahe gewesen war. Vielleicht näher als Mumu und Peer.

Sie gestand sich ein, dass sie in den vergangenen Monaten immer mal wieder an den Fremden gedacht hatte. Vielleicht würde sie rauskriegen, was es mit der Ähnlichkeit seiner Augen mit denen ihres Vaters auf sich hatte. Eine Ähnlichkeit, die sie damals so in Aufruhr versetzt hatte.

Drei Wochen Semesterferien lagen noch vor ihr. Immer wieder nahm sie die Landkarte zur Hand, maß die Entfernung und rechnete; aber es wurde nicht weniger. 900 Kilometer würde sie fahren müssen bis in die Bretagne zu Eric Favre.

Was erwartete sie dort? Was wollte sie von dem Jugendfreund ihres Vaters?

Nachdenklich ging sie nach draußen, wo ihr VW-Käfer stand und mit seinem indianaroten Lack den ganzen Hof mit Farbe und Wohlstand füllte.

Mumu hatte darauf gedrängt, dass sie ein Auto kauften, als Ria gerade volljährig geworden war. Den Führerschein hatte sie schon einige Monate vorher machen dürfen. Nach zehn Fahrstunden hatte es auf Anhieb geklappt.

„Vielleicht weil der Prüfer Herr Liebeskind hieß", sagte sie zu Mumu, als sie ihr das graue Dokument aus gewachstem Leinenpapier stolz auf den Tisch legte.

Mumu hatte sie angelächelt: „Nun bist du an den Wochenenden viel schneller zu Hause und wir können sonntags spazieren fahren."

Sie sehnt sich nach den Ausfahrten von früher, dachte Ria. Peer ist jeden Sonntag mit ihr ausgefahren. Nach seinem Tod hat sie es so lange Jahre vermissen müssen. Sie schmiedeten Pläne.

„Warte, bis es mir besser geht", hatte Mumu gesagt. „Dann fahren wir rauf zum Gleiberg und vielleicht auch mal in den Taunus, ich möchte dir zeigen, wo ich früher mit Peer und Jean gewesen bin."

Wenige Wochen später war sie tot. Nicht eine einzige Ausfahrt hatten sie mehr machen können.

Als Ria endlich auf der abschüssigen Straße nach Loquimar hineinfuhr, traute sie ihren Augen nicht. Eine breite Bucht tat sich auf, unzählige Felsen ragten aus dem Wasser und auf der gleißenden Wasseroberfläche tanzten tausend Segel. Die Straße führte direkt in den kleinen Hafen. Weiße Häuser duckten sich an die Hänge und schienen mit Wohlgefallen auf das Meer hinunter zu sehen. Sie bog in die einzige Seitenstraße ein, so wie Eric es ihr beschrieben hatte und fand sein Haus ohne Mühe.

Er stand in der Haustür, als sie aus dem Auto stieg, kam lächelnd auf sie zu und schüttelte ihr lange die Hand.

Rias Puls raste, und auch er wirkte befangen.

„Sie müssen müde sein von der langen Fahrt", sagte er, wies auf die bequemen Stühle, auf der Terrasse.

„Bei uns ist jetzt Apéritif-Zeit", sagte er, ging ins Haus und kam mit einer Flasche zurück.

„Champagner, das muss schon sein", er lachte verschmitzt. „Ich freue mich sehr, dass Sie gekommen sind." Mit einer Hand schenkte er ein; seine Linke ließ er in der Hosentasche.

„Ich habe noch nie Champagner getrunken", sagte Ria und dachte: So ein Luxus! Warum ist der Mann so um mich bemüht?

Angst hatte sie nicht. Im Gegenteil. Mit jedem Schluck Champagner wurde Eric ihr sympathischer. Er saß ihr gegenüber, lächelte unentwegt, fragte nach der Fahrt und nach ihren Plänen für die Zukunft. Schnell verlor sie jede Befangenheit und fühlte sich wohl in seiner Gegenwart. Seine Stimme war ihr auf seltsame Weise vertraut und brachte etwas längst Versunkenes in ihr zum Schwingen. Was Mumu wohl dazu sagen würde, dass sie hier saß, in einem fremden Land, bei einem fremden Mann? Warum musste sie gerade jetzt an Mumu denken?

Ihr Blick glitt über die Hortensienbüsche in dem kleinen Garten. Eine Schar von blassrosa und violetten Kugeln tanzte um sie herum. Der Champagner begann zu wirken.

„Hortensien", sagte sie und kicherte, „wissen Sie, dass die bei uns zu Hause Konfirmationsblumen heißen? Alle Nachbarn schenken den Konfirmanden Hortensien und im Wohnzimmer gehen sie bald ein. Ich wusste nicht, wie herrlich die draußen leuchten."

Eric hörte aufmerksam zu und sah sie unentwegt an, er prostete ihr zu: „Ich hoffe, dass Sie sich hier wohl fühlen. Und verzeihen Sie, dass ich nach der Beerdigung vor Ihrer Tür wieder umgekehrt bin. Ich konnte nicht anders."

„Es war bestimmt besser so", antwortete Ria und hielt seinem Blick stand.

Sein linkes Auge war geringfügig kleiner als das rechte, das stimmte also. Aber das ist bei vielen Menschen so, dachte sie. Und hatte ihr Vater nicht viel dunklere Augen gehabt? Auf den Fotos jedenfalls sah es so aus. Und meine Augen? dachte sie. Man sieht sich selbst im Spiegel nie so wie die anderen. In ihrem kümmerlichen Zustand damals hatte sie sich manches eingebildet.

Eric entschuldigte sich. Er wollte sich um das Essen kümmern. Ein Mann, der kocht, dachte Ria. Ungewöhnlich. Die Meeresluft, die sie in tiefen Zügen einsog und der Champagner ließen sie schweben. Eric verschwand im Haus. Nach ihrem Studium hatte er sie gefragt und sie dachte an das Referat, das sie nach ihrer Rückkehr noch fertigstellen musste: *Zur Glaubwürdigkeit von Zeugenaussagen*

Zwei Semester lang hatten sie sich damit beschäftigt und heiß über die Frage diskutiert, wie man den Wahrheitsgehalt von Zeugenaussagen erkennen könnte. Sie selbst hatte sich insgeheim als treffendes Beispiel für die Theorie betrachtet, dass starke Empfindungen die Genauigkeit der Beobachtung beeinflussen, dass man oft sieht, was man sehen will und nicht, was tatsächlich zu sehen ist. Wer aber bestimmt, was tatsächlich ist? Was ist Wirklichkeit, was Wahrheit? Bis zu dieser philosophischen Frage waren sie immerhin vorgedrungen.

Eric tauchte in der Terrassentür auf und bat sie ins Haus. Ein großer Tisch mit sechs Stühlen beherrschte den Raum. Im Kamin neben der Terrassentür prasselte ein Feuer. Eric wies auf ihren Platz und schenkte ihr Weißwein ein. Seine linke Hand steckte immer noch in der Hosentasche.

Schon eine Woche lang hatte Ria den kleinen Küstenort erkundet, wo die Blumenkohl- und Kartoffelfelder bis an die Strände reichten. Eric blieb jeden Tag lange in seinem Laden, außer den Einheimischen waren in diesen Wochen auch Feriengäste zu bedienen. Manchmal besuchte sie ihn und half ihm, Waren auszupacken und einzusortieren. Verstohlen sah sie manchmal auf seine linke Hand, mit der etwas nicht stimmt; aber Eric hantierte so geschickt, dass sie nicht feststellen konnte, was es eigentlich war, ohne dass sie seine Hände angestarrt hätte.

Vor dem Bedienen der Kunden drückte sie sich, obwohl Eric sie dazu ermunterte: „Dann lernst du viel schneller Französisch, besonders die Zahlen!" Er grinste.

Ria stand schon im Deutschen mit dem Rechnen auf Kriegsfuß, umso mehr Angst machten ihr die komplizierten französischen Zahlen und die horrenden Summen, die an den Artikeln standen. Das ging in die Hunderte! Das Umrechnen fiel ihr schwer. Eric machte sich lustig über sie. Wenn er seinen Laden abends zugeschlossen hatte, empfahl er Ria einen Strandspaziergang und er selbst ging zu Charles in die Bar ‚auf ein Gläschen', bevor er das Essen für sie beide vorbereitete.

Wie immer sollte sie auch an diesem Tag um acht bei ihm sein. Es regnete, sie hatte sich in ihre kleine Pension zurückgezogen, lag auf dem Bett und träumte. Eine Stunde noch! Plötzlich füllte Eric ihr ganzes Denken aus.

Fünfzig ist er, schade, ich bin fast dreißig Jahre jünger. Aber so etwas gibt es doch …

Nein, sie verbot sich, weiterzudenken.

Aber der Vorsatz hielt nicht lange.

Ob Eric mich mag? Er sieht mich immer so lange an. Oft sucht er nach einer Gelegenheit, mich bei der Hand zu nehmen, und ich habe das Gefühl, dass er sie gar nicht wieder loslassen will.

Am meisten mochte sie seine Stimme, tief und melodiös war sie und immer wieder war ihr so, als hätte sie diese Stimme schon einmal gehört.

Sie riss sich zusammen und stand auf. Eric durfte von ihren Gefühlen nichts merken. Sie wollte sich nicht lächerlich machen. Sie war hier, um von ihm etwas über ihren Vater zu erfahren. Bisher waren sie noch nicht dazu gekommen, über ihn zu sprechen.

Sie ging hinunter zum Strand, das würde ihr die Wartezeit verkürzen. Den ganzen Tag hatte es geregnet und gestürmt, aber jetzt lagen die vielen kleinen Felseninseln in der Sonne. Ria fröstelte. Im Wasser spiegelte sich die blaugraue Farbe des Himmels, kleine Wellen platschten an den Strand und verkündeten die herannahende Flut. Glasklar war das Wasser, die Kiesel drehten sich träge auf dem Grund. Wieder kam ein Wind auf; ihre Haare verwehten. Die Möwen keckerten über ihrem Kopf im Chor ihr: horch, horch, horch. Sie ging schneller, bald würde es wieder regnen, es war noch nicht vorbei.

Um Punkt acht war sie bei Eric. Der Tisch war festlich gedeckt, drei Gläser an jedem Platz und die Servietten hatte er kunstvoll gefaltet. Er hantierte in seiner offenen Küche, lachte und sagte: „Pünktlich auf die Minute. Wenn ich nicht wüsste, dass Sie Deutsche sind, hätte ich es in diesem Moment gewusst, gell! Meine französischen Freunde kommen immer eine halbe Stunde später." Da war wieder dieses Gell, das hatten Mumu und ihre Mutter auch immer gesagt. Gell! Sie mochte das Wort nicht. Zum ersten Mal dachte sie, dass sich Erics kleiner französischer Akzent oft gewollt anhörte. Und wie ein Schweizer sprach er schon lange nicht.

„Gell! Dass man das in der Schweiz auch sagt, wusste ich gar nicht", versuchte sie ihn zu provozieren.

„Dann weißt du es jetzt, gell", sagte Eric fröhlich in schönstem Schweizerisch und ihr fiel das Seminar über die Zeugenaussagen wieder ein. Eine gute Kommissarin wäre ich nicht geworden, dachte sie.

An diesem Abend zeigte Eric ihr, wie man eine gebratene Forelle zerlegt.

„Hier findest du das Beste", sagte er, „das wissen die meisten gar nicht". Mit einer Hand führte er das Fischmesser hinter ein Auge und jonglierte ein kleines glänzendes Stückchen Fischfleisch zu ihr hinüber.

„Probier, das ist das Wertvollste an dem ganzen Tier. Mund auf!"

Sie gehorchte nur zu gern, und er schob ihr das Fetzchen Forelle in den Mund. Ria spürte, dass ihr das Blut den Hals hinauf kroch.

Er schenkte ihr ein zweites Glas Chardonnay ein.

Auch über Weinsorten hatte sie bisher nicht das geringste gewusst. Dreimal hatte er nun schon du gesagt, o nein, sie hatte es nicht überhört. Er tat so, als sei es ihm rausgerutscht, hob sein Glas und sagte: „Lass uns dabei bleiben, wir haben nun schon viele Mahlzeiten einträchtig miteinander verbracht, und es gefällt dir doch hier, oder?"

Ihr Gedanken tanzten wild durcheinander. Was bedeutete das? Dass er in sie verliebt war? So viel Wein wie in diesen Tagen hatte sie vorher nie getrunken.

„Wenn wir zu Hause feiern, gibt es höchstens ‚Blutgeschwür' – Eierlikör mit *Eckes Edelkirsch* obendrauf", erzählte sie. Er schüttelte sich und sagte: „Da kann ich ja froh sein, dass mein Vater in Sachen Wein meinen Geschmack früh geprägt hat, er war schließlich Weinhändler."

„Wie mein Großvater", strahlte sie, „Peer habe ich ihn genannt."

Er setzte sein Glas ab. Ria sah ihn an: „Das müssten Sie, ich meine, das müsstest du doch eigentlich wissen, oder hat er damals, als du dort zu Besuch warst, nicht über seinen Beruf gesprochen?"

Eric stand auf und schnitt in der Küche Baguette. „Ich habe ihn gar nicht kennen gelernt", sagte er hastig, „ich glaube, er war auf Geschäftsreise."

„Erzähl mir von ihm", sagte er ernst.

„Leider habe ich nur eine vage Erinnerung an ihn", antwortete Ria. „Er starb, als ich drei war. Wenn ich an ihn denke, sehe ich lange graue Beine, auf die ich geklettert bin und ich fühle sein kratziges Gesicht. Den Kaufmannsladen aber, den er für mich gebaut hat, könnte ich heute noch malen mit seinem leuchtend blauen Tresen, der kleinen silbernen Kasse und all den kleinen Schubläden mit den weißen Knöpfen zum Rausziehen und den Aufschriften: Mehl, Zucker, Grieß. Was hätte mein Vater für mich gebaut, wenn er da gewesen wäre, als ich ein Kind war?"

„Einen Drachen vielleicht", sagte Eric nach einer langen Pause. Seine Stimme klang gepresst.

„Väter bauen Drachen."

„Und später?" fragte Ria aufgekratzt. „Hätte er mich heimlich ans Steuer seines ersten Autos gelassen und gesagt: das Wichtigste bringe ich dir schon mal bei, dann wird der Führerschein nicht so teuer!"

Eric war abwesend und schien zugleich in höchster Anspannung, seine Stimmung reizte Ria weiterzuerzählen.

„Mein Großvater ist wenige Monate nach dem Krieg abends auf der Straße von jungen Männern zusammengeschlagen worden, weil sie dachten, er wäre sein Sohn Jean. Warum sie sich an dem rächen wollten, hat meine Großmutter nicht mehr klären können. Er ist wenige Tage später an den Folgen seiner Verletzungen gestorben. Ich weiß nicht, wie oft meine Großmutter mir diese Geschichte erzählt hat. Sie wurde nicht damit fertig."

Eric saß da wie erstarrt und sagte lange Zeit kein Wort.

Ria war verwirrt. Warum hatte ihn diese alte Geschichte vom Tod ihres Großvaters so mitgenommen? Er hatte ihn nicht einmal kennen gelernt. Die heitere Stimmung war verflogen. Ria bedankte sich für das Essen und wollte zurück in ihre Pension. Eric wirkte immer noch abwesend, er begleitete sie ein Stück und verschwand in Charles Bar.

Ria konnte nicht schlafen. Der Wein kreiselte in ihrem Kopf und Erics Bild ließ sie nicht los. Sie fühlte sich so wohl in seiner Gegenwart. Und jetzt das Du! Was bedeutete das? Und warum konnte er so plötzlich aus der Heiterkeit fallen wie an diesem Abend? Das war schon ein paar Mal passiert. Dann sah er sie immer nur forschend an, vielleicht auch hilfesuchend. Ihr war, als ob er etwas vor ihr verbarg. Was konnte das sein? Hing es mit Sylvie zusammen, der Frau, die zum Saubermachen kam und die auch in Erics Laden putzte? Ria hatte den Eindruck, dass die Frau sie feindselig ansah. Ob sie etwas gegen Deutsche hatte? Ria konnte sich nicht mit ihr unterhalten, ihr Französisch war schlecht. „Die mag mich nicht", sagte sie zu Eric. Er reagierte unwillig. „Sie ist in Ordnung", antwortete er kurz.

Am nächsten Tag, einem Sonntag, war er wie umgewandelt. Er lud Ria zu einem Ausflug ein. Sie fuhren an einen lang gestreckten Sandstrand, und Ria wunderte sich, wie wenig Menschen dort waren. Eric lachte: „Strände haben wir hier im Überfluss, das ist nicht so wie bei euch an der Nordsee."

„Waren Sie …, warst du schon einmal an der Nordsee?" Es fiel ihr immer noch nicht leicht, ihn zu duzen.

„Nein, nie. So weit zu reisen, wäre für meine Eltern nicht in Frage gekommen."

„Erzählst du mir von deinen Eltern?"

„Sieh mal, der Ozeanriese dort am Horizont", sagte er und wies in die Ferne.

Ria wurde nicht schlau aus ihm. Von ihr wollte er doch auch so viel wissen, und sie hatte ihm am Abend zuvor von Peer erzählt. Nach seinen Eltern zu fragen, war doch nicht indiskret. Warum antwortete er nicht? Sie bückte sich nach einer Muschel und beschloss, sich keine weiteren Gedanken zu machen. Sie wollte nur seine Nähe genießen. Die Luft war so frisch wie der Champagner, den sie in diesen Tagen entdeckte, und von dem Blick in die Weite konnte sie nicht genug bekommen. Am Horizont waren noch mehr Schiffe aufgetaucht, und auf dem Wasser blitzten tausend kleine silberne Wellen.

Eric war weitergegangen, jetzt drehte er sich zu ihr um und blieb stehen. Auffallend aufrecht mit wehenden weißen Haaren stand er da und sie dachte an den Moment, als sie ihn auf dem Friedhof zum ersten Mal gesehen hatte. Damals war er ihr älter vorgekommen.

Sie setzten sich beide auf einen niedrigen Felsen und zogen die Schuhe aus.

Der feste Sand unter den Füßen war kühl, Ria stand auf und rannte los, bis sie außer Atem war. So frei, so gut hatte sie sich lange nicht gefühlt. Sie breitete die Arme aus, um den warmen Wind überall zu spüren.

Eric kam angeschlendert.

„Gibt es jemanden für diese Arme?" fragte er lächelnd.

„Nein." Nach kurzem Überlegen sagte sie: „Noch nicht", und dachte plötzlich an Christoph.

Eric sah sie an, prüfend und fragend, so wie bei ihrer allerersten Begegnung.

Ria spürte, dass sie rot wurde, weil der Gedanke sie durchfuhr, Eric könnte dieses *noch nicht* auf sich bezogen haben. War es ihr vielleicht sogar rausgerutscht, weil sie es so meinte? Sie lief bis zum Wasserrand und ließ ihre Füße von den kleinen Wellen umspülen.

Eric folgte ihr und legte seinen großen Zeh leicht auf eine gestrandete Qualle.

Sie war wütend, dass er sie so in Verlegenheit brachte, von sich selbst aber überhaupt nichts erzählte.

„Warst du nie verheiratet", fragte sie ihn in der Erwartung, auch endlich seine Sicherheit anzukratzen.

Diesmal blockte er nicht ab, sondern schien erleichtert, dass sie nichts anderes von ihm wissen wollte. Sie gingen weiter, und er erzählte ihr von Madeleine.

„Eigentlich wollte ich im letzten Kriegsjahr nur meine Tante in der Normandie besuchen und mich dort nach Arbeit umsehen, die ich in der Schweiz nicht fand. Bei ihr habe ich Madeleine kennen gelernt und mich sofort in sie verliebt. Ihretwegen sind wir gleich nach dem Krieg hierher gezogen. Madeleine hatte den Laden geerbt, auch das Haus, in dem ich noch immer wohne – und sogar ein kleines Auto hatte der Onkel hinterlassen. Sie war zwölf Jahre jünger als ich und gerade erst mit der Schule fertig, als wir uns kennen lernten. Ihre Schulzeit war in den Kriegsjahren oft durch Kälte- und andere Sonderferien unterbrochen gewesen wie in allen Ländern, in denen Krieg herrschte. Ich fühlte mich dafür verantwortlich, dass sie einen Beruf lernte. Sie sollte nicht gleich den Laden übernehmen, sie erfüllte auch gar nicht alle rechtlichen Voraussetzungen dafür. Wir haben kurz entschlossen geheiratet, und ich trat ihr Erbe an. Ein kleiner Kaufmann zu sein entsprach zwar nicht ganz meinen Vorstellungen, aber damals nahm man, was man kriegen konnte. Madeleine begann eine Lehre bei einem Rechtsanwalt in der Kreisstadt. Jeden Tag fuhr sie mit dem

kleinen 2 CV ihres Onkels dorthin, und abends brachte sie vom Groß-
händler mit, was wir brauchten. Viel konnte man im ersten Jahr noch
nicht bekommen, aber es reichte, um die Kunden zufrieden zu stellen. Vom zweiten Jahr an konnten wir sogar ein bisschen Geld zurück-
legen."

Ria hatte gespannt zugehört. Eric blieb stehen und sah über das
Wasser hinweg.

„An einem Herbstabend stand ein Polizist in der Ladentür und
drehte die Schirmmütze in seinen Händen. Ich wusste sofort, dass
etwas Furchtbares passiert war. Madeleine war im Nebel frontal mit
einem Lastwagen zusammengestoßen. Am nächsten Morgen sah ich
im Spiegel, dass meine Haare weiß waren. Genau drei Jahre haben wir
gehabt."

Ria wusste nicht, was sie sagen sollte. Den Würgegriff der Trauer
kannte sie, bei ihr lockerte er sich allmählich. Ob er Eric nach so langer Zeit ganz los gelassen hatte? Seine Stimme war ruhig geblieben
beim Erzählen.

„Wolltest du danach nicht zurück in deine Heimat?" fragte sie.

Es dauerte länger, bevor er sagte: „Nein, das kam für mich nicht in
Frage."

Seine Stimme war rau.

Sie fuhren zurück nach Loquimar, und er nahm sie mit zu Charles
in die Bar.

Die Männer, die dort um den Tresen versammelt waren, drehten
sich um, schoben ihre Schirmmützen in den Nacken und starrten sie
ungeniert an. Eine Frau verirrte sich nur selten in ihre Runde. Eine
junge schon gar nicht. Sie grinsten schief und legten ihre lückenhaf-
ten Gebisse frei, ein paar frivole Sätze flogen hin und her, Ria spürte
es, obwohl sie kein Wort von dem Genuschel verstand, bis Charles
mahnte: « Ça suffit! »

Abends kochte Eric wieder und duldete, dass Ria zusah. Charles hatte ihm eine Meeresspinne besorgt. Ein solches Ungeheuer hatte Ria noch nie gesehen. Halb ängstlich, halb angewidert beobachtete sie, wie er den graubraunen Panzer mit den dicken Scheren und den sechs Beinen in einen großen Topf mit kochendem Wasser fallen ließ und schnell den Deckel darauf legte, den er eine Weile mit einer Hand festhielt. In dem Topf hörte man dumpfes Schlagen. „Grausam", sagte Ria. „Davon esse ich bestimmt nichts."

„Warte ab", sagte Eric fröhlich, „ich bin sicher, du wirst es mögen".

Nach zwanzig Minuten schnappte er den großen Topf, ging damit auf die Terrasse und goss eine heiße graue Brühe unter den Hortensienbusch. Ria rümpfte die Nase. Es roch nach Seifenlauge. „In so einem Topf hat meine Mutter früher Wäsche auf dem Herd gekocht", sagte sie, „und genauso riecht es hier!" Eric lachte nur.

In der Küche holte er mit einer riesigen Schöpfkelle die inzwischen korallenrote Meeresspinne aus dem Topf und legte sie auf ein großes Brett. Ria war zwischen Neugier und Abscheu hin- und hergerissen, und wollte unbedingt sehen, wie Eric das Tier weiterbearbeitete. Nachdem es etwas abgekühlt war, legte er seine linke Hand auf den Panzer, brach mit seiner rechten die beiden Scheren heraus und riss nacheinander die dünnen Spinnenbeine aus. Ria starrte auf die steifen Finger seiner linken Hand, die nur von einer dünnen Haut überzogen waren, und sie sah seine verkrüppelten Fingernägel. Sie staunte darüber, wie geschickt er hantierte. Er bemerkte ihre Blicke, hob seine Linke, drehte sie in der Luft und sagte: „Das ist bei einem Brand passiert. Leider! Ist schon viele Jahre her, das war noch in der Schweiz."

„Merkwürdig", Ria dachte laut nach. „Meine Großmutter hat mir erzählt, dass mein Vater im Krieg verwundet worden ist. Stell dir vor, auch er hatte schlimme Brandverletzungen an einer Hand."

Eric ging nicht auf ihre Worte ein, legte ein Küchenhandtuch über die dicken Scheren und haute mit dem Hammer darauf. „So sind sie schon halb geknackt, und man kommt besser an das Fleisch", sagte er.

„Das Fleisch holt man mit diesem Gerät raus, das machen wir bei Tisch", erklärte er weiter und zeigte Ria einen schmalen, langen Metallstiel, der oben zwei winzige Widerhaken hatte. Die vorbereiteten Teile der Meeresspinne dekorierte er auf einer riesigen Porzellanplatte. Ria folgte ihm an den Tisch.

Irgendetwas arbeitete in ihrem Hinterkopf, durch das aufregende Essen aber wurde sie immer wieder abgelenkt.

Die winzigen Mengen Krabbenfleisch, das sie aus den Beinen, den Scheren und aus den Kammern herausholten, aßen sie mit Mayonnaise und Baguette und tranken mehrere Glas Wein dazu. Begeistert war Ria nicht von dem fremdartigen Geschmack nach Salzwasser und Schlick, aber sie wollte Eric nicht enttäuschen. Auf dem Tisch häuften sich Berge von rötlichen Abfällen. Satt werde ich davon nie, dachte Ria, schon kam Eric mit der Pfanne, legte ihr ein großes Stück Fleisch auf den Teller, und das fröhliche Essen ging weiter bis zu einer Riesenportion Mousse au chocolat, die Ria vollends mit dem Menu versöhnte.

Wie immer kochte Eric zum Abschluss einen schwarzen Kaffee, und servierte ihn in kleinen Tassen am Couchtisch in der Kaminecke. Ria fasziniert von der französischen Art zu essen – vielleicht war es ja auch die schweizerische oder die ganz eigenen Ericsche – auf jeden Fall hatte sie sich mehrere Dinge notiert, die sie zu Hause auch ausprobieren wollte. Die Meeresspinne würde allerdings nicht dabei sein. „Danke für das tolle Essen", sagte sie zu Eric, der ein neues Holzscheit ins Kaminfeuer legte: „Erzähl mir von meinem Vater. Eigentlich bin ich doch deswegen hier." Eric schenkte sich einen großen Calvados ein. „Du auch", fragte er und zeigte auf die Flasche. Ria schüttelte den Kopf und sah ihn erwartungsvoll an. Er schwieg lange und prostete ihr zu.

„Du siehst ihm ähnlich", sagte er schließlich. „Als wir zusammen waren, war er ein paar Jahre jünger als du jetzt bist. Er war meist ernst, so wie du. Und er hat immer auf Post gewartet, ich glaube, auf Briefe von seiner Mutter hat er gewartet, vielleicht auch noch auf andere."

„Hast du ein Foto aus eurer Schweizer Zeit?" wollte sie wissen.

Eric überlegte nicht eine Sekunde.

„Nein", sagte er, „ich habe so gut wie nichts von zu Hause mitgenommen. Ich wusste ja nicht, dass ich hier bleiben würde."

Der Wein war Ria zu Kopf gestiegen, *dranbleiben*, dachte sie, und es fiel ihr auf einmal nicht mehr schwer zu sagen: „Du siehst meinem Vater übrigens auch ähnlich." Und sie erzählte, wie er sie erschreckt hatte bei Mumus Beerdigung.

Eric erhob sich und hockte sich wieder vor den Kamin. Er stocherte mit dem Eisen in der Glut. Ria guckte auf seinen runden Rücken. Das Hemd war ihm aus der Hose gerutscht. Als er wieder aufstand und sich in den Sessel setzte, schwankte er. Seine Haut war fahl. Er griff zu der bauchigen Calvadosflasche: „Willst du wirklich keinen", fragte er und goss sich das Glas schon zum zweiten Mal randvoll.

Er räusperte sich, dann lachte er. Es klang unnatürlich. „Im Internat hat man uns manchmal für Brüder gehalten!"

Ria spürte, dass er eigentlich etwas ganz anderes hatte sagen wollen.

An diesem Abend hatte er es eilig, sie zur Pension zu begleiten. In der Haustür drehte sie sich noch einmal um und sah Eric in der Bar verschwinden. Er hat doch schon so viel getrunken, dachte sie.

Ohne sich auszuziehen, legte sie sich auf das schmale Bett. Das ungewohnte Essen drückte sie. Dazu der viele Wein, das Zimmer begann sich zu drehen.

Wieder war Eric von einer Sekunde zur anderen in eine andere Stimmung geraten. Warum nur?

Plötzlich erstarrte sie. Die Hand! Das hatte Mumu ihr doch erzählt, vor langer Zeit. Später wollte sie davon nichts mehr hören. Aber jetzt war Mumus Stimme wieder da:

Zuletzt habe ich ihn nach seiner Verwundung gesehen, schrecklich sah seine Hand aus. Die vier Finger steif, von einer dünnen roten Haut überzogen, die Nägel zusammengeschmolzen. *Den Daumen hatte es nicht erwischt, er hat seine normale Haut behalten, Jean konnte ihn bewegen.*

Ihr wurde schlecht.

Sie versuchte aufzustehen. Es gelang nicht. Sie fiel zurück aufs Bett.

War der Mann, in dessen Haus sie seit Tagen ein- und ausging, gar nicht Eric Favre? War es Jean Kerko, ihr Vater? Hatte sie sich damals doch nicht geirrt? Das konnten doch nicht alles Zufälle sein: Sein akzentfreies Deutsch, sein Tonfall, der sie an Mumus Stimme erinnerte, das ‚Gell'!

Oder griff nur ihre alte Krankheit wieder?

Trau niemals einem Zeugen.

Ria wusste nicht mehr, was sie denken sollte. In ihren Schläfen hämmerte es.

Vielleicht ist er es. Vielleicht. Wie bekomme ich Gewissheit? Warum sagt er nichts.

Sie sprang auf.

Weil er es nicht ist. Er ist es nicht.

Aber alle diese Zeichen und die Hand.

Die Hand. Die Hand. Die Hand!

So hatte Mumu sie beschrieben. So hatte Papis verwundete Hand ausgesehen. *Er ist es.*

Er ist es nicht. Eric kann nicht mein Vater sein. Er würde es doch sagen.

Ihr wurde schwarz vor Augen. Sie musste sich wieder hinlegen.

Bilder des Abends bedrängten sie. Nach dem Essen hatte Eric etwas sagen wollen. Etwas sehr Wichtiges, etwas, was ihm schwer fiel. Das hatte sie gespürt. Dann hatte er aber doch geschwiegen.

Er ist es. Er spielt mit mir. Der Schuft.

Vorsichtig erhob sie sich wieder, schwankend riss sie die Schranktüren auf, stopfte ihre Sachen in den Koffer, öffnete leise die Zimmertür und horchte ins Treppenhaus. Stille. Sie holte tief Luft und schleppte den Koffer aus dem Haus zu ihrem Auto. Stechende Kopfschmerzen quälten sie, aber sie fuhr los. Die kleinen Häuser drückten sich dunkel an den Hang, nur aus der Bar fiel noch Licht auf die Dorfstraße.

Sie fuhr wie in Trance ohne anzuhalten 500 Kilometer auf der Schnellstraße bis zum frühen Morgen, bis die Sonne wie ein riesiger roter Ballon über dem Pariser Becken hing und sie auf einem Parkplatz anhielt, weil sie ihre Tränen nicht mehr zurückhalten konnte. Heulend stieg sie aus, sie musste sich übergeben, ihr Schädel wollte zerplatzen, aber sie setzte sich wieder ans Steuer und fuhr noch viele Stunden weiter.

„*Warum hast du die schöne junge Frau heute Abend nicht mitgebracht?*" fragte Charles.

Eric setzte sich vor den Tresen und sah Charles nicht an.

„Sie wäre die Tochter einer Cousine, hast du gesagt?" Charles versuchte es weiter. „Ich glaube dir das nicht. Wie die dich angehimmelt hat! Nicht wie einen entfernten Onkel. Und du hast sie so intensiv betrachtet wie ein Schmuckstück. Was steckt dahinter, warum ist sie heute nicht mitgekommen? Kriege ich gar keine Antwort? Hast du dich verliebt in diese junge Frau. Die ist doch mindestens zwanzig Jahre jünger als du."

„Dreißig", murmelte Eric düster.

„Oha! Ist sie etwa abgereist? Wollte sie nicht? Sie sieht dir übrigens ähnlich."

Eric rutschte vom Barhocker, kramte in seiner Tasche, legte ein paar Münzen auf den Tresen und sagte: „Lasst mich doch alle in Ruhe!"

Charles sah kopfschüttelnd hinter ihm her.

Eric ging nach Hause, blieb auf der Terrasse stehen, sah sich suchend um und holte die Calvadosflasche aus dem Haus, ein Glas brachte er nicht mit. Er ließ sich auf einen Gartenstuhl fallen, setzte die Flasche an, und erst als er keine Luft mehr bekam, stellte er die Flasche zurück auf den wackligen Tisch, umfasste sie mit seiner Rechten und mit dem linken Daumen. Die steifen roten Finger standen neben dem Flaschenbauch wie eine Schranke. Bräunliche Flüssigkeit lief aus seinen Mundwinkeln, er wischte sie mit dem Jackenärmel ab.

„Ich habe es nicht geschafft", sagte er laut. „Ich bin immer noch derselbe Feigling. Warum bin ich überhaupt nach Deutschland gefahren?

Jetzt werde ich mein altes Leben nie mehr los. Es klebt an mir wie diese verdammten Finger."

Er starrte auf seine linke Hand: „Abhacken werde ich die. Die Pfote hat mich verraten." Wieder setzte er die Flasche an.

„Solltest mich auch verraten. War gut so. Hat nichts genützt. Ich konnte es nicht sagen. Habe es nicht rausgebracht. Wäre doch ganz einfach gewesen zu sagen: Ja, ich bin dein Vater! Und dann wäre sie mir um den Hals gefallen? Quatsch. Umgedreht hätte sie sich, wäre gegangen. Ist sie ja auch. Recht hatte sie. Was will sie mit so einem Weichling. Wie hätten wir leben sollen? Und wo? Gemeinsam? Getrennt? Einfach so weiter wie bisher?"

Seine Nachbarn gingen auf der Straße vorbei: „Bonsoir, Eric!" Er sah sie verschwommen. Müde winkte er einen Gruß zu ihnen hinüber.

Schließlich torkelte er ins Haus und kam mit einem Briefblock und einem Kugelschreiber zurück.

Liebe Ria,

Er starrte in den Himmel. Die späte Helligkeit hatte sie so gemocht. Jeden Abend war sie auf den Rasen hinter dem Haus gegangen und hatte zugeschaut, wie die Sonne hinter den Feldern verschwand. Wenn er sie gegen elf zur Pension begleitete, zogen immer noch blasse rote Wolken über den Himmel.

Immer wieder hatte sie von neuem darüber gestaunt und gesagt: Das werde ich nie vergessen.

„Jetzt ist sie weg. Einfach abgereist. Hat den Klang ihrer Stimme hier gelassen und ihren Geruch. Meine Tochter."

Er riss das Blatt Papier von dem Briefblock ab, knüllte es zusammen und warf es auf den Rasen.

Als er am Morgen in seinen Laden gehen wollte, lag die leere Flasche auf dem Rasen und die Terrasse war übersät von zusammengeknülltem Papier. Eilig sammelte er die Reste ein. Es war spät.

Vor seinem Laden wartete Madame Riou und sah ihn vorwurfsvoll an. Auf der Schwelle vor der Tür lag seine Post zusammen mit der Zeitung. ‚Was soll ich noch damit? Abbestellen', dachte er, während er Madame Riou wortlos bediente. ‚Alles werde ich abbestellen. Schließen. Zumachen. Es ist aus. Vorbei.'

Unschlüssig griff er nach seinem weißen Kittel, der schlaff und angeschmutzt an dem Haken neben der Kasse hing. Er nahm ihn über den Arm, griff nach der Zeitung, zog die Ladentür hinter sich zu, schloss nicht ab und ging in Richtung Strand.

Die Flut war hoch gewesen. Eine grüne Algenkette hatte sich weit oben auf dem festen Sand abgelagert. Eric ließ seinen Blick über die Boote am Strand gleiten. Hilflos zur Seite geneigt lagen sie im Schlamm wie gestrandete Fische, die keine Luft mehr kriegen. So wie ich, dachte er. Vom Wasser her hörte er die Stimmen einer Frau und eines Mannes, die sich auf ihrem Plattschiff näherten. Sie hatten Austernsäcke geladen. Nur bei Ebbe konnten sie weit da draußen ihre Ernte einbringen. Immer noch hielt Eric seinen Kittel und die Zeitung unterm Arm. Er ging hinunter zu einem der Boote und warf den Kittel hinein. Sofort sog der dünne Stoff sich voll mit dem modrigen Restwasser auf dem Bootsboden. Nur noch ein Lappen, dachte Eric, ein grauer Lappen. Er blätterte die Zeitung auf, knüllte die Seiten zu Papierbällen zusammen und schoss sie in die kleinen Wellen, die sich schon wieder auf den Weg gemacht hatten, um den Strand von Neuem einzunehmen.

„Da bist du ja wieder, Gott sei Dank."

Bevor ich die Augen aufmache, muss ich wissen, wem diese Stimme gehört, dachte Ria. Eine vertraute Stimme. Ich habe sie lange nicht gehört. Ich habe etwas Schreckliches geträumt. Von meinem Vater. Etwas war mit seiner Hand. Es riecht nach Kaffee. Meine Augenlider sind so schwer.

„Du hast uns alle in Angst und Schrecken versetzt, du warst ziemlich krank. Aber jetzt geht's hoffentlich wieder aufwärts! Hörst du mich, verstehst du mich?"

Christoph! Das ist seine Stimme. Was macht Christoph hier? Ich schlafe doch noch. Wie peinlich!

Sie spürte, dass er ihr mit seinem Gesicht ganz nah kam. Wo war sie, warum war Christoph bei ihr? Sie wollte ihre Lippen bewegen. Es ging nicht.

„Bitte sag etwas, mach die Augen auf", Christoph drückte ihre Hand. Noch einmal versuchte sie zu sprechen. Vergeblich.

Warum packte er sie jetzt so hart an der Schulter, warum rief er so laut: „Fräulein Kerko."

Fräulein Kerko, so etwas Blödes. Irgendjemand sagte das immer zu ihr: Mademoiselle Kerkó. Aber wer?

Sie tastete mit den Händen nach rechts und links. Ihre Hände stießen an eine harte Kante, jemand packte sie fest an der Schulter.

Endlich konnte sie die Augen aufmachen.

Der hatte sie so gerüttelt. Doch nicht Christoph?

Ein junger Mann mit runder Brille beugte sich über sie. Er hatte einen weißen Kittel an, wie einer, den sie kürzlich oft im weißen Kittel gesehen hatte. Wen nur? Sie erinnerte sich nicht.

„So, Fräulein Kerko, jetzt wird nicht mehr geschlafen".

Allmählich wurde sie wach und sah Christoph neben dem Arzt stehen. Sie blinzelte. Die Sonne schien durch die Härchen auf seinen Armen. Es musste warm sein draußen. Ihr war auch warm.

Der junge Arzt erklärte ihr, dass sie Typhus hätte.

„Zum Glück haben wir das Fieber vertrieben. Vielleicht kriegen wir zusammen raus, wo Sie den Erreger aufgegabelt haben", sagte er, gab ihr eine Spritze und ging.

Christoph setzte sich zu ihr.

„Ich bin so froh, dass du meine Mutter angerufen hast, als du von deiner Gewaltfahrt mit deinem schönen Käfer zurück warst. Du musst furchtbar ausgesehen haben. Kreidebleich und völlig verstört. Sie hat sofort den Notarzt gerufen."

So sehr sie sich auch anstrengte, während Christoph sprach, sie erinnerte sich nicht, dass sie Christophs Mutter angerufen hatte, auch an eine Autofahrt erinnerte sie sich nicht.

Aber das konnte sie Christoph nicht sagen. Sie versuchte es, sie holte tief Luft, aber nur kleine stöhnende Laute kamen aus ihrer Kehle, Christoph rief den Arzt.

Es dauerte tagelang.

Christoph war fassungslos. Er beruhigte sich erst, nachdem sie ihm aufgeschrieben hatte: *Es ist nicht das erste Mal, das geht wieder weg. Ich verspreche es dir!* Was sie ihm nicht aufschrieb und nicht sagen konnte: wie selig sie war, dass er sie jeden Tag besuchte.

„Ihr Freund hat angerufen", sagte die Schwester, die ihr das Mittagessen brachte. „Er lässt sie grüßen, er kann heute nicht kommen."

Ria nickte ihr zu und dachte: „Er kann nicht mein Freund sein, jedenfalls nicht so, wie ich es mir wünsche. Er hat schon eine Freundin. Ich habe ihn doch mit ihr gesehen, bevor ich weggefahren bin. Wohin bin ich eigentlich gefahren? Sie zerbrach sich den Kopf, es fiel ihr nicht ein. Aber dass sie Christoph an einem Abend mit einer Frau vor der Kinokasse hatte stehen sehen, das wusste sie noch. Er hatte den Arm um die Frau gelegt, so wie damals bei ihr am Flussufer. Er hat mich längst vergessen, hatte sie damals gedacht.

„Im Gegenteil", sagte Christoph bei ihrem ersten Spaziergang, nachdem sie aus dem Krankenhaus entlassen worden war, „ich habe immer an dich gedacht, aber es stimmt, ich hatte eine Freundin, sie wollte mehr von mir als ich von ihr. Wir sehen uns nicht mehr." Unten am Fluss wärmte Christophs Arm sie wie ein Umhang, den er fest um sie geschlungen hatte. Zum Glück hatte sie ihr gewagtes Versprechen halten können; ihre Sprache war nach ein paar Tagen zurückgekommen.

„Wie war es eigentlich in Frankreich? Meine Mutter hat mir von deiner Reise erzählt. Was war nun mit dem Mann, der bei der Beerdigung deiner Großmutter aufgetaucht ist und dir einen Brief geschrieben hat", fragte er.

Ria überlegte fieberhaft wie schon so oft, seitdem sie wieder bei Bewusstsein war. Frankreich? Nichts. Dass sie eine Reise gemacht hatte, wusste sie inzwischen wieder, denn sie erinnerte sich an das Packen des Autos, das war alles. Es quälte sie, dass ihr vierzehn Tage ihres Lebens fehlten. Sie konnte sich einfach nicht erinnern. Einige Male war sie ganz nah dran – aber immer wieder verschwand der kleine Zipfel von Erinnerung, ehe sie ihn packen konnte. Das konnte sie Christoph doch nicht sagen. Wie sollte er ihr so etwas glauben? Zum Verrücktwerden! Vielleicht werde ich verrückt, dachte sie.

„Ein anderes Mal", sagte sie kurz, als sie vor ihrer Haustür angekommen waren, und Christoph bohrte nicht weiter nach. Sie war sehr krank, dachte er, soll sie sich doch erst erholen.

Komm mit rein, wollte Ria sagen. Aber sie traute sich nicht.

Sie kannten sich doch noch gar nicht richtig, und sie hatte seine Worte im Ohr, die er über seine verflossene Freundin gesagt hatte:

Sie wollte mehr von mir als ich von ihr. Wie konnte Ria wissen, was Christoph wollte. Er hatte sie im Krankenhaus fast jeden Tag besucht. Warum hatte er sich so um sie bemüht? Sie sehnte sich zurück in seinen Schutz.

Vor der Haustür hielt er lange ihre Hand fest, aber es kam kein Wort über seine Lippen, das ihr verraten hätte, was er empfand.

Ein paar Tage später rief er an und fragte, ob alles in Ordnung sei.

Seine Stimme versetzte sie in Aufruhr.

„Morgen muss ich los", sagte sie. „Kannst du mir packen helfen?" Sein Ja klang beschwingt.

Es half nichts, sie musste zurück nach Göttingen. Das Semester hatte schon begonnen. Sie würde einiges nachholen müssen.

Ihr Auto stand im Hof.

Christoph kam mit großem Schwung auf den Hof geradelt, die Bremsen quietschten, elegant schwang er sein langes Bein über die Stange, fuhr mit der Hand durch seine hoch gesträubten Haare und fragte: „Was kann ich tun?" Gleichzeitig schielte er auf ihren Käfer.

„Reinkommen und Kaffee trinken", sagte sie. Zögernd ging er vor ihr durch die weit geöffnete Korridortür, das Gepäck hatte sie auf dem langen Flur verteilt. „Was für eine riesige Wohnung", staunte er, und Ria dachte an Wiedemanns Reihenhäuschen mit den winzigen Zimmern.

„Sieben Türen!"

„Tatsächlich? Die habe ich noch nie gezählt!"

„Dafür habt Ihr ein ganzes Haus", entgegnete Ria. Sie wollte unbedingt vermeiden, dass sein Vergleich zu ihren Gunsten ausfiel. Er sollte nicht denken, dass sie ein reiches verwöhntes Mädchen war. Außerdem hatte sie Angst, er könnte ihre Wohnung altmodisch finden. Christoph guckte auf seine schmutzigen Schuhe; auf dem tiefen Rot des dicken Läufers kamen sie ihm deplatziert vor, die schwarzen Mäander an den Rändern erinnerten ihn an römische Mosaiken.

‚Die Kerkos haben eine hochherrschaftliche Wohnung', hörte er seine Mutter sagen. In der Küche musterte er die Delfter Fliesen an den Wänden und schaute hoch zur Decke.

„So eine Altbauwohnung hat doch einen ganz besonderen Charme", sagte er schließlich zu Rias Erleichterung.

„Komm mit ins Wohnzimmer."

„Dein Zimmer würde mich mehr interessieren!"

„Alle Zimmer sind jetzt meine, aber daran muss ich mich erst noch gewöhnen", lenkte Ria ab. Er folgte ihr brav und sie schenkte Kaffee ein.

Christoph trank seinen Kaffee und sah sie unentwegt an. Wie an dem Abend in der Milchbar, dachte Ria und ihr wurde warm.

„Dann man ran", sagte er schließlich, schnappte sich auf dem Flur eine Bücherkiste und stellte sie im Hof neben das Auto.

„Der Ingenieur schleppt schwör", neckte sie ihn.

Er lächelte und hievte die Bücherkiste in den Kofferraum.

„Ich bliebe am liebsten hier", dachte sie laut.

„Das wäre mir auch sehr lieb. Ich bin nämlich eifersüchtig", sagte er. „Du hast doch bestimmt eine riesige Verehrerschar mit diesem guten Stück hier."

Mit der flachen Hand strich er über den Lack ihres Käfers.

„Wenn du wüsstest! Das Auto finden natürlich alle prima, aber im Hörsaal nehmen die Jungs mich nicht ernst, ich sehe es ihren Blicken an: Ein Mädchen. Jura! Wie will die das denn kapieren? Aber ich will Richterin werden, das wollte ich schon immer."

„Lass dich nicht ins Bockshorn jagen. Die Juristerei soll hier übrigens auch gut sein; komm doch nächstes Semester hierher an unsere Uni."

Christoph steckte seinen Kopf in den Kofferraum. Als er wieder auftauchte, schob er verlegen eine dicke blonde Strähne aus dem Gesicht. Er ließ sich die Haare wachsen, das gefiel ihr sehr. Ria jubelte innerlich. Von Eifersucht hatte er gesprochen. Er mochte sie! Umso schwerer fiel es ihr, jetzt wegzufahren.

Christoph blieb im Hof zurück, als sie einstieg und langsam anfuhr. Sie sah in den Spiegel. Der Hüne stand da in seiner grünen Manchesterjacke, Strickbündchen in der Taille und an den Ärmeln, der Reißverschluss war offen und sein kariertes Hemd guckte darunter hervor. Er bückte sich ein wenig, schob wieder die Haare zurück und winkte ihr einen unbeholfenen Gruß nach. Dieses Bild im ovalen Rahmen ihres Rückfensters nahm sie mit nach Göttingen.

Was sollte sie jetzt noch dort in einer Bude, die ihr besonders an den langen Abenden wie eine Gefängniszelle vorkam? Drei Monate würde sie das noch aushalten müssen.

Ihr erster Gang führte sie in die Buchhandlung Calvien. Sie brauchte das Vorlesungsverzeichnis: Bürgerliches Recht/Allgemeiner Teil – Teil 3, bei Prof. Dr. Harald Böse. Vier Vorlesungen hatte sie versäumt. Sie ging in die Bibliothek und bestellte die Sekundärliteratur.

„Bitte sehr, das Fräulein", sagte der Angestellte mit den dicken runden Brillengläsern, als er die Bände über den Ausgabetisch wuchtete. Sie spürte, dass er noch mehr Kraft aufbringen musste, um nicht hinzuzufügen: Ist das nicht zu schwierig für Sie?

Herr Professor Böse stand am nächsten Morgen hoch über seinen Studenten auf dem Podest wie immer. Zu Beginn eines Satzes – er sprach in sehr langen Sätzen – streckte er den rechten Arm in die Luft, die schlanke Hand etwas angewinkelt, mit jedem Wort senkte sich der Arm um wenige Zentimeter, die Hand wedelte seine Worte in die Menge, und wenn er den Satz beendet hatte, war auch seine Hand wieder unten angelangt. Zur Bekräftigung seiner Ausführungen schlug er noch einmal auf das Pult vor ihm. Ria fand ihn lächerlich und hatte gleichzeitig Angst vor seiner scharfen Zunge.

Ausgerechnet er war zuständig für die Gutachten zur Vergabe von Stipendien. Sie hatte vor den Semesterferien eine solche Förderung beantragt. Mumu hatte zwar Geld für ihr Studium zurückgelegt, aber sie wollte auch selbst ihren Beitrag leisten.

Ein Gespräch mit dem Dekan der Fakultät zu seiner aktuellen Vorlesungsreihe sei eine Voraussetzung für die Entscheidung, hieß es in den Richtlinien.

Sein Assistent führte sie in einen kleinen dunklen Raum und deutete auf einen Schreibtischsessel, es war der einzige Stuhl, den sie in dem Raum entdecken konnte. Die Sitzfläche war mit rissigem grünem Leder bezogen. Zaghaft setzte sie sich und wartete umgeben von dunklen Bücherregalen voller Folianten mit Lederrücken. Die Luft war abgestanden, ihre Kehle trocknete aus. Durch das schmale Fenster fielen ein paar Sonnenstrahlen auf den abgeschabten Parkettfußboden, Staubkörner tummelten sich darin. Ria versuchte angestrengt zu rekapitulieren, was sie sich zu den Hauptthesen der Vorlesung zurecht gelegt hatte.

Der Assistent kam zurück und hielt Professor Böse die Tür auf. Der trug einen Stuhl über dem Kopf wie die Studenten, wenn sie in einem übervollen Hörsaal keinen Platz in den Bänken mehr ergattert hatten. Ria erhob sich halb.

„Bleiben Sie sitzen, es geht gleich los", sagte er und stellte den Stuhl ganz dicht vor ihren. Als er sich setzte, streiften sie seine Knie.

Kein schützender Tisch, nicht der geringste Abstand zwischen ihnen. Ria begann zu schwitzen.

„Dann wollen wir mal", sagte ihr Professor jovial, und zum ersten Mal sah sie ihn aus der Nähe. Er war viel jünger, als sie ihn wahrnahm, wenn er im Hörsaal oben auf dem Katheder redete.

„Welche Fachzeitschriften lesen Sie?"

Sie las mehrere, regelmäßig. Aber auf diese Frage war sie nicht vorbereitet. Fieberhaft suchte sie nach irgendeinem Titel, den sie hätte nennen können. Nichts. Schwarz. Leere im Gehirn.

Sein schmales Gesicht kam näher, seine blaugrauen Augen bohrten sich in ihre. Seine feingliedrige Hand blieb in der Luft stehen. Ria druckste, schüttelte den Kopf.

„Na schön, dann müssen wir das Kapitel wohl streichen, nun zu meiner Vorlesung. Vielleicht wird das nicht so eine Viecherei."

Viecherei, Viech, Vieh.

Wenn er doch nur etwas weiter wegrücken würde. Sie bekam ja gar keine Luft.

Sie verstand nicht einmal die Fragen, die er nun stellte.

Er wartete. Seine Augen wurden zu Schlitzen, er roch nach Zigaretten, plötzlich sah Onkel Einhard sie an.

Sie würgte an ihren Worten, stammelte, wollte sich entschuldigen – aber es kamen nur kleine stöhnende Laute aus ihrem Mund.

Professor Böse erhob sich, stieß den Stuhl zurück, steckte die Hände in die Hosentaschen und sagte über ihrem Kopf: „So etwas ist mir noch nie passiert!"

Mir schon, hätte Ria am liebsten geantwortet.

Am folgenden Freitag schwänzte sie seine Vorlesung, meldete sich in der Verwaltung vorsorglich schon für das kommende Semester ab und fuhr mittags nach Hause. Zuerst hielt sie bei Wiedemanns. Sie waren beide nicht da. Langsam fuhr sie die Akademiestraße entlang und zögerte den Moment hinaus, bis sie ihre Wohnung betreten musste.

Mumus Geruch hing auch nach Monaten noch immer im Flur. Ria ging geradeaus ins Wohnzimmer, ließ sich auf das Sofa fallen und konnte nichts gegen ihre Tränen tun. Sie fühlte sich in dieser Wohnung genauso allein wie in ihrer Studentenbude.

Wenn Christoph doch zu Hause gewesen wäre oder wenigstens seine Mutter.

Lustlos holte sie ihr Gepäck aus dem Wagen. Als sie alles ins Haus gebracht hatte, packte sie die Angst vor der Dunkelheit in der Wohnung. Die Möbel würden sich in Gespenster verwandeln.

Sie hielt es drinnen nicht aus, setzte sich wieder hinter das Steuer und fuhr ohne Plan stadtauswärts und schon war sie wieder auf der Autobahn.

Sie fuhr zu schnell, ließ sich von Lichthupen jagen, wich aber nicht vom linken Fahrstreifen, fuhr zu dicht auf, verfolgte andere Wagen mit dem Fernlicht und bog schließlich erschöpft in einen Parkplatz ein.

Sinnlose achtzig Kilometer war sie in Richtung Süden gefahren. Sie verließ den Parkplatz über eine kleine Straße, suchte den Schleichweg, um auf die andere Autobahnseite zu gelangen und fuhr zurück. Es war inzwischen dunkel geworden.

Die Wohnung empfing sie genauso feindselig wie am Nachmittag. Sie lief durch die Räume und machte überall Licht.

Unschlüssig stand sie im Flur. Wie sollte diese Wohnung wieder zu ihrem Zuhause werden?

Es klopfte leise. Durch die milchige Glasscheibe der Etagentür sah sie eine große Gestalt. Christoph. Herzklopfen! Sie machte ihm auf. Er hatte eine Flasche Wein unter dem Arm.

„Ich habe gehofft, dass du am Wochenende kommst, dann sah ich die Festbeleuchtung. Hast du Besuch? Darf ich reinkommen?"

„Gern!" Mehr brachte sie nicht raus.

Wenig später saßen sie in der Küche: „Gut, dass du da bist." Ein tiefer Seufzer entfuhr ihr. Christoph hängte seine grüne Jacke über den Stuhl und schenkte Rotwein ein. Er sah Ria an. Wieder waren seine Augen dunkelblau wie an dem Abend in der Milchbar. Ria redete, als ob sie die ganze Woche mit niemandem gesprochen hätte. Sie sprach von ihrer Angst vor der Wohnung, erzählte von ihrer sinnlosen Fahrerei und von der schrecklichen Begegnung mit Professor Böse:

„Ich habe mich nackt gefühlt vor diesem Kerl!"

Christoph sprang auf: „Wie kann sich ein Professor nur so aufführen. Am liebsten würde ich dich gleich hier behalten, aber ein knappes Vierteljahr musst du das dort wohl noch ertragen."

Ria war erschöpft von ihrem eigenen Reden und hörte nur: *dich hier behalten*, seine Stimme hüllte sie ein.

„Komm, ich zeige dir mein Zimmer."

Und dann war sie es, die ihn da behielt. Das erste Mal. Das erste Mal für ihn, für sie, ihr erstes Mal! Noch oft würden sie darüber reden, lachen, sich lustig machen, aber immer würden sie diese erste Nähe wieder spüren, das Zögern und Begehren, das Erwachen, das Staunen.

So nah deine Augen.

So weich deine Locken.

So riesig deine Hände.

„Ein breiteres Bett wäre nicht schlecht", sagte Christoph morgens, als er aufstand und sich reckte. Ria starrte die lange schlanke Gestalt an.

„Ich habe noch nie einen nackten Mann gesehen", murmelte sie entschuldigend, als er ihre Blicke bemerkte. Er riss ihr die Bettdecke weg. „Und ich noch nie eine nackte Frau, erst recht nicht so eine schöne."

Das ist nicht logisch, wollte sie protestieren, aber er hatte sich schon wieder zu ihr gelegt.

Es war elf, als er ging.

„Grüß deine Mutter", sagte Ria.

„Gern, dann muss ich keine langen Erklärungen abgeben. Ich glaube, die freut sich!"

Weg war er. Sie fühlte sich leicht und wusste, dass die Welt für sie wieder offen war.

Prüfend ging sie durch alle Räume. Endlich wollte sie die Wohnung zu ihrer eigenen machen, bald würde sie hier für immer wohnen. Sie wollte in dieser Wohnung keine Angst mehr haben. Die Küche und das Bad konnten so bleiben; aus ihrem Zimmer sollte der große Schreibtisch von Peer verschwinden. Und ein breites Bett würde sie kaufen, jawohl.

Sie ging über den Flur in Mumus kleines Wohnzimmer. Die Scheu vor diesem Raum hatte sie immer noch nicht abgelegt. Die Sonne fiel auf eines ihrer Lieblingsgemälde über dem Sekretär. Lange hatte sie es nicht mehr bewusst betrachtet. Es war ein Stillleben, auf dem eine Kristallkaraffe gefüllt mit Cognac zu sehen ist, daneben eine bunte Schale voller Pralinen und vorn auf einer angedeuteten Tischdecke einzelne Pralinen in ihren Papierkörbchen – sie sahen so verlockend aus, dass man hätte hingreifen mögen und die Süße des Konfekts im Munde zu spüren glaubte. Als Kind hatte sie das Bild geliebt, obwohl sie immer wieder enttäuscht war, dass die Pralinen so wirklich aussahen, aber nicht wirklich waren. Die Kristallvase auf dem Gemälde glitzerte im Sonnenlicht, als ob sie Ria zuzwinkerte, und sie wusste, dass sie sich von diesem Bild nie trennen würde. Aber dann betrachtete sie es mit Christophs Augen. Seine Berührungen summten noch in ihrer Haut. Sie dachte an die Filmplakate in seinem Zimmer und die hellen Kiefernmöbel in Wiedemanns Wohnzimmer. Bestimmt würde er das Pralinenbild altmodisch finden. Und was würde er zu Mumus Rokokosofa sagen, und was zu den anderen Möbeln: dem Sekretär, dem Vertiko und dem Nähtischchen? Bisher kannte er nur die Küche und ihr Zimmer. Wenn er die anderen Zimmer nun nicht leiden mochte?

Als erstes nahm sie alle weißen Gardinen ab und ertappte sich dabei wie sie murmelte: Verzeih, Mumu, aber hier kann doch sowieso niemand reingucken. Mumu hatte ‚nackte' Fenster nicht gemocht. Sieht ja aus wie bei armen Leuten, das war ihr einziges Argument.

Die meisten der schönen Möbel wollte Ria behalten, nur das dunkle Vertiko nicht. Sie inserierte im Geinsburger Tageblatt und fand schnell einen Käufer.

An einem Wochenende übernahm Christoph das Ausräumen von Mumus Schlafzimmer, Ria hätte das noch immer nicht gekonnt! Er verstand sie. Ria verschenkte alles an eine Aussiedlerfamilie. Beglückt nahmen sie auch die Frisierkommode mit dem dreiteiligen Spiegel. „So ein Monstrum habe ich ja noch nie gesehen", sagte Christoph. Dass Ria sich von dem Stück nur schwer trennen konnte, verschwieg sie ihm.

„Was machen wir aus dem leeren Raum?" fragte Christoph, als sie ihn gemeinsam sauber machten.

Das Wir ließ Ria hoffen.

Die Wohnung war zu groß für sie ganz allein, Christoph wohnte immer noch bei seiner Mutter, blieb aber an den Wochenenden inzwischen bei ihr. Sie hoffte, dass er endlich die entscheidende Frage stellen würde. Dass sie ihm schon ein paar Mal auf den Lippen gelegen hatte, wusste sie genau, aber er hatte es bisher nicht ausgesprochen. Er muss ja nicht auf die Knie fallen, dachte Ria. Aber ich möchte formvollendet gefragt werden! War das auch Mumus Erbe? Vielleicht. Eine wilde Ehe wäre für sie unvorstellbar gewesen. In Gedanken richtete Ria die Wohnung für sie beide ein.

Ihr ‚Mädchenzimmer' sollte das gemeinsame Schlafzimmer werden. Sie ging über den Flur und stellte in Gedanken die Möbel dort um, das neue Bett aber sollte an seiner Stelle stehen bleiben, ihren ersten strahlenden Wochen wollte sie keinen anderen Platz geben.

Zurück in Mumus kleinem Wohnzimmer wusste sie, dass es ihr Arbeitszimmer werden sollte. Als Schreibtisch wollte sie vorerst Mumus Sekretär nutzen. Sie öffnete die Schreibklappe, die metallenen Ziehharmonikascharniere verklemmten sich knarzend, Ria richtete sie und strich über das glatte Holz. Mumus Allerheiligstes.

Christoph würde dir auch gefallen, sagte sie halblaut. Er ist der Sohn von Frau Wiedemann. Letztes Jahr Weihnachten hat er uns einen Stollen von seiner Mutter gebracht. Das weißt du doch noch, Mumu?

Es schnürte ihr nicht mehr die Kehle zu, laut mit ihr zu reden und plötzlich fiel Ria wieder ein, dass sie als Kind beobachtet hatte, wie Mumu vor Peers Bild gestanden und mit ihm gesprochen hatte. Damals war ihr das unheimlich vorgekommen.

Zögernd zog sie die Schubladen über der Schreibplatte auf. In der obersten entdeckte sie Mumus Tagebuch. Als sie die schwarze Kladde mit dem glänzenden biegsamen Einband in den Händen hielt, erinnerte sie sich.

Früher hatte Mumu ihr an besonderen Tagen daraus vorgelesen. Am Geburtstag ihres Vaters zum Beispiel. Dieser Tag bekam auf diese Weise eine Schwere, der Ria sich gern entzogen hätte. Wenn Mumu mit Lesen fertig war, verschloss sie die Kladde wieder sorgfältig, und so hatte das Tagebuch für Ria etwas Begehrenswertes und Verbotenes zugleich. Manchmal nahm sie es heimlich aus der Schublade, wenn Mumu vergessen hatte, die Schreibklappe wieder zu verschließen. Mit klopfendem Herzen und feuchten Fingern blätterte sie darin – aber damals konnte sie die Sütterlinschrift noch nicht entziffern, und alles, was Mumu aufgeschrieben hatte, wurde für Ria noch geheimnisvoller. Als sie älter wurde, hatte sie Mumus Tagebuch vergessen.

Sie setzte sich in Mumus Sessel vor den Sekretär, legte die schwarze Kladde auf die Schreibplatte und ertappte sich dabei, dass sie mit den Händen an ihrem Rock entlangwischte. Wie Mumu! Bevor die ein Buch in die Hand nahm oder sich zum Schreiben hinsetzte, fuhr sie zuerst mit den Händen an ihrem Rock entlang, als sei sie das dem sauberen Papier schuldig.

Ria knipste die Stehlampe an und schlug die erste Seite auf.

11. SEPTEMBER 1928

Ich denke unentwegt an Jean …

Ria las die erste Eintragung, legte die Kladde beiseite und sagte laut:

„Mumu, warum hast du mir das alles nie erzählt? Mein Vater und meine Mutter, das Dienstmädchen! Er war fünfzehn und sie? Das muss ich nachrechnen, auf jeden Fall war sie einige Jahre älter. Was für eine Geschichte!"

Ria erkannte ihre Mutter in Mumus Schilderung von der lebenslustigen Nelly gar nicht wieder. Ich bin so viel später geboren, dachte sie. Was war dazwischen? Wo war sie, wo war er? Warum war ihre Mutter später so wütend auf ihren Vater? Sie hat nie ein gutes Haar an ihm gelassen. Aber was eigentlich passiert war, hatte sie Ria nie erzählt.

Ria las die ganze Nacht hindurch bis zur letzten Seite, und wusste, dass dieses Tagebuch das Kostbarste von allem war, was Mumu ihr hinterlassen hatte.

1972

„Mama, wo ist Papa?"

Ria seufzte und legte die Zeitung beiseite: „Das weißt du genau Jasper, Papa wohnt nicht mehr bei uns. Er wohnt jetzt mit Ines zusammen in der Nicoleistraße, du hast die beiden doch am letzten Sonntag besucht."

Jasper umklammerte ihre Knie.

„Papa soll wieder hier wohnen. Ines ist doof."

Seine braunen Augen funkelten sie an.

„Ines ist nicht doof, und Papa will nicht mehr bei uns wohnen."

„Aber ich will das! Und Ines ist doch doof, pupskackdoof!"

„Jasper! Hör sofort auf, das sagt man nicht!"

„Doch, doch, doch!"

Jasper rannte durch die Küche. „Ines ist pupskackdoof, pupskack-doof", seine Stimme wurde schrill.

Wie oft hatten Christoph und sie sich geschworen, bestimmte Sätze niemals zu ihrem Sohn zu sagen: *Das sagt man nicht* gehörte dazu. Ria zuckte die Schultern, Theorie! Hundertmal hatte sie es schon gesagt, und alle anderen Sätze auch, die sie damals gesammelt hatten, als sie noch Vater und Mutter und sich einig waren. Sie stand auf, lief hinter Jasper her, schnappte ihn und kitzelte ihn so lange bis sein meckern-des Lachen in Jammern überging und er sich erschöpft auf dem Boden wälzte. Kaum war er wieder zu Atem gekommen, blitzte er sie an, sei-ne dunklen Locken wippten und er rief:

„Pupskackdoof, pupskackpipidoof, jawohl."

Ria drehte sich um: „Hol deine Jacke, wir wollen zu Oma fahren, da-rauf hast du dich doch schon so gefreut."

180

Jaspers Singsang brach jäh ab.

„Kann ich bei Oma schlafen?" Ria nickte.

„Au ja", Jasper raste ins Kinderzimmer und kam mit seinem kleinen Koffer zurück.

„Ich muss nur noch einen Brief eintüten, dann geht's los", Ria nahm Jasper mit in ihr Arbeitszimmer.

„Wer ist das?" fragte Jasper und streckte die Hand nach dem Kinderfoto von Jean Kerko aus, das Ria wieder auf ihren Schreibtisch gestellt hatte, nachdem Christoph ausgezogen war. Sie gab es Jasper in die Hand. „Ganz vorsichtig", mahnte sie, weil das dicke Glas sich so leicht verschob und aus dem verstellbaren Messingrahmen fallen könnte.

„Das ist mein Vater." Jasper sah sie ungläubig an.

„Das ist doch ein Junge."

Ria lachte und erinnerte sich, dass sie genauso verblüfft gewesen war, als sie das Foto in ihren ersten Sommerferien bei Mumu gesehen hatte.

„Jeder Mann war mal ein Junge. Er war erst zehn, als das Foto gemacht wurde."

„Der sieht aber komisch aus"

„Früher waren die Jungs so angezogen."

„Und wo ist der jetzt?"

Ich weiß es nicht, hätte sie am liebsten gesagt, aber sie riss sich zusammen und sagte: „Er lebt nicht mehr. Er war Soldat und ist im Krieg gestorben." *Er ist vermisst* – das wollte sie nicht sagen. Noch immer bereitete ihr dieses kleine Wort so viel Unbehagen, als müsste sie aus schwindelnder Höhe in einen Abgrund gucken.

„Wie Omas Mann", stellte Jasper sachlich fest. „Das war nämlich mein Opa!" Caroline Wiedemann verstand es stets, die richtigen Worte zu finden, wenn sie von Christophs Vater erzählte. Jasper wollte die Geschichten immer wieder hören.

Dass auch Jean Kerko Jaspers Großvater war, sagte Ria ihm in diesem Moment nicht. Sie fürchtete sich vor der Flut von Fragen, die auf sie zurollen würde. Nein, jetzt nicht, dachte sie, ich will das nicht. Und was sollte sie ihm auch erzählen. Dass ihr Vater vielleicht doch noch lebte? Dass sie aber nichts von ihm wüsste? Wie sollte Jasper das begreifen?

Seine Fragen allerdings würden kommen, das war Ria klar. Lange würde es kaum dauern, bis er den Zusammenhang begriffen hätte.

Christoph hatte Ria dringend gebeten, dieses Bild aus ihrer Sichtweite zu verbannen, damals, als sie sich in Mumus Wohnung einrichteten.

„Du kommst sonst nie von ihm los."

„Und wenn er doch der Fremde war bei der Beerdigung meiner Großmutter?"

„Dann hätte er sich längst wieder gemeldet, oder er will nichts mit dir zu tun haben. Verzeih meine Grobheit, aber wir müssen doch den Tatsachen ins Auge sehen. Du erinnerst dich nicht, weil du dich nicht erinnern willst, also lass das Grübeln, oder wir fahren zusammen noch einmal dorthin, suchen den Menschen und klären ein für alle Mal, was es mit dieser merkwürdigen Einladung auf sich hatte." Aber das hatte sie auf gar keinen Fall gewollt.

Sie hatte nachgegeben und das Kinderbild ihres Vaters in die unterste Schublade gelegt, wo sie auch den Brief von Eric Favre aufbewahrte, den sie nie wieder angerührt hatte, aber ihn zu vernichten hatte sie auch nicht die Kraft.

Jasper interessierte sich nicht länger für die Fotografie, er gab sie Ria wieder in die Hand, und sie brachen auf.

Im Auto schlief er sofort ein.

Ria versuchte, sich auf das Fahren zu konzentrieren, es gelang ihr nicht.

Ihr Sohn wurde erst fünf und würde mit einem fernen Vater aufwachsen wie sie selbst.

Vor einem Jahr hatte Christoph ihr seine Mitarbeiterin Ines vorgestellt. Sie war zehn Jahre jünger als Ria und so blond wie Christoph. Ria wusste mit einem Schlage, dass ihre Gemeinsamkeiten aufgebraucht waren. Er ist das Dunkle leid, dachte sie. Christoph leugnete zuerst, dass er in Ines verliebt war. Vielleicht wollte er auch nicht wahrhaben, dass er sich zu einer Frau hingezogen fühlte, die nicht den Ballast einer steten inneren Suche mit sich herumschleppte.

Ihre Pläne für den Bau eines Hauses am Rande von Geinsburg fielen genauso in sich zusammen wie alle anderen Träume, die sie für ihr gemeinsames Leben gehabt hatten. Christoph zog aus. Ria blieb mit Jasper in der alten Wohnung, beendete ihr Referendariat am Landgericht in der Nachbarstadt und musste ihr Ziel aufgeben, Richterin zu werden.

Sie brauchte dringend eine Stelle in Geinsburg, sie wollte Jasper nicht zwischen Kindergarten und ihrer Schwiegermutter aufwachsen lassen, obwohl Großmutter und Enkel unzertrennlich waren, seitdem Jasper viele Stunden, oft Tage bei seiner Oma verbrachte, wenn Ria sich nicht um ihn kümmern konnte. Manchmal war sie eifersüchtig auf die beiden. Caroline Wiedemann spürte es und sagte: „Lass mich. Ich hole nach, was ich für Christoph nicht tun konnte. Nach dem Krieg musste ich zwölf Stunden arbeiten, und Christoph war bei fremden Leuten. Darunter haben wir beide gelitten, vielleicht ist er deshalb so geworden. So wenig bindungsfähig. Ich mache mir oft Vorwürfe." Die neue Frau ihres Sohnes wollte sie nicht kennen lernen.

Ria trat hart auf die Bremse, beinahe wäre sie bei Rot über die Kreuzung gefahren; sie erschrak, wie konnte sie nur so unaufmerksam sein? Besorgt sah sie nach hinten. Jasper blinzelte: „Sind wir endlich da?"

Ria stellte die Loseblattsammlung zurück in ihr Bücherregal. Es hatte keinen Zweck mehr, jetzt noch einzelne Paragrafen des Schulgesetzes auswendig zu lernen. Sie war sicher, dass sie die Intention dieses Gesetzes, die große Linie begriffen hatte. Aber würde sie sicher genug auftreten können? Sie seufzte, stellte sich vor den Spiegel auf dem Flur, rieb ihre Wangen und nahm sich vor, früh genug ins Bett zu gehen. Jasper war bei ihrer Schwiegermutter gut aufgehoben und sie musste am nächsten Morgen ausgeschlafen sein, wenn sie Erfolg haben wollte. Sie hatte sich um die Juristenstelle an der Schulbehörde in Geinsburg beworben. Ein Kollege hatte ihr abgeraten: „Lass die Finger davon. Schule! Das ist doch schrecklich. Eltern, Schüler, Lehrer – irgendeiner von denen spielt immer verrückt. Du hast es nur mit Beschwerden zu tun." Sie hatte sich trotzdem beworben, sie brauchte diese Stelle. Ihr Traumberuf war es nicht, aber sie musste an Jasper denken.

Dem Abteilungsleiter, der über ihre Einstellung zu entscheiden hatte, eilte der Ruf voraus, sehr konservativ zu sein. Sie fuhr mit der Hand durch ihre Locken, die sich partout nicht zu einer damenhaften Frisur formen lassen wollte. Sie seufzte; daran würde er ja wohl keinen Anstoß nehmen. Sie überlegte, was sie anziehen sollte und entschied sich für das dunkelblaue Kostüm. Dann ging sie zurück in ihr Arbeitszimmer und dachte an ihre Großmutter. Du schaffst das, hatte sie immer gesagt, wenn Ria vor Prüfungen oder anderen Herausforderungen stand. Aber Ria war gar nicht sicher, dass sie es schaffen würde, diese Stelle zu bekommen. Das Scheitern ihres Lebens mit Christoph hätte sie beinah wieder zum Verstummen gebracht. Nach der Scheidung jedoch hatte sie endlich eine Therapie begonnen, denn als Mutter wollte sie auf keinen Fall versagen.

Ihr Blick fiel auf das Foto ihres Vaters, das Jasper am Nachmittag in die Hand genommen hatte. Jasper hat meine Locken und seine Augen, dachte sie.

Das Fragen und Suchen nach ihrem Vater wollte wieder nahen, der Brief tief unten in der Schublade fiel ihr ein. Nein, auf keinen Fall – sie würde ihn nicht hervorholen.

Sie vertiefte sich in eine Entspannungsübung, die sie für solche Fälle gelernt hatte.

Der Mann ließ sie vor seinem Schreibtisch stehen, ohne sie anzusehen oder ein Wort zu sagen und blätterte in den Unterlagen, die vor ihm ausgebreitet waren.

Er schob die Papiere von einer Seite zur anderen, Ria erkannte ihre eigene Handschrift und hatte ein flaues Gefühl in der Magengegend. Es war das Blatt mit ihrem Lebenslauf. Sie guckte nicht länger hin und sah sich in dem seelenlosen Raum um. Außer dem riesigen Schreibtisch, auf dem sich die Aktendeckel türmten, stand ein kleiner Besprechungstisch mit vier Stühlen mitten im Raum. Die orangefarbenen Vorhänge hingen schlaff am Fenster, so als wären sie ihre Aufgabe leid, in dieser Umgebung für einen Hauch von Farbe zu sorgen.

„Allein erziehend?" stieß der Mann hinter dem Schreibtisch schließlich statt einer Begrüßung hervor, seine Augen waren immer noch auf die Papiere geheftet.

„Ja, ich bin geschieden", antwortete Ria mit fester Stimme.

„Schuldlos", schob sie nach.

„Hmm", grunzte der Mann, hob den Kopf, bequemte sich halb aus seinem Sessel, schob seinen Arm über den Schreibtisch, um ihr flüchtig die Hand zu geben und wies auf den Stuhl vor dem Schreibtisch. Ria setzte sich.

Allein erziehend. Die Vokabel hörte Ria zum ersten Mal, und aus dem Mund des Mächtigen klang es wie ein Vorwurf. Allein schuldig. Allein gelassen.

Er hatte volles dunkles Haar, ein kantiges Gesicht, und durch seine Brille hindurch traf sie ein kritischer Blick. Er erinnerte sie an

Professor Böse, bei dem sie so kläglich versagt hatte. Nein, diesmal würde sie sich nicht ins Bockshorn jagen lassen.

„Ihr Sohn ist fünf. Was machen Sie, wenn er krank wird?"

„Meine Schwiegermutter kümmert sich um ihn."

„Aha, die hält also weiter zu Ihnen?"

„Ja, allerdings!"

Du schüchterst mich nicht ein, dachte Ria. Sie musste diese Stelle haben, ihre Zeugnisse waren tadellos, das sollten andere erst einmal bieten.

Wieder blätterte der Mann in den Papieren, drehte und wendete ihren Lebenslauf. Ria kämpfte gegen das aufsteigende Unwohlsein und gegen die Angst, zu verstummen. Hoffentlich fragt er endlich etwas Fachliches, dachte sie. Auf dem Gebiet hätte sie festen Boden unter den Füßen, sie war sich ganz sicher.

Aber nichts. Er blätterte und seufzte, schließlich erhob er sich noch einmal halb, und sagte zu seinem laschen Händedruck:

„Sie hören von uns."

Irritiert verließ Ria das Büro, sah die blasse Sekretärin im Vorzimmer fragend an, doch schon blinkte das Telefon und die Untergebene stürzte in das Zimmer ihres Chefs.

DIE DRITTE BEGEGNUNG

„Jedes Mal ist ein anderes Weib bei ihm", schimpfte Jasper, als Ria ihn am Bahnhof abholte. Er hatte die letzten Tage der Sommerferien bei seinem Vater verbracht: „So schnell fahre ich da nicht wieder hin."

Von Ines hatte Christoph sich nach ein paar Jahren wieder getrennt.

„Und gemeckert hat er, über meine langen Haare! Und überhaupt, wie ich aussehe."

Ria musterte die schlaksige Gestalt ihres Sohnes. Jasper war einen Kopf größer als sie. An seine ausgefransten Jeans und das Che-Guevara-Tuch, das er selbst beim Essen nicht ablegte, hatte sie sich längst gewöhnt. Sie fand, es gäbe Wichtigeres, worauf sie Einfluss nehmen sollte.

„Komm, wir machen uns einen schönen Tag: Kino, *Zelig* von Woody Allen ist angelaufen, den wolltest du doch unbedingt sehen, und dann: Pizza, Pizza!", sagte Ria und verstaute Jaspers Rucksack im Kofferraum. Er hatte die Leidenschaft für das Kino von seinem Vater geerbt, manchmal ging Ria mit ihm in Filme, die nicht jugendfrei waren. So viel Anarchie musste erlaubt sein. Seine Mitschüler beneideten ihn.

„Hast du frei?" fragte er.

„Ja, extra für dich!"

Jasper strahlte.

Ein Jahrzehnt schon arbeitete Ria in der Schulbehörde, wo ihre Arbeit geschätzt wurde. Warum sie die Stelle damals bekommen hatte, erfuhr sie nie, und den Abteilungsleiter sah sie nicht wieder, er war in die Landeshauptstadt befördert worden.

Am Abend dieses letzten Ferientages fand Jasper nicht ins Bett. Ria ließ ihn gewähren. Nach außen schien er gefestigt, aber sie spürte, dass ihn die Besuche bei Christoph jedes Mal aufwühlten.

Jasper hatte im Laufe der Zeit zwei Zimmer in der Riesenwohnung bekommen: Das ehemalige Gästezimmer und Rias Mädchenzimmer, in dem immer noch das breite Bett stand, das Christoph damals eingefordert hatte. Vielleicht würde es auch Jasper noch für seine ersten Erfahrungen dienen. Diesen Gedanken aber schob Ria immer schnell weg.

Sie öffnete die Tür zu seinem Zimmer einen Spalt und sagte: „Halb zwölf, vielleicht solltest du ..." Jasper murmelte etwas, was wie „bin gleich so weit", klang. Ria begnügte sich damit.

Ria hatte sich in den beiden Räumen eingerichtet, die früher Mumus Reich gewesen waren. Manchmal dachte sie noch an ihre Scheu vor dem Betreten dieser Zimmer in den Tagen nach dem Tod ihrer Großmutter.

Ihr Schreibtisch stand so, dass sie in den Garten hinaus sehen konnte. Wenn sie lästige Arbeiten erledigen musste wie an diesem Tag, hob sie oft den Kopf. Die Blätter der mächtigen Kastanie vor ihrem Fenster segelten zu Boden, ab und zu hörte sie eine der Früchte auf die Terrasse poltern. Sie hatte den Widerspruch gegen eine Nichtversetzung zu bearbeiten, die Sache zog sich schon seit Beginn der Ferien hin, und im Büro hatte sie nicht die nötige Ruhe für diese Arbeit gefunden – warum konnten Eltern in Bezug auf ihre eigenen Kinder nicht objektiv sein? Sie quälte sich mit dem Lösungsvorschlag.

Die Tür in ihrem Rücken wurde aufgerissen. Schon stand Jasper neben ihr und griff nach der Fotografie ihres Vaters.

Seit Jahren hatte er sie nicht mehr beachtet; jetzt hielt er sie hoch und betrachtete sie so intensiv wie als Fünfjähriger.

„Pass auf", sagte Ria, als wäre er tatsächlich noch fünf, „das Glas verschiebt sich so leicht".

„Weiß ich doch!"

Jasper stellte das Bild zurück, richtete den Messingrahmen und fragte: „Hast du eigentlich noch mehr Fotos von ihm?"

Ria seufzte, verabschiedete sich fürs erste von den Streithähnen auf ihrem Schreibtisch und fragte zurück: „Warum?"

„Sag ich gleich. Hast du, oder hast du nicht?"

Sie ging an das Bücherregal, in dem Mumus Fotoalben ein ganzes Brett füllten. Suchen musste sie nicht.

Sie zog eins mit grün-blauem Stoffbezug raus, die Farben waren verblasst, und der Einband war an den Rändern abgewetzt. Mit sicherem Griff schlug sie es in der Mitte auf und zeigte Jasper ein großes Foto, das ihren Vater als Studenten zeigt. Er trug ein weißes Hemd mit Schillerkragen und lächelte verführerisch wie ein Schauspieler.

„Wie alt war er da", fragt Jasper.

„Zwanzig ungefähr."

Jasper nahm das Album und setzte sich aufs Sofa.

„Zwanzig", er rechnete, „also 1933 aufgenommen", stellte er fest. Ria war erstaunt, dass er das Geburtsdatum ihres Vaters so genau im Kopf hatte.

„Und keine Uniform?"

„Noch nicht", sagte sie automatisch.

Fragend sah er sie an: „Genau darum geht's", und dann folgte sein Telegrammstil: „Schule – Projekt – Drittes Reich – Zeitzeugen befragen – Besuch einer Gerichtsverhandlung vorbereiten. Aber wie stehe ich da? Ein Großvater bei Stalingrad gefallen, und von dem anderen weiß ich nur, wann er geboren ist. Du hast mir nie von ihm erzählt – jedenfalls nicht so richtig – nicht so, wie Oma von Papas Vater immer erzählt. Das ist mir erst heute in Geschichte klar geworden. Warum sprichst du nicht über ihn? War mein Großvater etwa Nazi??"

Er legte das Album zur Seite, stand auf und blieb vor ihrem Schreibtisch stehen.

Ria spürte, dass ihr Atem schneller wurde. Sie erhob sich ebenfalls und musste trotzdem noch zu Jasper aufsehen.

Er hatte ihre Augenpartie geerbt – die ihres Vaters: Buschige Brauen, dunkle Augen, das linke geringfügig kleiner als das rechte. Mit einem Ruck warf er seine langen dunklen Haare zurück.

Was sollte sie ihm antworten?

Sie hatte gewusst, dass diese Frage eines Tages von ihm kommen würde. Geschichte war sein Lieblingsfach, und immer ging er den Dingen auf den Grund. Seine Fragen hatte sie gefürchtet und zugleich herbeigesehnt. Sie hätte es nicht erklären können, aber sie spürte, dass Jasper auf ganz andere Weise ihr Verbündeter sein würde als Christoph es damals gewesen war. Jasper stand immer noch abwartend vor ihr, guckte auf das Foto und sagte:

„Du siehst ihm irgendwie ähnlich."

„Du auch", erwiderte sie. „Um die Augen rum. Guck doch mal in den Spiegel."

Dann zog sie die untere Schublade auf, nahm Mumus Tagebuch raus und hielt es ihm hin. Stumm nahm er es ihr aus der Hand und sah sie fragend an.

„Was ist das?"

„Ein Zeitzeugnis", sagte Ria. Jasper blätterte darin und sagte enttäuscht: „Das kann ich doch überhaupt nicht lesen!"

Das hatte sie nicht bedacht.

„Dann lese ich's dir eben vor. Es ist das Tagebuch deiner Urgroßmutter."

Jasper wand sich. Das wollte er nicht, wie ein kleiner Junge vorgelesen bekommen. Wie eine Trennwand stand sein Unbehagen zwischen ihnen.

Er legte die schwarze Kladde zurück auf Rias Schreibtisch.

„Grote hat wieder einen seiner typischen Sätze losgelassen heute. Er hat gesagt, so ein Tagebuch wäre ‚von unschätzbarem Wert', er fragt, ob du es ihm überlassen würdest."

Jasper war bis auf die Terrasse geradelt und noch nicht einmal abgestiegen, während er das seiner Mutter zurief. Es war ein Oktobertag, an dem sich kein Lüftchen regte, und die Sonne warm war wie im Spätsommer. Ria saß draußen und trank Kaffee.

„Ich hab's heute im Unterricht erzählt, als die anderen mit ihren Opas und Großonkeln als Zeitzeugen kamen. Grote meint, wenn du das Tagebuch hergibst, würde er es abtippen, dann könnte ich es lesen und manches könnte er vielleicht für uns alle verwenden."

Ria war unentschlossen. Der Gedanke, das Tagebuch aus der Hand zu geben, war ihr unheimlich.

„Warum zögerst du so, stehen da Geheimnisse drin."

„Nein, aber sehr Persönliches."

„Das Persönlichste ist das Allgemeinste", zitierte Jasper. Einen Moment lang wurde Ria schwindlig vor Stolz und vor Liebe: ihr Sohn!

Jasper sah sie forschend an. Sie bekam eine trockene Kehle. Ihr Sohn würde sich mit ihrem Vater beschäftigen. Sie musste Rede und Antwort stehen, musste sich von neuem mit all dem auseinander setzen, was sie vergessen wollte. Was wäre, wenn ihre Sprachlosigkeit sie wieder überfiele? Sie wusste, dass ihr seelisches Gleichgewicht immer noch leicht zu erschüttern war.

Sie gab sich einen Ruck. „Ja", sagte sie, „ich geb's dir mit. Martin Grote hat Recht. Was Menschen aus ihrer Zeit selbst berichtet haben, ist zwar subjektiv, aber gerade darum ergänzt es umso so anschaulicher, was in den Geschichtsbüchern steht."

„Wie du redest", sagte Jasper und schnappte sich ein großes Stück Käsekuchen, „wie Grote".

Ria kannte Martin Grote. Christoph und er hatten lange in derselben Mannschaft Volleyball gespielt, und Martin war oft nach dem Training mit zu ihnen gekommen. Aber das war lange her. Martin war Junggeselle. Warum? Das konnte sie sich nie so richtig erklären. Er war nicht verschroben, sah passabel aus und hatte einen gesunden Menschenverstand. Seitdem sie geschieden waren, kam er nicht mehr, und sie hatte ihn vergessen, bis er vor zwei Jahren Jaspers Lehrer wurde. Seitdem hatten sie ein paarmal miteinander gesprochen.

Nachmittags rief Martin Grote Ria an und fiel mit der Tür ins Haus: „Jasper war sehr stolz, als er mir von dem Tagebuch erzählt hat. Wärst du einverstanden, dass ich es abschreibe und im Unterricht verwende?" Seine Stimme war belegt, er war entweder erkältet oder verlegen.

„Ich warne dich: es ist in feinstem Sütterlin geschrieben. Willst du das wirklich alles abtippen?" beugte Ria vor.

„Du vergisst, dass ich ein paar Jährchen älter bin als du. Wir haben die ersten Jahre in der Schule nur deutsche Schrift geschrieben. Du weißt doch: am deutschen Wesen … Entschuldigung".

Er nieste und schnäuzte sich. Sie hielt den Hörer von ihrem Ohr weg. Als er wieder bereit war, fragte sie: „Was hast du eigentlich genau vor mit den Aufzeichnungen meiner Großmutter."

Mit krächzender Stimme erklärte er: „In Frankfurt läuft seit vierzehn Tagen ein Prozess gegen einen mutmaßlichen Kriegsverbrecher. Die Verhandlungen werden sich über mehrere Monate hinziehen. Ich will versuchen, für einen der Prozesstage Plätze für meinen Kurs zu bekommen und dann sollen alle so gut wie möglich vorbereitet sein."

„Die Aufzeichnungen meiner Großmutter sind aber doch sehr persönlich, und manches ist wirklich banal. Für mich war es allerdings immer wieder wichtig, das alles zu lesen und in die Zeit von damals einzutauchen."

Sie zögerte einen Moment, dann sagte sie noch: „In erster Linie ging es mir darum, etwas über meinen Vater zu erfahren. Und einiges hat sie zum Glück über ihn aufgeschrieben."

Sie merkte, dass ihre Stimme dünner wurde. Martin Grote hustete, tat so, als ob er ihre plötzliche Beklemmung nicht bemerkte und sagte: „Genau darum geht es doch auch für die Schüler. Für manche ist der Zweite Weltkrieg genauso weit weg wie der Dreißigjährige Krieg. Alles, was helfen kann, die Stimmung, die Lage in den Dreißiger und Vierziger Jahren zu begreifen, ist wichtig. Persönliche Berichte erreichen die Schüler am ehesten. Wenn ich erzähle, wie ich als Zehnjähriger das Kriegsende in Berlin erlebt habe, wie ganze Straßenzüge in Flammen standen und brennende Menschen sich auf dem Boden wälzten und schrien, wird es immer ganz still in der Klasse. Lange Zeit konnte ich nicht darüber sprechen. Inzwischen fällt es mir nicht mehr schwer. Es ist so wichtig."

Ria räusperte sich: „Aus dem Tagebuch und aus den Erzählungen meiner Großmutter weiß ich, dass mein Vater Mitglied im Nationalsozialistischen Studentenbund war und später auch Parteimitglied. Mit Jasper habe ich darüber noch nie gesprochen."

Er schwieg einen Moment. „Das solltest du vielleicht tun. Übrigens, Jasper hört es ja nicht, aber er ist wirklich mein bester Schüler. Er ist in seinem Forscherdrang kaum zu bremsen. Ich muss ihm immer Extrafutter geben. Und er durchschaut vieles schneller und besser als die anderen. Gestern hat er im Anschluss an die Berichte von drei Schülern über ihre Zeitzeugen gesagt: Komisch. Eure Zeitzeugen waren alle Widerstandskämpfer und Hitlergegner. Wo sind eigentlich die Mitläufer geblieben, von den Tätern ganz zu schweigen? Er wird sich also nicht wundern über einen Mitläufer."

„Aber ausgerechnet sein Großvater? Ich weiß ja auch nicht mehr, als meine Großmutter damals aufgeschrieben hat, und daraus kann ich nicht entnehmen, wie sich mein Vater weiterentwickelt hat. Das wusste seine Mutter sicher auch nicht. Ich werde mit Jasper sprechen."

„Das wäre gut", sagte Martin, und Ria riet ihm: „Tu etwas gegen deine Erkältung, kauf dir japanisches Heilöl."

Nachdem sie aufgelegt hatte, ging sie in Jaspers Zimmer und brachte ihm Mumus Tagebuch.

„Gleich sagst du: pass gut drauf auf", meinte er und lachte.

„Ja, bitte, pass gut drauf auf, es ist das Wertvollste für mich aus dem Erbe meiner Großmutter. Deine Oma hat sie übrigens auch gut gekannt."

Jasper drehte sich weg und guckte auf die Bücher, die vor ihm auf dem Schreibtisch lagen. Er schwieg. Ria hatte eine Wunde berührt. Er war über den Tod seiner Großmutter noch nicht hinweg.

Vor einem halben Jahr war sie gestorben. Es war für Jasper die erste Erfahrung mit dem Tod. Als Ria es ihm sagen musste, war er hinausgestürzt in sein Zimmer und hatte sich eingeschlossen. Ria konnte es kaum ertragen, ihn so verzweifelt zu sehen. Sie dachte an ihre Trauer um Mumu und erzählte ihm später davon. Sie hatte den Eindruck, dass es ihm half. Trotzdem holte ihn in den folgenden Monaten die Trauer immer wieder ein. Dann sprach er kaum, schnappte sein Fahrrad so wie vorher, wenn er zu ihr fuhr, und kam erst Stunden später wieder nach Hause. In seinen Augen sah Ria, wie dankbar er war, dass sie keine Fragen stellte.

Bestimmt will er jetzt nichts von einem Großvater hören, den er gar nicht gekannt hat, und der vielleicht mehr als ein Mitläufer war, dachte Ria. Sie schob ihre düsteren Ahnungen zur Seite, legte das Tagebuch stumm auf Jaspers Tisch und ging wieder an ihre Arbeit.

„Jetzt wird's richtig spannend", sagte Jasper, als er eine Woche nach Rias Telefonat mit Martin Grote mittags nach Hause kam. Er hatte seinen Parka noch an und legte eine Zeitungsseite auf den Tisch, die sein Lehrer für alle kopiert hatte. Noch im Stehen tippte er mit dem Zeigefinger auf den Text, die Worte sprudelten nur so aus ihm heraus:

„Stell dir vor, wir fahren schon nächste Woche nach Frankfurt, Grote hat Plätze für einen wichtigen Verhandlungstag bekommen, womöglich dem wichtigsten in dem ganzen Verfahren, meint er. Ein Zeuge hat sich gemeldet. 71 ist der schon, ehemaliger Offizier der deutschen Wehrmacht, lebt seit 1944 mit falschem Namen in Frankreich, aber er will kommen und aussagen. In dem Artikel steht, dass er seine wahre Identität preisgeben würde. *Was kann mir noch passieren nach vierzig Jahren, außerdem bin ich ja offiziell tot bei euch in Deutschland, soll er gesagt haben. Musst du unbedingt lesen!"*

Jasper schob das Blatt neben ihren Teller.

„Zieh dich erst mal aus", sagte Ria mechanisch.

Plötzlich sah sie alles nur noch verschwommen.

„Dieser Zeuge", Jasper war im Nu wieder da, „hat den Angeklagten auf einem Foto erkannt. Grote glaubt, dass seine Aussage zu einem wesentlichen Fortschritt in dem Prozess führen wird. Ich bin schon so gespannt."

Er hielt inne: „Was ist los Mama, du bist ja kreideweiß."

„Ich lege mich einen Moment hin", konnte sie gerade noch sagen. Sie hätte Jasper ihren Zustand gern erspart, denn sie wusste, wie hilflos ihre Schwäche ihn machte. Erschrocken nahm er ihren Arm. Sie gingen rüber in ihr Zimmer, Ria setzte sich aufs Sofa.

„Mach dir keine Gedanken, es wird gleich wieder besser. Das Essen ist noch warm. Lass mich eine halbe Stunde allein."

Zögernd ging er raus uns schloss leise die Tür.

Ihre Gedanken jagten sich. Dieser Zeuge aus Frankreich!

Sie stand wieder auf, zog die unterste Schublade ihres Schreibtisches auf und nahm Erics Brief heraus. Als sie zu lesen begann, merkte sie, dass sie den Brief auch nach zwanzig Jahren noch auswendig konnte.

Eric Favre. Plötzlich war sein Bild wieder da. Sie sah ihn vor sich, so wie sie ihn bei ihrer ersten Begegnung an Mumus Grab gesehen hatte: Sein fragender Blick, seine halblangen weißen Haare, seine Augen. Loquimar. Seine Einladung, ihre Reise, seine Terrasse, der Strand, sein Laden, ihre Gespräche abends beim Essen.

Die Erinnerungen überfielen sie mit ganzer Macht.

Eric Favre.

Wenn er nun der Zeuge war?

Es wurde Zeit, sie musste mit Jasper über Eric Favre und ihre frühere Erkrankung sprechen.

Erschöpft legte sie sich auf das Sofa und zog die Wolldecke bis unters Kinn.

Von Jaspers leisem Klopfen wurde sie wach. „Mama?" Er steckte den Kopf zur Tür rein. Es roch nach Kaffee. „Den brauchst du jetzt bestimmt", er stellte ihr einen Becher auf den kleinen Glastisch vor der Couch.

Sie richtete sich auf, wickelte sich die Decke um die Beine, lehnte sich an die Wand und sagte: „Danke, hol dir auch einen Kaffee." Er kam zurück und setzte sich an ihren Schreibtisch. Schweigend tranken sie, dann holte Ria tief Luft und sagte: „Ich muss dir etwas erzählen!"

Am nächsten Abend stand Martin Grote vor der Tür. Er hatte seine Jacke nicht zugeknöpft. „Kein Wunder, dass du erkältet bist“, begrüßte Ria ihn, um seine und ihre Verlegenheit zu überspielen, schließlich war er seit Jahren nicht mehr bei ihnen gewesen. An seinen eindringlichen Blicken sah sie, dass er etwas Wichtiges mitzuteilen hatte.

Sie bat ihn rein und holte zwei Gläser und eine Flasche Nero d'Avola aus dem Schrank.

„Warum hast du nicht angerufen. Jetzt müssen wir warten, bis er trinkbar ist!“ sagte sie und deutete auf die Flasche.

Martin räusperte sich: „Jasper hat dir bestimmt von dem Zeugen aus Frankreich erzählt. Ich habe seinen Namen erfahren, er heißt Eric Favre. Er wohnt in einem kleinen Ort in der Bretagne“, er kramte einen Zettel aus der Hosentasche, „Loquimar heißt das Dorf. Ich dachte, du solltest das gleich wissen.“

Umständlich entkorkte sie die Flasche, stellte sie auf den Tisch und ließ sich in den Sessel fallen. Mit beiden Händen umklammerte sie die Lehnen.

Eric Favre. Loquimar. Ihre Ahnung hatte nicht getrogen.

Immer deutlicher waren ihre Erinnerungen geworden, nachdem sie mit Jasper gesprochen hatte. Sie begann zu zittern.

Eric Favre lebte, er würde nach Deutschland kommen. Er kannte den Angeklagten. Würde eine Aussage machen. Seine Schweizer Geschichte stimmte nicht. Er war in Wirklichkeit Jean Kerko, anders konnte es nicht sein. Er war ihr Vater.

Sie spürte weder Freude, noch Wut oder Empörung, sie spürte gar nichts, als wäre ihr Inneres durch eine riesige Betäubungsspritze empfindungslos geworden.

Aber ihr Kopf arbeitete ununterbrochen.

„Ich habe vor zwanzig Jahren einen Mann in der Bretagne besucht, der behauptete, er sei ein Freund meines Vaters. Er hieß Eric Favre", sagte sie schließlich. Sie hörte ihre eigene Stimme von weit her: „Und er wohnte in Loquimar."

Martin übernahm das Einschenken. Als er den ersten Schluck genommen hatte, schüttelte er den Kopf: „Ich kenne diese Geschichte, Christoph hat sie mir anvertraut, als er ziemlich verzweifelt darüber war, dass du über die Sache mit deinem Vater nicht hinwegkommst. Er konnte das nicht verstehen und sagte: ich bin doch auch ohne Vater aufgewachsen und habe nicht solche Probleme. Ich wusste damals auch nicht so richtig, was ich dazu sagen sollte."

Ria wurde noch blasser. Mit wie vielen Christoph wohl noch über ihre Leidensgeschichte gesprochen hatte.

Martin wollte sie aufmuntern: „Ohne Näheres zu wissen: es könnte doch auch eine Namensgleichheit sein. Favre ist ein gängiger Name."

„In der Schweiz, ja. In Frankreich weniger."

Ria erinnerte sich an jede Einzelheit: Erics Tonfall, sein fließendes Deutsch, sein ‚Gell, Ria'; sie hatte sie es wieder im Ohr, obwohl das alles so lange zugeschüttet gewesen war.

„Schon merkwürdig, wenn das alles nur Zufall wäre", sagte Martin, auch er war nachdenklich geworden.

Ria schwieg und trank mit großen Schlucken ihren Wein. Das Unwahrscheinliche war eingetreten. Umsonst, dass sie in all den Jahren versucht hatte, sich abzulenken, wenn sie spürte, dass die Gedanken an ihren Vater wieder Besitz von ihr ergreifen wollten. In den ersten Jahren nach ihrer Trennung war das oft geschehen, wenn sie mitbekam, dass Jasper anderen Kindern etwas von seinem wunderbaren Vater erzählte. Dann würgte es sie und sie war wütend auf Christoph, aber auch auf sich selbst: Hätten sie es nicht seinetwegen schaffen müssen, zusammen zu bleiben?

Sie hörten die Wohnungstür und Jaspers: „Hallo, bin wieder da." Er kam vom Basketballtraining.

Ria holte ihn ins Wohnzimmer. Verwirrt guckte er seinen Lehrer und seine Mutter an, nahm die Mütze ab und schüttelte seine Haare, die noch nass waren vom Duschen. Er gab Martin die Hand und fragte: „Was ist los? Hab ich was ausgefressen?"

Ria sagte ihm das Notwendige.

Jasper sah ungläubig von einem zum anderen, man konnte ihm ansehen, wie er versuchte, seine Gedanken zu ordnen, dann ging ein Leuchten über sein Gesicht.

„Das ist ja toll! Fantastisch ist das! Und dann sitzt Ihr hier, als ob jemand gestorben wäre??"

Er ließ sich aufs Sofa fallen.

„Dann habe ich ja doch noch einen Großvater!?"

„Langsam", mahnte Martin, „noch haben wir keine Gewissheit."

„Wir fahren übermorgen"; sagte Martin zu Ria, „im Bus ist noch Platz, fahr doch mit uns mit!"

Rias Kompass, der seit ewigen Zeiten auf Suche und Sehnsucht eingestellt gewesen war, fiel aus. Nichts stimmte mehr. Sie war orientierungslos geworden.

„Ich weiß noch nicht, ob ich mitfahre." Erst allmählich kam sie wieder zu sich. Ihr wurde klar, dass Jasper jetzt wissen müsste, wovor sie Angst hatte, und Martin sollte es auch hören.

„Ich musste mich immer davor hüten, von einer Welle überrollt zu werden, die Christoph früher meine Krankheit nannte. Ich habe als Kind und auch später noch oft in Tagträumen gelebt und mich in ein Leben mit meinem Vater versenkt. Er war in meiner Phantasie immer gut zu mir und hat mich gerettet, wenn es mir schlecht ging. Davon bin ich vielleicht nie richtig geheilt worden. Eine Lichtgestalt war mein Vater, er wurde ja auch gar nicht älter. Immer habe ich mich nach ihm gesehnt. Meine Phantasie uferte aus. Ich konnte sie nicht beherrschen."

Jasper wickelte sein Tuch ab. Seine Wangen waren gerötet, die Beichte seiner Mutter verwirrte ihn, vielleicht auch, weil es ihm mit seinem Vater manchmal ähnlich ergangen war. Er wollte mehr wissen: „Und wie war das, nachdem du dem Favre begegnest warst?"

„Es ging mir schlecht. Ich hatte Typhus, war todkrank und völlig durcheinander! An die Wochen nach meiner Rückkehr kann ich mich kaum erinnern. Die Erinnerung an die Zeit in der Bretagne war zuerst völlig verschüttet. Nach meiner Therapie vor zehn Jahren habe ich mich wieder an Eric Favre erinnert, wurde aber innerlich ruhiger und brachte ihn nicht mehr mit meinem Vater in Verbindung. Aber vielleicht hatte ich doch Recht mit meinen Ahnungen. Wenn ich jetzt von Eric spreche, spüre ich wieder, wie wohl ich mich in seiner Nähe gefühlt habe."

Sie schwieg lange, auch Jasper und Martin Grote sagten kein Wort. „Ich habe nie wieder etwas von Eric Favre gehört. Das ist doch ein Zeichen dafür, dass er etwas zu verbergen hatte."

„Dass du nie versucht hast, rauszukriegen, ob er nun dein Vater ist oder nicht, das versteh ich nicht. Das wäre doch machbar gewesen!"

Ria zuckte die Schultern.

Sie hatte Angst davor, Eric Favre noch einmal gegenüber zu treten. Sie fürchtete sich vor dem Augenblick, in dem er sagen würde: Ja, ich bin dein Vater. Diesmal musste sie Klarheit haben. Sie wollte nicht wieder davonlaufen.

„Ich fahre mit nach Frankfurt, aber ich fahre allein", sagte sie schließlich.

Die Kraniche waren in einem Luftwirbel gefangen. Mit schrillen Schreien kämpften sie gegen den unsichtbaren Angriff auf ihre Ordnung. Ria stand auf dem Bahnsteig und beobachtete, wie sie mit den Flügeln schlugen, bis sie sich aus dem Sog befreien konnten. Der Pulk löste sich auf, sie hatten ihre Formation gefunden. In einer langen Reihe zogen sie weiter. Letzte Empörung in ihren Rufen. Ria schaute ihnen nach. Sie beschworen den späten Herbst, Nebel, Nässe, die ersten Glatteisopfer. Die Grippewelle rollte an.

„Diese weite Fahrt", hatte Jasper gesagt, „nimm den Zug." Mehr und mehr übernimmt er die Rolle eines Partners, dachte Ria. Ich muss aufpassen; ich darf ihm nicht zu viel aufbürden.

Sie wäre lieber mit dem Auto gefahren; hinter dem Steuer fühlte sie sich jung und frei. Aber um diese Jahreszeit? Und mit diesem Ziel?

Sie wollte Jasper nicht noch mehr beunruhigen.

Neben ihr auf dem Bahnsteig wartete ein junger Vater mit seiner Tochter. Vier mochte sie sein. Der Vater bückte sich und band ihre bunte Mütze fest, dann gab er ihr einen Kuss, nahm sie bei den Händen und sang ein Lied, zu dem sie beide tanzten: vor, zurück, zur Seite, dann wirbelte er das Kind an einer Hand herum. Das Lachen des Mädchens klang wie das dünne Meckern eines Zickleins und wollte gar nicht wieder aufhören.

So lange war alles gut gegangen.

In den letzten Tagen aber war Ria wieder in einen Zustand geraten, in dem sie nur noch Väter und Töchter um sich herum wahrnahm.

Der Zug wurde angesagt. Der Vater ließ seine kleine Tochter noch einmal mit gestreckten Armen fliegen. Sie spielten Kettenkarussell.

Seine großen Hände hielten das Kind fest und sicher. Das meckernde Lachen des Mädchens hatte den Wartenden ein Lächeln ins Gesicht gezaubert.

‚Hätten wir beide das nicht sein können, Vater, gleich nach dem Krieg, als so viele Väter zurückkamen? Da war ich vier.‘

Ihre Gedanken kreisten nur noch um ihn. Alles, was sie tief in ihrem Inneren verborgen hatte, tauchte wieder auf. Wie früher als kleines Mädchen fing sie an, in Gedanken mit ihm zu reden.

‚Wir hätten hier auf dem Bahnsteig gestanden, weil wir zu Mumu fahren wollten‘.

Der Bahnsteig ist schwarz von Menschen. Du hast mich durch die Menge bis nach vorn geschoben. Voller Stolz trage ich meinen dunkelblauen Mantel mit dem weißen Kragen. Von weitem sehen wir die graue Wolke aus der Lokomotive steigen. Du legst von hinten beide Arme um mich, hältst mich fest. Mit leichtem Schauder warte ich auf den heranschnaufenden Zug, aber in deinen Armen bin ich sicher. Mit lang gezogenem Quietschen kommt der Zug zum Stehen. Ich halte mir die Ohren zu. Alle stürmen auf die Türen zu, wir haben keine Chance, werden abgedrängt, dann eine kleine Lücke, du hilfst mir, die hohen Stufen zu erklimmen. Wir schaffen es bis auf die Plattform, dort geht es nicht weiter. Vor mir, in der Tür, die in den Waggon führt, sehe ich nur Hosenbeine. Ich habe Angst. Der Zug ruckt an. Gehen Sie doch weiter, höre ich dich sagen. Nicht möglich, kommt eine dumpfe Antwort aus der Tür. Wir müssen draußen stehen bleiben. Ich drehe mich um und presse mein Gesicht in deinen kratzigen Mantel. Du umschlingst mich noch fester. Trotzdem rüttelt sich die Kälte in meine Haut, also ob ich gar nichts anhätte. Nach einer Ewigkeit hält der Zug wieder. Die vielen Beine in der Tür bewegen sich. Erst Sie mit dem Kind, höre ich die Stimme von vorhin. Dann endlich tauchen wir in die Wärme eines Abteils ein. Die Menschen rücken auf den Holzbänken zusammen. Du faltest dein riesiges kariertes Taschentuch auseinander, spuckst einmal drauf und wischt mir Gesicht und Hände ab. Ich wehre mich ein bisschen. Halt still, sagst du, was soll Mumu sonst denken.

Der Zug rollte ein. Ria suchte einen Platz im Großraumwagen.

Vater und Kind stiegen in denselben Waggon und setzten sich an einen Tisch. Er half ihr beim Ausziehen, dann holte er ein Spiel aus dem Rucksack. Das Mädchen schüttelte die braunen Zöpfe, einer hatte sich gelöst. Sie kroch auf dem Boden herum, hob die Zopfspange auf und gab sie ihrem Vater. Der klemmte die Spange zwischen die Lippen, flocht den Zopf neu und befestigte die Spange. Die Kleine prüfte sein Werk mit der Hand, kniete sich zufrieden auf den Sitz und sah ihren Vater erwartungsvoll an. Er zeigte auf das bunte Brett auf dem Tisch, beide schlüpften in das schützende Zelt ihrer Zweisamkeit und begannen zu spielen.

‚Hätten wir das nicht sein können, Vater?'

Ria rief sich zur Ordnung. Angestrengt guckte sie aus dem Fenster und dachte an ihre erste Reise zu Mumu. Damals schon hatte sie darauf bestanden, allein zu reisen. In der verschmutzten Scheibe sah sie sich lächeln.

Bei ihren beiden Mitreisenden war es still geworden. Das Mädchen war eingeschlafen. Der Vater legte ein kleines Kissen auf seinen Schoß und bettete den Kopf des Kindes darauf. Geschickt griff er um das schlafende Bündel herum, packte mehrere Mappen aus und begann zu arbeiten.

Die gebieterische Trillerpfeife schrillte in Rias Ohren, die Türen klackten, der Zug ruckte wieder an. Sie hatte nicht einmal bemerkt, dass sie angehalten hatten.

Auch das Kind war aufgewacht. Es quengelte.

Der Vater gab seiner Tochter die Schuhe, packte seine Sachen ein, kam zu Ria und bat sie, ein Auge auf das Gepäck zu haben. Sie wollten in den Speisewagen gehen. Das Mädchen hüpfte vor Freude, ohne die Hand des Vaters loszulassen.

‚Hättest du mich doch nur einmal so an die Hand genommen, Vater!'

Würde sie ihm so etwas sagen können, oder könnte sie ihm sagen: ‚Weißt du eigentlich, was du uns angetan hast mit deinem Verschwinden? Hast du eigentlich nie wieder an uns gedacht?'

Wie würde ihre erste Begegnung sein, der erste Blickkontakt, das erste Gespräch?

Zum hundertsten Mal machte sie sich klar, dass sie Eric gegenüberstehen würde und nicht dem Bild, das sie von ihrem Vater hatte. Von ihrem Vater, dem Phantom.

Wie sollte es ihr gelingen, Erics Person mit diesem Bild in Übereinstimmung zu bringen?

Und war Eric wirklich ihr Vater? Zwei Tage lang war sie so sicher gewesen. Jetzt überfielen sie die Zweifel wieder wie eine Horde wilder Gesellen. Ihr wurde heiß. Sie hätte gern ein Fenster aufgerissen.

Kurz vor Frankfurt kamen Vater und Tochter wieder.

„Ich durfte eine Cola!", sagte das Mädchen stolz. Als Ria ausstieg, winkte das Mädchen ihr nach.

Der Prozess fand in dem größten Saal des Gerichtsgebäudes aus dem 19. Jahrhundert statt, das Interesse der Öffentlichkeit war groß.

Rias Blick glitt an den getäfelten Wänden entlang, in einer der Rosetten aus buntem Bleiglas in den hohen Fenstern erkannte sie Justitia.

„Wie in der Kirche", hörte sie einen aus Jaspers Gruppe sagen. Die Schüler saßen auf der anderen Seite des Mittelganges. Ria sah zu Jasper hinüber: Hätte sie sich nicht doch neben ihn setzen sollen? War es egoistisch, dass sie Abstand haben wollte und sich lieber einen Platz auf der anderen Seite am Gang gesucht hatte? Sie wollte schnell rausgehen können, wenn sie es nicht aushielte. Der Stuhl neben ihr blieb frei, dafür war sie dankbar, sie hatte ohnehin das Gefühl, nicht genug Luft und Raum zu haben.

Das Gemurmel verstummte.

Ria hätte ihn sofort wieder erkannt. Seine Haare waren noch eine Spur weißer, und viel dünner waren sie geworden. Er ging gebückt. Seine Wangen waren eingefallen, ein gelblicher Schatten lag auf seinem Gesicht, und die blauen Nasenfalten ließen ahnen, dass er krank war. Er warf einen kurzen Blick in den Zuschauerraum, dann setzte er sich mit dem Rücken zum Publikum auf den Platz, den man ihm zuwies. Dem Angeklagten und dessen Anwalt konnte er direkt ins Gesicht sehen.

Aus den Zeitungsberichten war bekannt, dass auch der Angeklagte seit dem Krieg einen falschen Namen führte. Aber er war im Gegensatz zu Eric Favre ganz in der Nähe von Geinsburg geblieben und hatte einen Autohandel aufgebaut, mit dem er schon sehr bald viel Geld verdiente.

„Die alten Seilschaften haben offensichtlich lange gehalten!" soll der Staatsanwalt ihm vorgeworfen haben. „Welche Seilschaften?" hatte der Angeklagte gefragt, der seine falsche Identität hartnäckig verteidigte. Er saß seitlich zum Publikum und wandte sich seinem Anwalt zu, mit dem er unentwegt redete, um sich mit seiner eigenen Schulter vor den Blicken des Publikums zu schützen. Er schien sehr groß zu sein. Ab und zu strich er über seine grauen Stoppelhaare oder kämmte seinen Vollbart mit den Fingern seiner rechten Hand. In der Zeitung war ein früheres Foto von ihm ohne Bart abgebildet gewesen, auf dem der Zeuge ihn erkannt hatte.

Eric Favre wurde in den Zeugenstand gebeten. Rias Hände waren eiskalt.

„Laut Personaldokument heißen Sie Eric Favre, inzwischen französischer Staatsbürger, 1913 in Zuoz geboren und seit 1944 wohnhaft in Frankreich. Nun haben Sie über Ihren Anwalt angegeben, hier Ihre wahre Identität preisgeben zu wollen. Ich mache Sie darauf aufmerksam, dass Sie nichts aussagen müssen, was Sie selbst belasten könnte."

Eric nickte dem Richter zu und sagte mit fester Stimme:

„Ich bin am 13. Oktober 1913 als Jean Kerko, Sohn von Jakob und Katharina Kerko, in Geinsburg geboren."

Ria klammerte sich an ihren Stuhl. Plötzlich spürte sie, dass Jasper sich neben sie schob. Er nahm ihre Hand.

„Wir sind dabei, Ihre Angaben zu überprüfen. Sie kennen den Angeklagten?"

„Das ist Harry Schröter, ich bin mit ihm zur Schule gegangen."

Der Angeklagte stierte auf die Tischplatte, hielt sich an seinem Bart fest und schüttelte immer wieder Kopf, während Jean Kerko sprach. Dessen Stimme wurde nach den ersten Sätzen fester. Von ihren gemeinsamen Schuljahren erzählte er, von der Zeit beim Studentenbund und wie Harry ihn im Krieg für kurze Zeit in die Lagerverwaltung geholt hatte. Er schildert die Zustände im Lager und die besonderen Praktiken, die Häftlinge zu quälen. Sich selbst schonte er nicht.

Ria war froh, dass Jasper so dicht neben ihr saß, dass sie ihn nicht angucken konnte. Sie pressten ihre Hände fest ineinander.

Am Ende seiner Aussage wurde Eric Favre gebeten, sich weiter zur Verfügung zu halten. Er nickte und wurde hinausgeleitet. Ria stand auch auf.

„Bleib hier", raunte sie Jasper zu. Ihre Beine zitterten. Jasper sah ihr nach, seine besorgten Blicke begleiteten sie bis zur Tür.

Auf dem Flur, der Ria unendlich lang schien, kam Eric langsam auf sie zu. Nach ein paar Schritten blieb er stehen. Noch war eine Distanz von mehreren Metern zwischen ihnen.

„Ria?"

Sie nickte. Er ging nicht weiter, sein Körper wurde geschüttelt, als ob er lautlos weinte. Durch eine hohe Kuppel aus Milchglas fiel weißliches Licht auf den Flur. Ria ließ sich auf eine der braunen Bänke an den Wänden gegenüber dem Treppengeländer fallen.

Eric schien sich langsam zu beruhigen. Eric? Ja, für sie war es Eric. ‚Mein Vater' – das konnte sie in diesem Augenblick nicht einmal denken.

Er lehnte sich an das Treppengeländer.

„Ich hatte so sehr gehofft, dass du von dem Prozess erfahren und kommen würdest."

Aus dem Gerichtssaal hörte man Stühle rücken und Gemurmel, die Türen wurden geöffnet, die vielen Menschen drängten hinaus. Ria wandte sich um, guckte auf die breite Flügeltür und wartete. Die schlechte Luft, die mit den Zuschauern aus dem Saal strömte, verursachte ihr Übelkeit. Aus den Augenwinkeln sah sie, dass Eric immer noch an dem Treppengeländer stand. Endlich kam auch Jasper raus, löste sich mit leiser Gewalt aus dem Strom und kam auf sie zu. Fragend guckte er seine Mutter an und sah im selben Moment hinüber zu dem Mann am Geländer. Die Menge verlief sich schnell, Ria stand auf, fasste Jasper am Arm, schob ihn auf Eric zu und sagte: „Das ist Jasper, dein Enkelsohn!"

Schweigend verließen sie das Gerichtsgebäude und gingen in eine Konditorei auf der anderen Straßenseite. Jasper und Eric tauschten vorsichtige Blicke. Eric hatte rote Augen und sagte: „Kaffee und Kuchen, das gibt es in Frankreich nicht!" Ria forderte Jasper und ihn auf, sich am Büffet den Kuchen auszusuchen, sie selbst hätte unmöglich etwas essen können. „Schwarzwälder Kirsch", sagte Eric, als er zurückkam, „dass es die noch gibt!" Der Kaffee wurde gebracht und sie hielten sich schweigend an ihren Tassen fest, bis Jasper zu Eric sagte: „Mama sagt Eric zu dir, das ist doch irgendwie verrückt! Wie soll ich dich eigentlich anreden? "

„Ich habe ihn als Eric kennen gelernt, und", Ria sah ihr Gegenüber an, „für mich bist du es immer noch: Alles andere verwirrt mich nur noch mehr."

Zum ersten Mal lächelte Eric.

„Lass es dabei", er wirkte wie erlöst, „bis uns etwas Besseres einfällt. Und du", er wandte sich Jasper zu, „kannst auch Eric zu mir sagen. Oder vielleicht Großvater? ..."

Jasper sah ihm offen ins Gesicht, dann hob er ein wenig die Schultern und sagte: „Ich weiß es doch auch nicht!" und beugte sich über seinen Kuchen.

Jasper musste zum Bus, seine Gruppe fuhr zurück nach Hause. Es tat Ria weh, ihn nach diesen aufwühlenden Stunden allein zu lassen. Martin würde sich um ihn kümmern, das hatte er fest versprochen.

Sie blieb in Frankfurt und nahm ein Zimmer im selben Hotel wie Eric, obwohl sie einen Moment gezögert hatte. Sollte sie nicht woanders übernachten, musste sie nicht viel mehr Distanz halten? Sie konnte keinen klaren Gedanken fassen. Abends trafen sie sich zum Essen.

Es war kühl in dem Restaurant. Sie waren die einzigen Gäste. Alle Tische waren mit viel Aufwand eingedeckt. Die makellosen Servietten standen aufrecht wie bleiche Wächter. Die Dunkelheit hinter den großen Glasscheiben unterstrich die Leere des Raumes. Ab und zu huschten die Lichter eines Autos draußen vorbei.

Eilfertig kam der Ober mit zwei riesigen Speisekarten und der Weinkarte. Eric schob sie zu Ria und bestellte Wasser. „Ich darf keinen Alkohol mehr trinken", sagte er, „aber du, such dir einen guten Wein aus."

Sie dachte an den Champagner und die Weine, die sie bei ihm zum ersten Mal getrunken hatte. „Schade", sagte sie, „weißt du überhaupt, dass du mir das Weintrinken beigebracht hast?" Er lächelte und sah sie an so wie damals auf seiner Terrasse in Loquimar.

„Wenigstens etwas, was ich für dich tun konnte. Das sollte ein Vater doch auch tun, seiner Tochter beibringen, wie man Wein trinkt. Aber mach's nicht wie ich. Übertreib es nicht." Sie schwiegen. Ria rief sich in Erinnerung, dass er jeden Abend bei Charles in der Bar verschwunden war, nachdem er sie bis zu ihrer Pension begleitet hatte. In dem kalten Licht des Lokals war sein Gesicht noch fahler. ‚Ein Vater ...' hatte er gesagt und nicht: ‚dein Vater'.

Solange sie sich nach ihm gesehnt hatte, war alles klar gewesen. Es hatte eine Ordnung für sie gegeben, ein Recht auf Trauer, manchmal war es Wut, aber vor allem war es Hoffnung gewesen, die ewig bange Hoffnung. Das alles war plötzlich weg. Plötzlich saß er da, ihr Vater. Aber es war nicht der Vater ihrer Tagträume. Es war Eric. Eric Favre, in den sie sich beinah verliebt hätte.

Zögernd begann sie von ihrem Leben zu erzählen, nachdem sie vor ihm aus Frankreich geflohen war.

Er hörte zu, ohne sich zu rühren. Seine rechte Hand hielt die hölzerne Armlehne des Sessels umklammert, die Linke lag krank in seinem Schoß, er machte sich nicht mehr die Mühe, sie zu verbergen. Nach einer Weile bewegte er sich leicht nach vorn und wieder zurück, vor, zurück. Wie ein schaukelndes Kind. „Ich habe eine Tochter. Und seit heute habe ich einen Enkelsohn. Ich verdiene das nicht."

Ria guckte auf die dicken blauen Adern auf seinem Handrücken. Und sie sah in sein Gesicht, das wieder Farbe bekommen hatte, sah die tausend Falten, die buschigen weißen Brauen und seine braunen Augen, das linke geringfügig kleiner als das rechte.

Sie wusste nicht, ob er überhaupt zugehört hatte. Er schien gefangen in seinen Gedanken an den Prozess, an Harry Schröter, an die Begegnung mit seiner Vergangenheit.

„In meinem Leben hat es alles gegeben, Verwerfliches und Gutes. Ich habe mich an Schweinereien beteiligt, die ich zutiefst bereue. Ich bin für den Tod von Ruben Spiro verantwortlich; verurteilt werden kann ich deswegen nicht mehr, sagt mein Anwalt, weil es kein Mord war, sondern Totschlag. Und der ist verjährt. Das befreit mich nicht von meiner Schuld, ich weiß. Aber Verbrechen in großem Ausmaß wie Harry Schröter habe ich nie begangen."

Nun war Ria diejenige, die nichts zu sagen wusste.

Sie bemühten sich beide, aber sie blieben sich fremd an diesem Tisch mit dem gestärkten Tafeltuch, auf dem das Abendessen Spuren hinterlassen hatte. Der Kellner lehnte gelangweilt am Tresen und beobachtete sie. Das Sprechen fiel Eric schwer. Immer mal wieder geriet er ins Französische. Ria verstand ihn nicht.

„Mein Französisch ist nicht besser geworden", sagte sie. „Ich wollte seit meinem Besuch bei dir mit dieser Sprache nichts mehr zu tun haben".

Wieder ging er nicht auf ihre Worte ein.

„Vieles, wenn nicht das meiste überhaupt aus den Jahren vor dem Krieg und vom Krieg selbst habe ich vergessen. Aber diese Aussage vor Gericht wollte ich unbedingt machen. Ich wusste, dass er es ist, als ich sein Bild in unserer Heimatzeitung sah. Es konnte nur Harry sein. Und endlich bin ich so weit, ich will mich stellen. Wenigstens vor mir selbst und vor allem vor dir will ich die Tatsachen nicht länger verdrehen. Als du damals abgereist bist, ohne dass ich dir die Wahrheit gesagt hatte, wollte ich mich umbringen. Schon zum zweiten Mal in meinem Leben. Aber ich war wieder zu feige.

So wie damals im Lager. Ich war nur kurz dort, war von Harry in die Verwaltung geholt worden. Er brauchte einen, auf den er sich verlassen konnte. Davon gab es nicht so viele. Ich hatte keine Ahnung, was in dem Lager los war. Das wirst du mir bestimmt nicht glauben, aber es war so. Ich hatte bis dahin keine Ahnung!"

Er wollte noch mehr sagen, aber das Reden erschöpfte ihn. Sie schwiegen lange.

„Einen Enkel", sagte er nur noch: „Ich habe einen Enkelsohn." Er schüttelte den Kopf, als könne er seinen eigenen Worten nicht glauben.

Und dann gelang es Ria doch noch, die Mauer niederzureißen, die zwischen ihnen war. Sie holte sein Kinderbild aus der Handtasche. Scheu nahm er es mit seiner gesunden Hand, tastete mit dem Daumen den alten Rahmen ab, hielt das dicke Glas dicht vor die Augen, schüttelte wieder den Kopf und stellte die Fotografie vorsichtig auf den Tisch. Und dann schossen ihm die Tränen waagerecht aus den Augen.

Während Ria ihn in seine Vergangenheit eintauchen sah, passierte es ihr fast gleichzeitig. Ihre Tränen schienen in der Luft zusammen zu stoßen und gemeinsam abzustürzen, hinunter auf die weiße Tischdecke, auf die Rotweinflecken und die Brotkrümel.

„Ich weiß ja schon lange, dass du das geerbt hast, seit Mutters Beerdigung weiß ich es, als ich dich zum ersten Mal gesehen habe", brachte er kaum heraus, und sie lachten und weinten. Er wedelte mit seiner großen Serviette über den Tisch, durch die Luft und über seine Augen, als wollte er alles Ungeklärte und allen Kummer für immer wegwischen.

Späte Gäste, die sich schließlich doch noch eingefunden hatten, schauten neugierig zu ihnen rüber.

„Harry Schröter", sagte er, „ich hatte ihn vergessen, aber jetzt ist alles wieder da. „Wie konnte ich dem so verfallen? Nichts als Kummer habe ich durch ihn gehabt. Mein Leben ist verpfuscht – seinetwegen. Trotzdem habe ich ihn bewundert. Ich war so jung. Ich verlange nicht, dass du mich verstehst."

Dann versank er wieder in seinen Gedanken.

„Ich habe einen großen Wunsch", sagte er schließlich. „Ich möchte mit dir nach Geinsburg fahren. Dorthin, wo alles angefangen hat. Laut Plan werde ich hier erst in drei Tagen wieder gebraucht. Keine Angst, ich will euch nicht zur Last fallen. Ich werde im Hotel wohnen."

Ria widersprach nicht. Sie hatten zwar Platz genug – aber er bei ihnen als Hausgast? Jasper würde sich vielleicht freuen, dachte sie. Aber sie selbst? Nein, das konnte sie sich nicht vorstellen. So weit war sie noch lange nicht.

Er bekam einen Hustenanfall. Forschend sah sie ihn an.

„Mach dir keine Gedanken. Ich bin nicht mehr gesund, aber das hier ist so wichtig für mich, fast denke ich, wenn ich das alles hinter mir habe, werde ich gesund sein."

Sie stellte keine Fragen, auch über ihren Besuch bei ihm in Loquimar sprachen sie nicht mehr.

Später am Abend rief sie von ihrem Hotelzimmer aus Jasper an und erzählte ihm von Erics Wunsch. „Du bringst ihn mit!?" Jasper war begeistert.

Mit lang gezogenem Quietschen hielt der Zug in Geinsburg. Ria stolperte in der Unterführung über eine hoch stehende Fliese.

„Der Bahnhof ist noch genauso schäbig wie früher", stellte ihr Vater fest. Wenigstens denken konnte sie es jetzt: mein Vater. Mit ‚Vater' anreden jedoch konnte sie ihn nicht. Auf dem Bahnhofsvorplatz ging sein erster Blick hinauf zu den Hügeln, die die Häuser unten in den Straßen zusammendrängten.

„Davor bin ich auch geflohen, vor dieser Enge, damals nach der Beerdigung", sagte er. „Ich hatte mich zu sehr an die Weite des Meeres gewöhnt."

Auf der Brücke über den Fluss blieben sie stehen und schauten hinunter. Da unten am Ufer auf einer Bank hatte Christoph sie zum ersten Mal geküsst. Er hatte sie in einem Augenblick gerettet, als die Welt um sie herum versinken wollte – oder sie in ihr, vielleicht war es eher so. Auch ihr Vater war ganz still. Woran erinnerte er sich?

Die Novembersonne aktivierte ihre letzte Kraft. Vor einem Café standen noch die Stühle.

„Setzen wir uns einen Moment", sagte er. Sie bestellten zwei Kännchen Kaffee und sprachen kaum.

„Das hätten wir bei mir zu Hause gemütlicher haben können", sagte Ria. Er schüttelte leicht den Kopf: „Später vielleicht. Ich muss zuerst die alten Wege gehen. Begleitest du mich?"

Auf dem Weg zu seinem Hotel kamen sie an der großen Kirche vorbei. Ria erzählte ihm von ihrem Tagtraum, der in dieser Kirche stets auf sie gelauert hatte. Der Traum von ihrem Vater als dem Helden. Ihm kamen die Tränen. Sie musste aufpassen. Dauernd kamen ihm die Tränen. Und wenn er weinen musste, schnürte es auch ihr die Kehle zu.

Kraniche zogen mit lauten Rufen über sie hinweg.

Sie stellten ihre beiden Reisetaschen in seinem Hotel gegenüber der Kirche ab und gingen seinen Weg von damals, als er schon einmal nach Geinsburg zurückgekommen war. Vorbei an seiner alten Schule, durch die Brunnengasse, vorbei an der Kaufhalle, wo früher das Haus vom Mumu und Peer gestanden hatte, das Haus, in dem er groß geworden war. Das Haus, in dem Ria unbeschwerte Jahre verbracht hatte. Er hielt sich an einem Zaun neben der Kaufhalle fest, und hörte Ria zu.

„Hier habe ich mit Mumu gewohnt, bis ich in der elften Klasse war. Dann hat sie Haus und Grundstück verkauft. Ihre Finanzen und ihre Kräfte reichten nicht mehr aus, ein so großes Haus zu halten. Die aufstrebende Lebensmittelkette machte ihr ein sehr gutes Angebot. Als das Haus verkauft war, sagte sie manchmal: Jetzt sind wir reich! So hat sie mir mein Erbe gesichert, ein Erbe, das eigentlich deins ist. Wir sind dann in die Akademiestraße gezogen, Jasper und ich wohnen immer noch dort."

„Ja", sagte er. „Ich weiß, wo eure Wohnung ist. Vor deiner Tür bin ich umgekehrt. Ich war immer nur feige! Hier an dieser Stelle habe ich damals auch gestanden und gedacht, ich wäre Schuld, dass mein Elternhaus nicht mehr da war, weil ich versucht hatte, es aus meinem Gedächtnis zu tilgen. Vielleicht war es ja auch so. Lass uns auf den Friedhof gehen!"

An der Familiengrabstätte wischte er mit der flachen Hand über die Schriftzüge, die schon stark verblasst waren. *Jakob Kerko – Katharina Kerko.*

„Erinnerst du dich an Osi", fragte Ria und zeigte auf die kleine Steinplatte neben dem Grabstein. Er beugte sich darüber.

„Für Osi hat Mumu damals eine Platte hierher legen lassen. Sie war alleine, anders als Heinrich, der Frau und Kinder hatte. Osi war ihr Leben lang nur in Diensten anderer." „Natürlich erinnere ich mich an Osi", sagte er. „Man kann ihren Namen kaum noch lesen."

Er richtete sich auf und blieb mit hängenden Armen vor den Gräbern stehen.

Ria bückte sich nach den Blättern, die von der Eiche herabgefallen waren. Wie ein Dach erhoben sich ihre mächtigen Äste über der Stätte.

„Hier habe ich dich zum ersten Mal gesehen", sagt er schließlich. „Es sah ganz anders aus damals."

Ria wollte nicht daran zurückdenken, jetzt nicht. Sie musste sich durchkämpfen zur Gegenwart, musste vordringen zu dem Mann neben ihr, zu dem sie noch keinen Zugang gefunden hatte. Eine kleine Tür nur hatten sie aufgestoßen, als sie am Vorabend sein Kinderbild betrachteten. Aber was empfand er für sie? Den ganzen Tag hatte er kaum gesprochen.

Ein Mann im grünen Overall mit einer Schiebkarre ging an ihnen vorbei.

Ihr Vater sah sie von der Seite an. Seine Blicke flackerten. „Und deine Mutter?" er schluckte, „wo ist ihr Grab?"

Ria erwiderte seine Blicke nicht und schwieg. „Erzähl mir von ihr." Seine Stimme war rau, genau wie damals in Frankreich, als er mit denselben Worten bat: „Erzähl mir von ihr."

Ria gab sich einen Ruck und deutete auf eine Bank: „Setzen wir uns. Sie hat es nicht leicht gehabt. Ich war ein schwieriges Kind. Immer in den Wolken. Immer bei dir mit meinen Gedanken. Sie hat auf dich gewartet. So lange! Später, als ich bei Mumu wohnte und sie mit Einhard allein lebte, ging es ihr nicht besser. Er war ein übler Typ, gleich nach der Hochzeit hat er auch sie schlecht behandelt. Warum hat er sie überhaupt geheiratet? Mama hat mir später einmal gesagt: Er konnte nicht allein leben, er brauchte jemanden zum Drangsalieren. Als ihr das klar wurde, war es zu spät. Und sie wollte nicht ohne Mann sein. Ohne Mann zählt die Frau nichts, hat sie immer gesagt. Sie hat ihn ertragen, bis sie starb. Ich habe nie wieder ein Wort mit Einhard gesprochen.

Ich habe Mama in Hannover besucht, als sie schon sehr krank war. Ich war fünfzehn, und es ging mir gut bei Mumu. Erst bei diesem Besuch konnte sie von dir sprechen. Anders als früher. Nicht mehr mit diesem bitteren Unterton. Und auch mir hat sie sich nur dieses eine Mal geöffnet. Sie bat mich um Verzeihung, weil sie mir so wenig Liebe gegeben habe. Ich musste schlucken, schließlich hatte auch sie von mir keine Liebe bekommen. Und dann heulten wir beide.

Sie fasste sich schnell und sagte: ‚Was Liebe ist, habe ich nur in den ersten heimlichen Jahren mit Jean erfahren. Aber dann hat er mich fallen lassen. Ich habe mich benutzt gefühlt. Du hast es zu spüren bekommen. Das tut mir so leid. Vielleicht, wenn er wieder gekommen wäre und uns beide gefunden hätte – ich meine noch vor Einhards Zeit, wer weiß. Vielleicht hätte er uns beide geliebt.‘ In dem Augenblick sah sie froh aus, und mich packte die Sehnsucht nach dir wieder so heftig wie in meinen frühen Jahren.

Eines Tages, als ich aus der Schule kam, sagte Mumu: „Deine Mutter ist gestorben. Einhards Brief ist erst heute gekommen. Die Beerdigung war schon letzte Woche.“ Mumu war empört und ich weinte stundenlang. Über sie, über mich, über dich, über die Liebe, die uns versagt geblieben ist.“

Mama! Wie lange war ihr das nicht mehr über die Lippen gekommen.

Ria hatte ihn die ganze Zeit nicht angesehen, jetzt wandte sie sich zu ihm und sah, wie mitgenommen er war. Aschgrau war sein Gesicht. Er tat ihr leid. Trotzdem dachte sie: ‚Allmählich wäre es an ihm, zu reden. Über Mama, über seine Jahre hier in Geinsburg, über den Krieg, über sich selbst, verdammt noch mal.‘

Aber er schwieg. So wie sie früher, wenn ihr alles zu viel wurde. Das Schweigen war ihre Waffe gewesen und ihr Schutzschild zugleich. Vielleicht hatten sie auch das gemeinsam.

Ria holte eine Packung Zigaretten aus der Tasche, sie hatte am Abend zuvor festgestellt, dass er immer noch rauchte. Sie bot ihm eine an und nahm selbst auch eine, obwohl sie das Rauchen schon lange aufgegeben hatte. Die Zigarette schmeckte ihr nicht.

Eine Frau mit einer kleinen Harke in der Hand ging an ihnen vorbei und schaute sie missbilligend an.

„Muss das sein, hier auf dem Friedhof?“ murmelte sie.

„Das Leben gehört den Lebenden“, sagte Ria laut.

Die Frau drehte sich noch einmal nach ihnen um und schüttelte den Kopf.

„Du hast Recht", sagte er.

Noch einmal griff Ria in ihre Tasche und holte Mumus Tagebuch raus. Instinktiv hatte sie es vor der Fahrt nach Frankfurt zusammen mit der alten Fotografie eingepackt, als hätte sie geahnt, dass man ihm auf die Sprünge helfen musste, sich an sich selbst zu erinnern. Ihm helfen. Ihm. Ihrem Vater. Wann würde sie ihn so nennen können?

Er nahm ihr die schwarze Kladde zögernd aus der Hand, blätterte darin, ließ das Heft sinken und sah sie an. Seine Hände zitterten und wieder hatte er Tränen in den Augen. Sie wollte es ihm leichter machen und redete drauflos: „Kannst du das überhaupt lesen? Mir macht die Schrift keine Probleme mehr, ich habe sie gelernt in den Jahren, in denen Mumu und ich zusammen gelebt haben. Sie hat versucht, sich meinetwegen die lateinische Schrift anzueignen, aber das war ihr schließlich zu mühsam. Machen wir's umgekehrt, sagte sie. Dein Kopf ist jünger, lern du halt meine Schrift! Mit Eifer habe ich mich daran gegeben, für mich war es ein Spiel.

Das Tagebuch habe ich erst nach ihrem wieder Tod entdeckt, eine Fülle von Geschichten habe ich darin gefunden. Vieles hatte sie mir auch schon erzählt. Aber die Menschen, von denen sie berichtete, lebten nicht. Nur von Mumu, Osi und Heinrich hatte ich ein Bild. Aber keins von Peer und schon gar keins von dir oder von deinen Freunden. Und wenn ich von Nelly las, sah ich nur das unzufriedene Gesicht meiner Mutter vor mir, das passte gar nicht zu der Person, die Mumu beschrieben hat. Sie muss einmal anders gewesen sein. Ich würde so gern etwas von der Gegenwart jener Zeit begreifen."

Er umklammerte das Tagebuch und schwieg noch immer.

Ria begleitete ihn zu seinem Hotel, nahm ihr kleines Gepäck an sich und ließ ihn allein.

Am nächsten Morgen rief die Empfangsdame aus dem Hotel an.
„Wir mussten heute Nacht den Notarzt rufen. Herr Favre wurde ins Krankenhaus gebracht. Es tut mir leid."

Es war dasselbe Krankenhaus, in dem Mumu gestorben war. Als Ria an der Information Erics Namen nannte und nach der Zimmernummer fragte, versagte ihre Stimme.

Auf der Station erwischte sie den zuständigen Arzt. Er glaubte ihr, dass sie die Tochter seines Patienten war – es nachzuweisen, wäre schwierig geworden. „Ihr Vater hat angegeben, dass er schon seit mehreren Jahren an einer schweren Lebererkrankung leidet, dass es ihm aber zwischen den Behandlungen immer wieder gut gegangen ist. Unsere Untersuchungen sind noch nicht abgeschlossen, aber ich kann Ihnen nicht verschweigen, dass er jetzt in einem sehr kritischen Stadium ist. Was nicht heißen muss, dass es nicht noch einmal wieder aufwärts geht. Wir wissen es nicht."

Der Arzt bat Ria, bei der Verwaltung die Kostenfrage zu klären.

„Bei Ausländern nehmen die es immer besonders genau."

Von einem Tag auf den anderen war sie verantwortlich für ihren Vater, der so lange nicht ihr Vater hatte sein wollen. Für ihren Vater, den Ausländer. Ein paar Sekunden lang packte sie die Wut.

Er lag mit geschlossenen Augen im Bett. Das gelbgraue Gesicht war eingefallen, sie hätte ihn beinah nicht erkannt. Während sie sprachen, schien er sich ein wenig zu erholen.

„Erinnerst du dich an Sylvie? Sie hat damals, als du mich in Loquimar besucht hast, bei mir sauber gemacht. Sie war eifersüchtig auf dich. Wir hatten schon seit längerem ein Verhältnis. Sie wollte mir die Geschichte von deinem Vater, der mein Freund gewesen war, nicht glauben. Wie Recht sie hatte.

Wir haben geheiratet, nachdem du weg warst. Aber es hat nicht lange gehalten. Sie konnte meine Depressionen nicht ertragen. Ein paar Jahre später haben wir uns wieder scheiden lassen."

Er stöhnte und versuchte, sich aufzurichten.

„Meine Krankheit wurde vor drei Jahren entdeckt. Ob ich noch einmal geheilt werden kann, sagt mir keiner. Sie wissen es nicht. Wenn mir hier etwas passieren sollte, musst du Sylvie benachrichtigen. Sie wohnt immer noch in Loquimar, ganz in meiner Nähe."

Wieder packte Ria die Wut. Was fiel ihm ein? Kam todkrank hierher und sie sollte alles regeln. Für ihn, der vorher nicht das Geringste geregelt hatte. Er musste an ihrem Gesicht abgelesen haben, was in ihr vorging.

„Ich habe es nicht verdient", sagte er leise.

„Aber dass du hier bei mir bist, …". Eine Schwester kam und brachte ihm Medikamente. Sie warf Ria einen freundlichen Blick zu. Oder war es Mitleid?

Sie gab ihm seine Sachen, die sie aus dem Hotel mitgenommen hatte und legte Mumus Tagebuch auf die Bettdecke.

„Ich habe heute Nacht darin gelesen, bis mir so schlecht wurde, dass ich den Nachtportier um Hilfe bitten musste", sagte er leise.

Ria wusste, welche Riesenwelle von Erinnerungen er zu bewältigen hatte. Sie selbst hatte so oft in Mumus Tagebuch gelesen, dass sie es auswendig kannte.

Er richtete sich auf und griff nach der Kladde. Ria verabschiedete sich.

Mit jedem Satz, den seine Mutter aufgeschrieben hatte, kam ein neuer Er-
innerungsfetzen wie aus weiter Ferne angeflattert. Noch konnte Jean
nicht alles einordnen, aber das Bild begann sich zu vervollständigen.
Er stand auf und ging ein paar Schritte im Zimmer auf und ab, bis
ihn die Schmerzen wieder einholten und er zu seinem Bett zurück-
schlich. Er sah den Angeklagten Harry Schröter vor sich, wie er im
Gerichtssaal darauf bedacht gewesen war, ihm nicht in die Augen sehen zu müssen. Harry, sein Widersacher, Harry Schröter, den er aus
seinem Gedächtnis gestrichen hatte. Harry, der ihn immer wieder besiegt hatte. Aber diesmal hatte Jean es geschafft, er hatte ihn besiegt.
Zum zweiten Mal. Besiegt, wie damals als Schüler, und Harrys Rache
hatte ihn gleich danach eingeholt. Jetzt aber hatte Jean seine Aussage
gemacht. Und er würde beim nächsten Mal noch viel mehr erzählen.
Hoffentlich komme ich wieder zu Kräften, dachte er. Diesmal würde
er Sieger bleiben. Freuen konnte er sich darüber nicht. Er grübelte.
Warum hatte er nicht schon nach dem Ereignis damals in der Schule
für immer die Schnauze voll gehabt von Harry Schröter? Was hatte
ihn nur immer wieder zu diesem Kerl hingezogen?

Schwester Charlotte brachte das Mittagessen.

„Bon appetit, Monsieur Favre", sagte sie und setzte das Tablett mit
Schwung auf seinen Nachttisch. Er lächelte sie an. Alle hier, die ein
wenig Französisch konnten, bemühten sich in seiner vermeintlichen
Muttersprache mit ihm zu reden. Es war ihm unangenehm. Er rührte
das Essen nicht an, sondern griff nach dem Tagebuch und las weiter,
bis die Schwester kam, um das Tablett abzuräumen.

„So geht das nicht Monsieur Favre, Ihnen schmeckt wohl das deutsche Essen nicht", mahnte sie freundlich. Sie war ihm sympathisch.

„Doch, doch", sagte er, „nur im Moment kann ich nichts essen. Das hole ich alles nach, ganz bestimmt."

„Wie gut sie deutsch sprechen", wunderte sie sich.

„Ich bin hier geboren", sagte er nur. Erstaunt sah sie ihn an, stellte aber keine weiteren Fragen.

Als Jean wieder allein war, verschränkte er die Arme hinter dem Kopf und sah an die Zimmerdecke. Sie wurde zur Leinwand, auf der ein Film vor seinen Augen ablief. Harry Schröter, Nelly, seine Eltern, das Internat – die Bilder wirbelten durcheinander und ließen ihn nicht in Ruhe. Er zwang sich, er musste sich erinnern, er wollte sich seiner Vergangenheit stellen. Er sah sich wieder im Streit mit seinem Vater, hörte sich sagen: Du hast doch keine Ahnung! Zu einem langen Zerwürfnis zwischen ihnen hatte dieser Streit wegen eines Uniformhemdes geführt. Das Hemd hat mich damals verändert, dachte er. Ich war plötzlich wer. Ich gehörte dazu. Wer will das heute noch verstehen. Nein, Vater hat sich nicht geirrt. Aber wie furchtbar alles werden würde, hat auch er sicher nicht geahnt.

Zwischen zwei Terminen eilte Ria ins Krankenhaus. Sie klopfte an seine Zimmertür und wartete auf sein schwaches ‚Herein'. Nichts tat sich, ihr Herz raste. Sie hatte Angst, das Krankenzimmer zu betreten. Vorsichtig drückte sie die Klinke runter, er schien zu schlafen. Sie setzte sich an sein Bett und wartete, bis er wach wurde.

„Du bringst frische Luft mit", sagte er und hielt ihre Hand fest. Ria ging zum Fenster und öffnete es weit. Die Luft schien ihn zu beleben, er richtete sich auf, zeigte auf die Kladde auf der Bettdecke und begann, ihr von seinen Jahren im Internat zu erzählen.

„Du hattest also tatsächlich einen Freund, der Eric Favre hieß?"

Er nickte. „Hattest du keine Angst, das der irgendwann einmal von dem Missbrauch erfahren könnte, den du mit seinem Namen getrieben hast – und immer noch treibst, Monsieur Favre?" fragte sie streng.

„Doch", sagte er kläglich. „Aber ich habe mich damit getröstet, dass Favre ein häufiger Name ist in der Schweiz."

Dann sprachen sie über ihre Mutter. „Deine Nelly! Du hast sie sehr geliebt, oder?"

Er schwieg lange. „Nein", sagte er, „ich war doch erst fünfzehn. Ich war grenzenlos verliebt, so etwas hält nicht ewig. Was Liebe bedeutet, wusste ich erst, als ich Madeleine kennen lernte. Ich habe dir in Frankreich von ihr erzählt. Nach ihr habe ich nie wieder eine Frau wirklich geliebt. Mit Sylvie – das war so eine Art Notgemeinschaft, hat ja auch nicht lange gehalten". Ria wollte seine Beichte gar nicht hören, sie wollte mit ihm über ihre Mutter sprechen.

„Es ist furchtbar und ganz unerklärlich", sagte er schließlich, „aber ich hatte sie wirklich vergessen. Erst als ich dich bei der Beerdigung

223

sah, ist mir die Zeit mit ihr wieder eingefallen. Zusammengerechnet waren es nur ein paar Monate. Und die rücken mir jetzt wieder so nah. Das ist nur schwer zu ertragen. Aber ich muss da durch." Er bekam einen Hustenanfall.

Ria gab ihm etwas zu trinken und sah auf die Uhr. Ihr nächster Termin rückte näher. Sie musste sich wieder verabschieden.

„Macht nichts", sagte er und zeigte auf das Tagebuch, „ich habe noch genug zu lesen."

Später am Abend trieb eine tiefe Unruhe sie noch einmal zu ihm.

Er lächelte ihr zu, als sie sein Zimmer betrat, es schien ihm besser zu gehen. Er saß im Bett und hatte immer noch das Tagebuch auf den Knien.

„Ich erinnere mich wieder an so vieles. Wie kann das sein? Wo waren alle diese Bilder, ich fühle mich wieder jung!"

Er ließ Ria teilhaben an seiner Erinnerung, und während er von den ersten Weihnachtsferien in seiner Internatszeit erzählte, tauchte sie mit ihm ein in seine wieder gefundene Zeit.

Erschöpft ließ er sich auf das Kopfkissen fallen. Ria ging ein paar Schritte im Zimmer auf und ab. Die Nachtschwester kam und sah sie vorwurfsvoll an. „Zehn Minuten noch", bat Ria. Die Schwester zuckte die Schultern und ging wieder.

„Hast du Nelly damals in der Christmette getroffen?"

Er schloss die Augen, seine Nase sah in dem kalten Licht des Krankenzimmers noch spitzer aus. Er seufzte und machte die Augen wieder auf.

„Ja. Aber sie kam nicht zu unserem Treffpunkt, ich hatte in meiner Vorfreude vergessen, dass sie nicht lesen konnte. Gesehen haben wir uns aber auf jeden Fall. Es ist schrecklich, an so viele Einzelheiten kann ich mich erinnern, aber wo ich Nelly damals getroffen habe, weiß ich nicht mehr. Das ist die Strafe. Ich hatte sie vergessen, und dafür bestraft mich jetzt mein Gedächtnis."

„Ich muss gehen", sagte Ria, „bevor sie mich rausschmeißen." Er nickte, zwinkerte ihr zu und griff wieder nach der Kladde.

„*Lass mich allein hingehen*", bat Jasper seine Mutter. Er hatte einen roten Schnellhefter mit der Abschrift von Mumus Tagebuch unter dem Arm. Ria zögerte. „Er ist sehr krank. Ich weiß nicht, ob er mit dir über das alles reden will." Sie zeigte auf den Ordner.

„Das werde ich schon merken", sagte Jasper kurz und rückte das Stirnband mit seiner freien Hand zurecht. Am liebsten hätte Ria mit Blick auf seine zerschlissenen Jeans gesagt: „Zieh dir etwas anderes an", aber sie riss sich zusammen.

Jean erhob sich ächzend aus dem Bett, ging ein paar Schritte auf und ab und merkte, dass er keine Schmerzen hatte. Er zog sich an und stellte sich ans Fenster. Der Wind jagte die letzten Blätter von den Bäumen; er beobachtete, wie sie langsam zu Boden segelten.

Das energische Klopfen an der Tür konnte nicht von Ria kommen, sie klopfte leise und fragend, auch ein Arzt oder eine Schwester, die stets gleichzeitig mit ihrem knappen, fordernden Klopfen im Zimmer standen, konnten es nicht sein. Jean drehte sich zur Tür um.

Lange hatte er nicht mehr eine solche Freude gespürt wie bei Jaspers Anblick. Wie er dastand, schlaksig, mit hängenden Armen und verlegen lächelnd, hätte er ihn am liebsten umarmt. Jasper gab seinem Großvater die Hand, und weil er offenbar immer noch unschlüssig war, wie er ihn anreden sollte, rettete er sich in ein kleinlautes: „Hallo" und sah sich angestrengt in dem Zimmer um. Jean merkte, wie erleichtert Jasper war, ihn nicht im Bett vorzufinden, und er schien erst recht froh darüber zu sein, dass Jean ihm vorschlug, in die Cafeteria zu gehen.

Jasper passte sich dem schleichenden Schritt des Patienten an, die Flure wollten nicht enden, bis sie den kahlen Raum erreicht hatten, in dem nur noch ein Tisch frei war. Jasper besorgte zwei Becher Kaffee, legte den Aktenordner auf den Tisch und sagte unvermittelt: „Willst du mein Zeitzeuge sein?" Jean erkundigte sich nach dem Projekt und sagte: „Natürlich möchte ich das, aber – schämst du dich denn nicht für deinen Großvater?"

„Warum sollte ich mich schämen? Hier …"; Jasper zog eine Zeitungsseite aus dem Ordner, „lies das." Es war ein Zeitungsartikel über Eric Favres erste Zeugenaussage.

„Ich bin stolz auf dich, weil du ausgesagt hast und weil dieser Harry Schröter seine gerechte Strafe kriegt."

„Und wenn ich selbst auch schuldig bin?"

„Du hast das vor Gericht schon angedeutet. Wenn du auch Schuld hast, dann will ich es wenigstens verstehen. Ich habe als letztes die Eintragung deiner Mutter von Sylvester 1932 gelesen, wie sie freudig das Jahr 1933 begrüßt. Das kommt einem heute grotesk vor. 1933, das steht doch für den großen Horror, der damals angefangen hat. Wie war das? Wo warst du? Was hast du in dem Jahr gemacht."

Seitdem Jean das Tagebuch seiner Mutter las, hatte er in den langen Nachtstunden seiner Erinnerung freien Lauf gelassen, und sie verweigerte sich nicht mehr.

Er erzählte Jasper, wie er in den Studentenbund eingetreten war, mit welchem Stolz er sein braunes Hemd in Empfang genommen hatte und er erzählte auch von dem Abend im Clubhaus.

„Undeutsch – das Wort habe ich noch nie gehört, was für eine blöde Sprache und was für ein lächerliches Lied: *Es zittern die morschen Knochen, …*"

Jasper tippte sich an die Stirn. „Und warum hast du dir das mit dem Namen gefallen lassen?"

„Wenn ich dir die Frage beantworten könnte, wäre mir wohler. Ich weiß nur noch, dass es mir in der Runde damals gut ging. Das Singen, die Kameradschaft, das erinnerte mich an meine Internatszeit; in den ersten Monaten zu Hause sehnte ich mich nach der Gemeinschaft zurück. Den Ruderclub kannte ich von Kindheit an. Dass an dem Abend nur noch die Wände dieselben waren, dass aber alles andere sich veränderte, die Menschen, ihre Lieder, ihre Absichten, das habe ich erst viel später begriffen. An dem Abend hätten mich hundert Leute warnen können, ich hätte ihnen einen Vogel gezeigt."

„Wann hast du es begriffen?"

„Als ich mich selbst nicht mehr ausstehen konnte. Aber bis dahin mussten noch viele Jahre vergehen."

Sie tranken schweigend ihren Kaffee. Jean hatte rote Flecken im Gesicht und Jasper dachte an die Worte seiner Mutter: Es geht ihm schlecht.

„Soll ich lieber gehen? Aber morgen komme ich bestimmt wieder."

„Nein, bleib bitte. Es tut mir gut, mit dir zu sprechen. Lange wollte ich mich nicht erinnern. Aber ohne Erinnerung kannst du nicht leben. Du wirst stumpf und taub. Und wenn du keine Vergangenheit hast, hast du auch keine Zukunft. Komisch, jetzt, wo ich nicht mehr lange zu leben habe, freue ich mich wieder auf die Zukunft, auf den kommenden Tag mit dir oder deiner Mutter."

Jasper überhörte Jeans Anspielung auf den Tod, er sah seinen Großvater an und entdeckte ein Leuchten in seinen Augen, das ihn froh machte. Jean hielt seinem Blick stand, dann sagten beide gleichzeitig: „Du hast dieselben Augen wie ich!" Sie lachten so fröhlich, dass die grauen Gestalten an den anderen Tischen sich zu ihnen umdrehten.

„Wie ging es weiter?", fragte Jasper schließlich. Jeans Miene wurde wieder ernst.

„Es wurde schlimmer", sagte er und sprach von den Bücherverbrennungen.

„Über die Bücherverbrennungen haben wir in der Schule schon gesprochen, verstehen kann ich das überhaupt nicht. Wie kann von Büchern Gefahr ausgehen? Das ist doch nur Papier. Das sind doch keine Waffen."

Jean antwortete nicht, sein Kopf sank auf die Brust, Jasper erschrak.

„Ich bringe dich rauf", sagte er und begleitete Jean bis zu seinem Zimmer.

„Kommst du wieder – trotz allem?" Jean hatte Tränen in den Augen, Jasper wusste nicht, wie er sich verhalten sollte. Vor der Tür berührte er seinen Großvater leicht am Oberarm und sagte: „Na, klar!", drehte sich auf dem Absatz um und ging mit langen Schritten den

Krankenhausflur entlang. Seine Turnschuhe quietschten auf dem Linoleum.

Jean war erschöpft und er ließ sich angezogen aufs Bett fallen. Als Schwester Charlotte mit dem Abendessen kam, hatte er sich schon wieder etwas erholt. Obwohl er sich an die deutschen belegten Brote nicht gewöhnen konnte, aß er eins davon, trank mit ergebener Miene den Pfefferminztee und fühlte sich so gestärkt, dass er wieder zu der schwarzen Kladde griff. Er las:

Ob er doch wieder Kontakt zu Nelly aufgenommen hat. Aber würde er nach Berlin gehen, wenn sie ihm etwas bedeutete?

Seine Mutter hatte sich Gedanken gemacht, ob er noch etwas für Nelly empfand, als er damals aus Geinsburg weggegangen war nach Berlin.

Jean stand auf, ging ein paar Schritte auf dem Flur auf und ab und versuchte sich zu erinnern, was er für Nelly empfunden hatte, als er aus der Schweiz zurückgekommen war. Er hatte ihr winziges Zimmer bei diesen schrecklichen Wirtsleuten wieder vor Augen. Trotzdem war er immer öfter nachts bei ihr geblieben. Die stummen Fragen seiner Mutter, wenn er erst am frühen Morgen nach Hause kam, waren ihm egal. Daran erinnerte er sich.

Er hielt sich an der Laufstange fest, die an den Wänden des Flures angebracht waren. „Nicht übertreiben, Monsieur Favre!" Die korpulente Nachtschwester bewegte sich den Flur entlang wie auf Rollen und drohte ihm mit erhobenem Zeigefinger. Er ging zurück in sein Zimmer, zurück zu seinen Erinnerungen.

Als die Nachtschwester zu ihm kam, lag er immer noch angezogen auf dem Bett und starrte an die Decke. Er reagierte kaum auf ihre Ansprache. „Ist alles in Ordnung, Monsieur Favre?" Er nickte, sie half ihm beim Ausziehen und stellte seine Medikamente auf den Nachttisch. Als sie gegangen war, öffnete er die Schublade, in der er alle Tabletten gesammelt hatte und legte die letzten dazu.

‚*Sturz ins Dunkel*‘, das war die Überschrift in Jaspers Geschichtsbuch zu der Darstellung der Geschehnisse in der so genannten ‚Reichskristallnacht‘ am 9. November 1938.

„Wo warst du, als Deutschland ins Dunkel stürzte?“

Bewusst wählte Jasper diese Formulierung, die so gar nicht zu ihm zu passen schien, als er am nächsten Tag wieder bei seinem Großvater saß. Auch Jasper hatte in dem Tagebuch weitergelesen.

Diesmal war Jean zu schwach, um aufzustehen. Er starrte an die Decke und stöhnte.

„Ich weiß nur, dass ich in Berlin und mitten im Examen war. Wenn ich mich auch noch so sehr bemühe, ich erinnere mich nicht an den Tag.“ Jasper war enttäuscht. „Es muss doch überall gescheppert haben. Du hast doch gelesen, was deine Mutter beobachtet hat. Und Ihr in Berlin, wo es am heftigsten zugegangen ist, Ihr habt nichts gemerkt?“

Jean war bleich und sah bekümmert aus. „Ich habe erst in den Tagen danach aus den Zeitungen erfahren, dass eine ‚notwendige Säuberungsaktion‘ stattgefunden habe. Wir haben das geglaubt, Jasper. Alles haben wir geglaubt. Das ist noch heute das schlimmste für mich. Aber ich kann es doch nicht beschönigen. Das habe ich auch nie getan, nachdem ich endlich aufgewacht war. Aber da war es zu spät, und ich wollte vergessen, nur noch vergessen, denn alles ist ja von Jahr zu Jahr schlimmer geworden, aber das haben wir nicht gemerkt, ich schwöre es dir, wir haben so vieles nicht gemerkt und nicht gewusst. Bis wir selbst mittendrin waren in der Hölle.“

Er bat Jasper, ihm das Bett hoch zu stellen. „Lange Zeit ist mir das Vergessen gelungen, aber seitdem ich hier bin, weiß ich es wieder und will auch nichts mehr verdrängen. Vor Gericht habe ich schon zu den Zuständen im Lager ausgesagt. Du sollst den Rest auch noch wissen."

Er richtete sich auf und erzählte von Ruben Spiro.

Jasper hörte schweigend zu, ab und zu schüttelte er ungläubig den Kopf.

„Ich hatte gehofft, hier nach den Spuren der Spiros suchen zu können. Vor zwanzig Jahren hatte ich schon dieselbe Absicht, aber ich bin geflüchtet, das war mir alles zu viel. Ich hatte plötzlich eine Tochter und wusste nicht, wie ich mich verhalten sollte. Ich bin einfach abgereist damals. Geflohen. Wie konnte ich nur!"

Jasper sagte noch immer kein Wort, aber eine Idee keimte in ihm auf.

Es klopfte kurz und Schwester Charlotte stand mit irgendeiner Apparatur im Zimmer.

„Warten Sie einen Moment draußen, junger Mann", bat sie.

„Ich geh dann mal, Großvater", Jasper nahm die faltige Hand und sah, wie sich der Kummer auf Jeans Gesicht in ein schwaches Lächeln verwandelte.

Großvater hatte er gesagt. Trotz allem hatte Jasper Großvater gesagt.

Der Tropf stärkte Jean. Er blieb auf dem Rücken liegen und angelte nach dem Tagebuch auf seinem Nachttisch. Das Licht war schlecht. Aber er hatte keine Ruhe, er musste weiterlesen. Sein letzter Besuch bei seinen Eltern. Am 7. Juli 1941 war das gewesen? Er hätte sich an das Datum nicht mehr erinnert.

,Ist es denn immer noch nicht vorüber?' hätte ich ihn am liebsten gefragt. Das Herz war mir so schwer, als er ging. Wenn es nun das letzte Mal war, dass wir uns gesehen haben? Jakob wurde böse, als ich das laut sagte: Hör auf, warum willst du alles immer nur schwarzsehen?

,Doch Mutter, es war vorüber, schon lange! Aber ich bin trotzdem zu ihr gegangen.' Mehrmals schon, seitdem er in ihrem Tagebuch las, hatte er mit seiner Mutter gesprochen, halblaut, freundschaftlich, versöhnt. Immer mehr fühlte er sich mit ihr verbunden. Er stand auf, öffnete das Fenster und starrte in die Nacht. Die Erinnerung an den letzten Abend bei Nelly kehrte zurück.

Nelly wohnte immer noch in dem kleinen Zimmer, das die beiden Jahre zuvor oft geteilt hatten. Damals hatte es ihn nicht gestört, dass die Tapeten im Treppenhaus eingerissen waren. Es roch nach Kohl wie früher, der dumpfe Geruch lungerte auf den Stufen, um sich – so wie die Wirtin – auf jeden zu stürzen, der das Haus betrat. Er wartete nur darauf, dass sie keifend den Kopf aus der Tür steckte. Seine Uniform hätte genügt, sie zum Schweigen zu bringen. Aber sie ließ sich nicht blicken. Er dachte flüchtig an den Streit von damals, als er betrunken gekommen und gleich wieder gegangen war. Sie hatten Nelly also doch nicht rausgeschmissen. Vor diesem Mief war er geflohen, vor Nelly, vor seinen Eltern, vor dem engen Geinsburg.

Nelly stand in der Tür, die Wangen gerötet, gespannte Freude in ihren Augen. Sobald sie die Tür hinter ihm geschlossen hatte, vergrub sie ihr Gesicht an seiner Schulter. Sie fragte nichts. Sie machte ihm keine Vorwürfe, weil er nie geschrieben hatte.

Wie früher zog sie ihn in das Bett, das immer noch den Raum beherrschte.

„Was ist mit deinen Fingern passiert", fragte sie. Aber er verschloss ihr den Mund mit seiner gesunden Hand, wollte nicht reden, wollte keine Fragen beantworten, wollte ihr auch keine stellen.

Im Morgengrauen schlug er die Bettdecke zurück.

„Ich muss mittags in Berlin sein", sagte er, ohne sie anzusehen.

Nelly zog sich die Decke über die Schultern und drehte sich zur Wand.

In der Tür hatte er sich noch einmal umgedreht, daran erinnerte er sich jetzt genau, und er erinnerte sich an das Würgen in der Brust, als er Nelly so liegen sah.

Draußen rüttelte er seinen Fahrer wach, warf ihm ein Päckchen Zigaretten auf den Schoß, setzte sich hinten in den Wagen, schlug den Mantelkragen hoch und schlief sofort wieder ein.

Immer noch stand Jean am offenen Fenster, er fror. Er schob die Fensterflügel zu, schloss den gelben Vorhang und kroch unter seine Bettdecke. An Schlaf war nicht zu denken. Als ihm wieder wärmer war, streckte er die Arme nach dem Tagebuch aus und las weiter.

„Es geht ihm schlecht", hatte Jasper nur gesagt, als er aus dem Krankenhaus nach Hause kam. Mehr konnte Ria nicht aus ihm rauskriegen. Er verschwand in seinem Zimmer. Am nächsten Tag wollte er seinen Großvater nicht besuchen: „Keine Lust", sagte er. Ria spürte, dass sie nicht weiter darauf bestehen sollte und ging alleine hin.

Er schlief, als sie in sein Zimmer kam. Ihr Klopfen hatte er nicht gehört. Das Tagebuch lag mit den schwarzen Einbänden nach oben aufgeschlagen auf der Bettdecke. Vorsichtig nahm sie es weg und sah, was er zuletzt gelesen hatte. Es war Mumus Bericht über Nellys Besuch im Herbst 1942, als Mumu zum ersten Mal von der Existenz ihrer Enkeltochter erfuhr.

Hat er irgendetwas gespürt, als sie auf die Welt kam? Etwas muss ihn doch berührt haben, ihren Papi, das hatte sie sich früher jedenfalls immer vorgestellt. Vielleicht hat er ein Licht gesehen, oder ein sanfter Wind hat ihn gestreift – solche Geschichten gab es doch!

Jetzt lag er da und hatte nicht das Geringste zu tun mit dem Bild, das sie von ihrem jungen Vater immer noch in sich trug, und auch mit Eric Favre, dem sie immer noch böse war, hatte er nichts zu tun. Lange schaute sie ihn an. Vor ihr lag ihr alter kranker Vater, für den sie über Nacht zuständig geworden war, für den sie vielleicht noch lange würde sorgen müssen. Oder etwa nicht? Wer sollte es sonst tun? Dass er vorerst nicht zurück nach Frankreich reisen konnte, war offensichtlich, und der Arzt hatte ihr wenig Hoffnung gelassen, dass er überhaupt wieder reisefähig werden würde. Er selbst sprach auch gar nicht mehr von Loquimar. Er machte vielmehr den Eindruck eines Menschen, der nach einer langen Reise endlich am Ziel war.

Diese Vorstellung verwirrte Ria. Aber hatte nicht auch sie endlich erreicht, wovon sie ein Leben lang geträumt hatte? Ihr Vater war da. Er lag vor ihr in einem Krankenhausbett, sie könnte ihn berühren, wenn sie wollte. Jasper hatte einen Großvater, und er schien sich mit ihm anzufreunden.

Jean wachte auf. Über sein Gesicht, das im Schlaf so angestrengt ausgesehen hatte, ging ein leises Lächeln. „Bonjour, ma grande. Wie lange sitzt du da schon?"

Er fragte nach Jasper. „Er muss gestern entsetzt gewesen sein, aber mir hat er neue Hoffnung gegeben. Ich möchte euch beide so schnell nicht wieder verlieren. Gib mir bitte das Tagebuch, ich weiß, was jetzt kommt, davor darf ich mich nicht drücken. Bitte bleib bei mir."

Er las, was Ria hundertmal gelesen hatte, und was nur er ihr würde erklären können.

Sie ging auf den Krankenhausflur und holte ein Glas Wasser für sich, auch ihm goss sie etwas ein aus der Mineralwasserflasche, die auf seinem Nachttisch stand:

16. OKTOBER 1945

Jakob ist tot! Unfassbar. Jetzt, wo endlich der schreckliche Krieg vorbei ist. Seine Geschäfte liefen langsam wieder an. Jeden Tag warteten wir auf Jeans Heimkehr, Jakob war ganz sicher, dass er wiederkommt. Und jetzt dieses Unglück. Ich fühle mich geschlagen, leer. Warum musste er sterben? Er war gesund.

Er war auf einer Versammlung gewesen; gegen zehn Uhr abends wankte er hierher ins Wohnzimmer, wo ich jetzt sitze und stürzte buchstäblich vor meine Füße. Blutüberströmt war er, seine Kleidung zerrissen. Unser Telefon ist noch nicht wieder intakt, ich bin nach nebenan zu Neumanns gelaufen und habe nur geschrieen: Schnell, holen Sie Doktor Hielscher. Dann bin ich zurück zu Jakob, der war inzwischen wieder bei Bewusstsein, stöhnte und stieß immer wieder hervor: Sie haben gedacht, ich wäre Jean.

Dr. Hielscher kam schnell und stellte eine schwere Gehirnerschütterung fest, er verordnete Bettruhe. Am nächsten Tag ging es Jakob etwas besser, und er konnte im Zusammenhang erzählen. Vor der Gartenpforte hatten ihm zwei junge Männer in der Dunkelheit aufgelauert, hatten ihn gepackt und auf ihn eingeschlagen.

Katharina, stöhnte er, einer hat mich mit seinen Stiefeln immer wieder getreten und gezischt: Jean Kerko, du verdammtes Nazischwein, was hast du mit meinem großen Bruder gemacht? Hast du es so gemacht und so …? Und dann haben sie mich wieder getreten. Irgendwann leuchteten Scheinwerfer an der Straßenecke auf, damit konnten sie nicht rechnen bei den wenigen Autos, die wir in der Stadt haben. Einer hat gerufen: Scheiße, das ist der Alte, und sie sind weggerannt.

Jakobs Stimme versagte. Ich war außer mir, habe seine Hand gehalten und musste unentwegt schluchzen.

Dann konnte er wieder sprechen: Sie haben mich für Jean gehalten. Was hat der Junge angestellt, wo ist er? Er ist nicht gefallen, das spüre ich. Ach, wenn wir doch nur etwas von ihm wüssten.

Ich habe Tag und Nacht an seinem Bett gesessen. Osi hat uns versorgt; in der dritten Nacht konnte er gar nicht mehr sprechen, um zwei Uhr hörte er auf zu atmen.

Wahrscheinlich hatte er innere Blutungen, sagte Dr. Hielscher hilflos, als er den Totenschein ausfüllte.

Ich weiß nicht mehr ein noch aus. Ich bin allein. Keine Nachricht von Jean. Wir haben das Haus voller Einquartierungen, alles Leute aus dem Osten. Ich sehne mich nach Ria. Nelly ist mit ihr nach Hannover gezogen. Ausgerechnet in diese zerbombte Stadt. Ich habe die Bilder aus den Zeitungen vor Augen. Werde ich mein Enkelkind je wieder sehen?

Jean bekam kaum Luft, Ria stellte sein Bett hoch, still blieb er auf dem Rücken liegen. Mit geschlossenen Augen begann er zu sprechen.

„Dass mein Vater für mich gestorben ist, und auf diese schreckliche Weise, das gehört zu dem Schlimmsten, was ich erfahren musste. Du hast es mir in Loquimar erzählt. Es hat mich fertig gemacht, und ich wusste von dem Augenblick an, dass ich dir unmöglich die Wahrheit sagen konnte.

Immer hatte ich mir eingebildet, ich wäre ein Anderer geworden. Aber plötzlich war alles wieder da. Und was es mit den Schlägern auf sich hatte, ahnst du wohl. Überlebende aus dem Lager müssen den Brüdern von Rubens Tod berichtet haben. Ich habe vor Gericht schon mit meiner Beichte begonnen. Bis der Richter sagte, ich solle mich nicht selbst belasten. Jasper habe ich gestern alles erzählt. Hoffentlich war das richtig.“

Seine Stimme war immer schwächer geworden.

„Falsch war es bestimmt nicht. Jasper will dich verstehen. Die Zeit von damals will er verstehen. Da hilft doch kein Beschönigen.“

Ria nahm seine Hand. Er wollte noch etwas sagen, aber sie legte einen Finger auf seinen Mund.

„Ruh dich aus. Bis morgen. Dann lesen wir zusammen weiter. Jetzt kommt doch meine Zeit.“

„Du hast in Loquimar angedeutet, dass ich für tot erklärt wurde. Fast hat mich es damals erleichtert. Aber ich war auch erschrocken. Ein merkwürdiger Zustand! Ich konnte mir noch so oft sagen, dass ich selbst mir das alles eingebrockt hatte. Es half nichts gegen das Gefühl, auf dieser Welt nichts mehr zu suchen zu haben."

Wie seit langem zurechtgelegt klangen die Worte, mit denen er Ria am nächsten Tag empfing. Er sprach hastig, sein Gesicht war über Nacht noch schmaler geworden, grau sah er aus.

„Ich kann heute nicht lesen", sagte er, „den ganzen Morgen habe ich es versucht, die Buchstaben verschwimmen vor meinen Augen. Liest du mir bitte vor?"

Ria zögerte: „Soll ich wirklich?" Jean nickte und sah sie so bittend an, dass sie die Bedenken beiseiteschob, Mumus Berichte, die jetzt folgten, könnten ihn noch mehr aufregen als die vorhergehenden.

Sie nahm das Tagebuch vom Nachttisch und begann.

20. APRIL 1952

Ich bringe es nicht fertig, das Tagebuch zu vernichten. Gerade habe ich meine letzte Eintragung wieder gelesen, ich habe sie schon so oft gelesen, aber jedes Mal spüre ich wieder dieselben Stiche in der Herzgegend. Jakob würde in diesem Jahr 68 – immer noch kein Alter zum Sterben. Und jetzt ist auch Jean endgültig tot. Sämtliche Nachforschungen führten ins Nichts. Keine Spuren. Nirgendwo. So habe ich einen schweren Entschluss gefasst auf Anraten von Herrn Jaekel vom Reichsbund, der berät Hinterbliebene von

Kriegsopfern. Jean war zuletzt in Frankreich, in der Normandie. Dort ist er 1944 vermisst. Herr Jaekel sagte mir, es gäbe so gut wie keine Hoffnung, dass Jean noch am Leben sei. Die Soldaten, die in Frankreich in Gefangenschaft geraten sind, durften schreiben. Er hätte sich also längst gemeldet, wenn er noch lebte, der Krieg ist seit sieben Jahren aus. Gestern bin ich seinem Rat gefolgt. Ich musste zum Amtsgericht. Es hat mich unendliche Überwindung gekostet.

Noch als ich vor meinem Kleiderschrank stand, dachte ich, ich schaffe es nicht. Aber dann habe ich mir einen Ruck gegeben und nach meinem schwarzen Kleid gegriffen, das ich im Trauerjahr getragen habe. Es war gestern ungewöhnlich warm, aber für diesen schweren Gang kam etwas anderes nicht in Frage. Ich habe die Kragenecken mit der goldenen Brosche zusammengesteckt, die Jakob mir zur Hochzeit geschenkt hat. Vor dem Spiegel habe ich noch einmal meine Haare und den Knoten im Nacken geprüft. Dann war ich so weit. Die Papiere hatte ich alle vorgestern Abend schon in die schwarze Handtasche gesteckt. Es musste sein. Ich durfte nicht mehr damit warten. Auf dem Weg zum Amtsgericht bin ich durch die Barfüßergasse an den Gärten vorbeigegangen. Die Apfelbäume blühen in diesem Jahr so schön. Es war warm und sonnig, wie blanken Hohn habe ich das Wetter empfunden. Die ganze Zeit musste ich an Jean denken und an Ria und die Tränen sind mir über die Backen gelaufen, ich dachte nur immer: Hoffentlich sieht mich keiner.

Als ich mich zum richtigen Büro durchgefragt hatte, kam ich sofort dran, ich konnte nicht mehr zurück.

Der Beamte breitet die Papiere vor mir aus und las laut vor. Ich konnte mich nicht konzentrieren, ich habe nur die Worte gehört: *wird hiermit Jean Kerko, geb. am 13.10.1913 für tot erklärt auf Antrag seiner leiblichen Mutter, Katharina Kerko, geb. Anger.*

Ich habe das zusammengeknüllte Taschentuch in meinen Händen geknetet und gegen meine Tränen gekämpft. Der

Mann hat geduldig gewartet, hat den Finger noch einmal auf die Stelle gelegt, wo ich unterschreiben musste und gesagt: ‚Es muss sein, Frau Kerko. Das sind doch Ihre eigenen Worte. Und denken Sie immer daran: Sollte Ihr Sohn doch noch am Leben sein und wieder auftauchen, dann ist diese Erklärung null und nichtig. Sie machen nichts falsch, ich schwöre es Ihnen.'

Mir wurde schwindlig. Er ließ mir ein Glas Wasser bringen. Dann habe ich tief Luft geholt und unterschrieben. So zittrig sah meine Unterschrift noch nie aus. Auf dem Nachhauseweg habe ich mir immer wieder vorgebetet: Es musste sein. Wie schnell kann auch mir etwas passieren, und wie soll Ria später an ihr Erbe gelangen? Nelly ist nicht wendig genug, um so etwas zu regeln. Ich mache mir viel Gedanken um Ria. Wie wächst sie dort auf ? Sie schreibt öfter von einem Onkel Einhard, er scheint bei ihnen ein- und auszugehen. Sicher Nellys Liebhaber. Triebhaft war sie ja immer. Hoffentlich ist er gut zu dem Kind.

Ria wird zum ersten Mal allein die Sommerferien hier bei mir verbringen, dann lerne ich sie besser kennen und erfahre mehr. Ich bin so aufgeregt wie sie, bald ist es so weit. Sie schreibt mir so schöne Briefe, sie ist in der vierten Klasse. Sie scheint gut zu lernen.

Ach, wie freue ich mich, sie bald hier zu haben.

Während Ria las, hatte sie immer wieder aufgeschaut. Sie sah, wie seine Mundwinkel zuckten und sie wartete darauf, dass er sagen würde: ‚Hör auf'. Aber er ertrug, was sie ihm vorlas. Als sie geendet hatte, seufzte er tief.

„Erzähl mir noch mehr von meiner Mutter", bat er. „Sie ist mir wieder so nah!"

Ria versuchte ihn aufzuheitern.

„Meine ersten Sommerferien allein bei Mumu! Helle Tage und Wärme, bis heute ist mir die Erinnerung an diese Wochen geblieben, in denen ich zum ersten Mal glücklich war." Sie schilderte, wie sie dort in Geinsburg wieder angefangen hatte zu sprechen, dass sie in seinem Jugendzimmer geschlafen hatte und mit Heinrich Kutsche gefahren war.

„Ich weiß noch, wie traurig Mumu und ich waren, als die Ferien zu Ende gingen. Ein paar Monate später war ich dann ganz bei ihr. Das war mein Glück."

„Lies weiter", bat er und machte die Augen zu. „Es ist ihre letzte Eintragung", sagte Ria und rechnete. „Vor dreißig Jahren hat sie das geschrieben, wenige Tage nach meinem elften Geburtstag." Jean lächelte mit geschlossenen Augen.

20. MAI 1953
Ria hat mir geschrieben. Ich war erschüttert über das, was sie mir in ihrer kleinen sauberen Schrift mitgeteilt hat. Sie hat einem anderen Mädchen das Portemonnaie gestohlen und ist der Schule verwiesen worden. Nelly und ihr Mann schicken sie nicht mehr zur Schule, sie muss stattdessen im Garten arbeiten. Das ist doch unmöglich! Ich habe sofort an Nelly geschrieben und auch an Ria. Sie soll hierher kommen. Ich behalte sie eine Weile hier. Ich melde sie hier in der Schule an.
Was haben sie mit dem Kind gemacht? Das war das erste, was ich dachte, als ich Ria aus dem Zug kommen sah. Der Schaffner stieg die Stufen hinter ihr hinunter und stellte ihren Koffer neben sie. Ehe ich bei ihr sein konnte, hatte Ria den Koffer schon hoch genommen und schleppte ihn neben sich her. Blass war sie, ihre Augen lagen tief in den Höhlen. Als sie bei mir angekommen war, ließ sie den Koffer fallen, umschlang mich und weinte heftig.
Ich bin fest entschlossen, Ria bei mir zu behalten, ich werde um sie kämpfen. Ich traue mir jetzt zu, was ich früher, als sie klein war, für zu schwierig hielt. Was soll aus ihr werden, wenn sie bei Nelly und diesem Einhard bleibt? Wäre ich doch schon vor einem Jahr mutiger gewesen. Seit dem letzten Sommer ist sie sehr erwachsen geworden. Zu erwachsen!

Sie muss einen eisernen Willen haben, dass sie es durchgehalten hat, zu Hause kein Wort zu sagen. Mit mir hat sie sofort gesprochen. Ich bin erschüttert über Nelly und ihren Mann, sie haben Ria einfach nicht mehr zur Schule geschickt. Sie hätten sie doch an einer anderen Schule anmelden müssen. Stattdessen musste sie zu Hause schuften. Dass da niemand von offizieller Seite nachgeforscht hat, ich verstehe das nicht. Jedenfalls gehe ich gleich morgen zum Schulamt und melde sie am Gymnasium an. Das wird sie schaffen, ich bin sicher. Sie ist doch eine Kerko!

„Sie ist doch eine Kerko! Dieser Stolz, ja, so war sie", Jean richtete sich auf, er hatte sich wieder gefangen.

„Und wie ging es weiter mit euch beiden?"

„Du kannst dir nicht vorstellen, wie froh ich war, dem düsteren Haus in Hannover entkommen zu sein. Deine Mutter hat mich gerettet. Ich weiß nicht, was sonst aus mir geworden wäre."

Nachdenklich sah er seine Tochter an, so, als ob er sagen wollte: So glücklich wie du war ich zu Hause nicht, aber er schwieg und Ria sagte: „Wie es mit mir weiterging, nachdem sie gestorben war, weißt du selbst."

Er nickte, brachte es aber immer noch nicht fertig, über ihre kurze gemeinsame Zeit in Loquimar zu sprechen, und Ria hatte nicht vor, ihm zu helfen. Der Gedanke, dass er damals Nähe geschaffen und dennoch geschwiegen hatte, brachte sie immer wieder auf, trotz der Zuneigung zu ihm, die langsam wuchs.

„Ich werde ihn nicht dafür bemitleiden, dass er so feige war", sagte sie abends zu Jasper. Der widersprach: „Aber jetzt ist er doch ganz und gar nicht mehr feige, im Gegenteil. Wenn ich bedenke, wie er vor Gericht ausgesagt hat und dass er mir alles erzählt hat, dazu gehört doch Mut. Ich mag ihn."

„Ich doch auch, nur, es ist so anders, als ich mir immer vorgestellt habe. Er ist nicht der Papi meiner Kinderfantasien, und er ist auch nicht Eric Favre. Es ist Jean Kerko, und den kenne ich immer noch nicht. Und ich bin auch nicht mehr ich!"

Ihr Sohn sah sie an und nickte, so als habe er sie verstanden.

Am nächsten Morgen kam ihr das Krankenzimmer nicht mehr so kahl vor. Sie hatte sich drei Tage frei genommen und war schon früh zu ihm gegangen, weil sie sich Sorgen machte. Vielleicht war das alles doch zu viel für ihn. Das Tagebuch. Die Gespräche mit Jasper, ihre Erinnerungen. Dann wieder sagte sie sich: Er will es so. Er muss durch dieses tiefe Tal wandern.

Entgegen ihrer Befürchtungen, ging es ihm viel besser. Er saß auf der Bettkante, ließ die Beine baumeln und lächelte ihr zu. Sie half ihm, den Bademantel anzuziehen und sie gingen ein paar Schritte auf dem Flur auf und ab.

Als er wieder im Bett lag, bat er Ria weiterzuerzählen.

Ria nahm sein Wasserglas, goss sich von der Flasche auf dem Nachtschrank ein und stürzte es in einem Zuge hinunter.

„Du müsstest auch viel mehr trinken", sagte sie, nur um etwas zu sagen.

Er schien sie gar nicht zu hören.

„Dreißig Jahre ist Jean Kerko schon tot", sagte er nach einer Weile. „Ich habe es nicht anders verdient. Ich will das nicht mehr rückgängig machen."

Er sah Ria lange an. Ganz allmählich kam hinter Erics Gesicht das Gesicht ihres Vaters zum Vorschein. Die Fremdheit zwischen ihnen begann aufzubrechen. Zum ersten Mal seit ihrer Begegnung auf dem Flur des Gerichtsgebäudes hatte Ria das Bedürfnis, ihn zu berühren, ihm über die Wangen zu streichen. Aber sie wagte es nicht.

Die Hoffnung, dass er für ein paar Tage zu ihnen nach Hause kommen könnte, zerschlug sich, nachdem sie mit dem Arzt gesprochen hatte. „Sein Zustand ist zu instabil, ich kann nicht riskieren, ihn vorübergehend zu entlassen", sagte er.

„Ich brauche noch einmal Ihr Einverständnis. Wenn wir ihn jetzt nicht beatmen, wird er sterben."

Der Anruf aus dem Krankenhaus kam einige Tage später abends um elf. Die Worte des Arztes klangen müde.

„Keine Apparate, das war sein dringender Wunsch", sagte Ria. Ihre Stimme klang metallen.

„Wie ...", nein, sie konnte das nicht fragen, und dann sagte sie es doch: „Wie lange, glauben Sie wird es noch dauern? Ich will bei ihm sein, wenn er stirbt."

Sie hatte es ihm versprechen müssen. Mehrmals in den letzten Tagen.

„Es kann noch viele Stunden dauern, man kann es nicht vorhersagen; wir geben ihm Morphium, Sie können jederzeit anrufen."

Durfte sie mitbestimmen, dass morgen oder übermorgen sein Todestag sein würde? Der Todestag ihres Vaters, den sie gerade erst gefunden hatte und der dabei war, zu sich selbst zurück zu finden? Durfte sie in dieser Minute ihr Einverständnis geben, ihn sterben zu lassen?

Schüttelfrost überfiel sie. Sie wollte Jasper wecken. Aber nein, das durfte sie ihm nicht zumuten.

Wenn wir ihn jetzt nicht beatmen, wird er sterben. Die Worte dröhnten in ihren Ohren. Sie zwang sich, die Umkehrung zu denken: Wenn sie ihn beatmen, wird er leben, und er wird ein Pflegefall sein. Ein Fall für die Pflege, wer soll ihn pflegen? Ria sah ihn vor sich, wie er in den letzten Tagen um jedes Wort ringen musste, das aufgedunsene Gesicht, seine flehenden Augen. Sie hörte seine Stimme: ‚Du musst es mir versprechen – keine Apparate!' Sie hatte es ihm versprochen. Mehr als einmal.

Ria blieb im Wohnzimmer sitzen und wickelte sich in eine Decke. Sie war starr vor Furcht.

Mitten in der Nacht rief sie im Krankenhaus an.

„Alles unverändert, " sagte der Arzt, „er ist ruhig, hat keine Schmerzen, das heißt – soweit wir das beurteilen können. Wir helfen ihm, aber ohne Beatmung können wir nichts mehr für ihn tun. Bleiben Sie bei Ihrer Entscheidung?"

Spürte er noch etwas? Vermisste er sie, oder wollte er Jasper noch einmal sehen? Würde er sie erkennen? Konnte er noch sprechen?

Wollte sie frei sein? Frei von den Turbulenzen der letzten Wochen? Frei von Verantwortung? Sollte sie einfach zu dem Arzt sagen: ich lehne jede Verantwortung ab – er wollte nie mein Vater sein!

„Ich muss Sie noch einmal fragen: keine Beatmung?" der Arzt wartete geduldig.

„Nein, keine Beatmung", sagte Ria, ihre Stimme war ihr fremd. Sie legte auf, ging ins Bad und spuckte gelblich bittere Flüssigkeit.

Morgens um sechs schob sie die lähmende Schwere beiseite, stellte sich unter die Dusche, legte Jasper einen Zettel hin und fuhr ins Krankenhaus. Wie durch Katakomben, dachte sie auf dem Weg durch lange Kellerflure zur Intensivstation. Sie musste klingeln, es dauerte lange, bis man ihr öffnete.

Er hatte die Augen geschlossen, man hatte ihn sorgfältig gekämmt. Vergeblich suchte sie das Gesicht, das gerade begonnen hatte, ihr vertraut zu werden. Er war weit weg. Ihre Unruhe schwand. Sie setzte sich auf das Bett und nahm seine schlaffe Hand.

Ja, so hatte er sterben wollen, sie musste es zulassen.

Sie hatten vom Sterben gesprochen, nur noch davon, nachdem er das Tagebuch zu Ende gelesen hatte.

Jetzt war es da, das Sterben. Es war ganz anders, als sie dachte. So leise. Aber gleich würde er nicht mehr hier sein.

Der Arzt kam ans Bett und warf einen prüfenden Blick auf den Monitor über dem Kopfende. Zu der Schwester sagt er: „Sie können die Dosis noch ein wenig erhöhen."

Wieder packte Ria die Panik. Durfte sie das dulden?

Sie drückte seine Hand. Sie war warm, aber kein Gegendruck, nicht das kleinste Zeichen.

Sie legte seine Hand zurück auf die Bettdecke, beugte sich über ihn und flüsterte ihm ins Ohr: ‚Ich habe dich losgelassen. Du kannst jetzt auch loslassen.‘

Sie zwang sich, seine Hand nicht noch einmal zu berühren.

Unverändert das leise Rauschen des Monitors über seinem Bett, die grünen Kurven, das Stöhnen eines Schwerverletzten hinter der spanischen Wand.

Eine Putzfrau kam, warf ihr einen mitfühlenden Blick zu und wischte vorsichtig um das Bett herum.

„Schön“, sagte die Frau leise, „es ist schön, wenn man nicht alleine sterben muss. So viele sehe ich hier alleine sterben.“

Er war doch gerade erst angekommen. Es war noch so vieles offen geblieben. ‚Bleib‘, wollte sie schreien.

„Bleib, Vater!“ flüsterte sie.

„Vater.“

Endlich konnte sie es sagen.

Am späten Nachmittag hörte er auf zu atmen. Sie beugte sich zu ihm hinab, küsste ihn auf die Stirn und ihre Tränen fielen auf seine Wangen.

Benommen verließ sie das Zimmer, ging durch die dunklen Flure hinaus und sog gierig die kühle Luft ein.

Auf dem Rückweg durch die Unterstadt blieb sie in einer schmalen Gasse stehen und sah hinauf zu den Hügeln. In den Fenstern der höher stehenden Häuser spielte die untergehende Sonne ihre glutrote Serenade.

1984

Harry Schröters Prozess ging Mitte März zu Ende. Der Staatsanwalt stufte ihn als Mittäter bei -zigfachem Mord ein und beantragte lebenslänglich. Das Gericht jedoch folgte dem äußerst versierten Verteidiger, der Befehlsnotstand für den Täter reklamierte: *Sie konnten nicht anders, sie waren es nicht, Hitler war es* – er kam damit durch.

Harry Schröter, dem nicht nachzuweisen war, dass er auch nur an einen einzigen Häftling selbst Hand angelegt hatte, wurde zu vier Jahren Haft auf Bewährung verurteilt.

‚Schuldig, aber frei – das Urteil in einem NS-Verfahren und die besondere Problematik des sogenannten Befehlsnotstandes im Dritten Reich'. Martin Grote kündigte sein Kursthema für das neue Schuljahr an, gleich nachdem das Urteil bekannt geworden war. Es meldeten sich mehr Schüler, als er aufnehmen konnte.

Jasper Wiedemann half er bei der Spurensuche im Geinsburger Stadtarchiv und bei der Meldebehörde. Sie fanden heraus, dass eine Familie Elias Spiro mit Frau und Sohn David 1953 von Geinsburg nach Frankfurt gezogen war. Da Studienrat Dr. Grote das besondere Interesse im Rahmen seines Schulprojekts nachweisen konnte, erfuhr er in der Frankfurter Behörde, dass die Familie dort noch lebte und bekam die Adresse. Jasper entwarf gemeinsam mit seinem Lehrer einen Brief, in dem er sein Anliegen erklärte:

Er suche nach Angehörigen oder eventuell Nachkommen eines Ruben Spiro, der in Geinsburg gelebt, und über dessen Schicksal er von seinem Großvater Jean Kerko kürzlich Näheres erfahren habe.

Alexa Spiro blieb in der Tür zu der Pizzeria stehen, die sie selbst als Treffpunkt vorgeschlagen hatte. Suchend gingen ihre Blicke durch den voll besetzten Raum, als sich in der hinteren Ecke jemand erhob.

„Du erkennst mich an meinem Stirnband", hatte er geschrieben.

Jaspers Herz schlug einen Takt schneller, als Alexa auf seinen Tisch zukam. Er hatte ein Mädchen erwartet. Aber es kam eine junge Frau mit halblangen dunklen Haaren auf ihn zu, die in ihren engen Jeans, der gestreiften Bluse und dem dunklen Blazer viel eleganter aussah, als die Mädchen in seiner Klasse. Jasper schob sein Stirnband höher.

„Alexa", stellte sie sich vor, „meine Freunde sagen Alex, das ist mir lieber." Sobald sie sich zu ihm gesetzt hatte, verschwand Jaspers Anflug von Verlegenheit und sie kamen schnell auf den Anlass ihres Treffens zu sprechen.

Alexa erzählte, dass ihr Vater, als Jaspers Brief angekommen war, sofort gesagt habe: „Triff du dich mit ihm, der Junge scheint es ernst zu meinen, und er ist ungefähr so alt wie du. Ich will von Geinsburg und von allem, was dort geschehen ist, nichts mehr wissen. Unsere Familiengeschichte war ständiges Thema in meiner Kindheit, aber der Name Kerko sagt mir nichts."

Die Bedienung zwängte sich an den Tischen vorbei und brachte ihnen die Speisekarte. Sie ließen sie unbeachtet liegen, Alexa erzählte weiter: „Mein Großvater Elias wäre der richtige Ansprechpartner für dich. Er war in demselben Lager wie seine Brüder Ruben und David, beide sind dort umgekommen, mein Opa hat als einziger überlebt. Es geht ihm nicht mehr gut. Er ist krank und verwirrt. Er lebt in einem Altenheim. Ich besuche ihn regelmäßig. Aber er erkennt mich nicht mehr."

Jasper hatte sie intensiv angesehen, während sie erzählte, und er war gefangen von ihrer dunklen Stimme und ihren grünen Augen, die sich bei den letzten Worten verdunkelt hatten.

„Früher war er immer gut gelaunt und hat Witze gemacht. Am lautesten konnte er über sich selbst lachen. Er ist oft mit mir spazieren gegangen. Ich habe ihn sehr geliebt. Er hatte ein altes Familienfoto, das in Geinsburg vor dem Uhrengeschäft seiner Eltern gemacht worden ist. Da sind sie alle drauf. Seine Eltern, mein Opa Elias, seine Brüder Ruben und David. Und mein Opa hat später seine Söhne nach seinen toten Brüdern genannt. Das finde ich grausam, das würde ich niemals tun. Er wollte die Erinnerung an sie bewahren, aber das belastet die Namensträger doch nur. Mein Vater heißt David. Sein Bruder Ruben, mein Onkel, ist früh gestorben – wie der Bruder meines Großvaters. Er hat mir nie erzählt, was mit seinen Eltern und seinen Brüdern in der Nazizeit passiert ist. Mein Vater weiß mehr darüber, aber der sagt immer: Wir leben jetzt, es geht uns gut. Lasst mich mit den alten Geschichten in Ruhe. "

Ihre Augen hielten Jaspers Blicken stand.

„Jetzt du", sagte sie.

Jasper schlug die Speisekarte auf: „Vielleicht sollten wir erst einmal bestellen." Inzwischen war es leerer geworden, viele Tische waren frei. Die Mittagszeit ging zu Ende. Die Bedienung ließ sich nicht sehen ließ, Jasper ging an den Tresen und bestellte.

„Für mich hat es auch mit einem alten Foto angefangen", sagte er, als er zurückkam. „Mit einem Foto von meinem Großvater, auf dem er erst zehn Jahre alt ist."

Er erzählte, wie er von der Existenz seines Großvaters erfahren hatte, von dem Prozess, von den Gesprächen mit ihm, von dem Tagebuch seiner Urgroßmutter, das ihm ein winziges Fenster in die Vergangenheit geöffnet hatte, und er sprach von den Qualen seiner Mutter und von seinen geschiedenen Eltern. Dabei ließ er Alexa nicht aus den Augen, sie unterbrach ihn nicht, nickte ihm immer wieder aufmunternd zu, und es entstand ein Gefühl von Vertrautheit zwischen ihnen, als ob sie sich schon seit Jahren kannten.

„Schämst du dich für deinen Großvater?"

Jasper musste nicht überlegen.

„Nein. Er selbst hat sich geschämt, so viele Jahre. Und er hat für seine Tat an Ruben Spiro gebüßt; ich glaube, so richtig gut hat er sich nur in den letzten Wochen seines Lebens hier in Deutschland gefühlt, obwohl er so krank war. Ich schäme mich nicht für ihn, aber ich bin manchmal noch wütend auf ihn wegen meiner Mutter. Sie war nic glücklich. Das habe ich erst jetzt begriffen. Immer hat ihr etwas gefehlt. Zuerst wusste Jean Kerko ja nicht, dass er eine Tochter hat. Aber als er es erfuhr, war er feige. So feige! Das nehme ich ihm übel. Trotzdem fühlte ich mich sofort zu ihm hingezogen, als ich ihn zum ersten Mal sah. Ganz merkwürdig war das. Die letzten zwanzig Jahre wären für meine Mutter ganz anders verlaufen, wenn mein Großvater sich bei der Beerdigung seiner Mutter zu erkennen gegeben hätte. Für meinen Vater und für mich übrigens auch. Er sagt, er konnte es einfach nicht. Darüber kann ich nicht urteilen. Ich glaube, wenigstens meiner Mutter geht es jetzt besser. Sie unterstützt mich bei meiner Recherche."

Ihre Pizzen wurden gebracht. Schweigend aßen sie, bis Alexa sagte: „Fragst du dich gar nicht, was uns das alles noch angeht?"

Jasper überlegte, trank einen Schluck Cola und sagte: „Ich hatte nur ein paar Wochen lang einen Großvater. Ich habe ihn gemocht. Du hast deinen Großvater dein ganzes Leben lang gehabt. Du hast ihn geliebt. Irgendwie finde ich das gerecht. Die Geschichte unserer Familien ist die Geschichte unseres Landes, sagt mein Lehrer. Ich finde, er hat Recht. Willst du in einem Land leben, dessen Geschichte du nicht kennst? Ich will, dass meine Kinder und Enkelkinder und deren Kinder und Enkelkinder und alle, die dann noch kommen, erfahren, was damals geschehen ist."

„Du denkst sehr weit", Alexa lächelte ihn an.

Jasper sah erschrocken auf die Uhr und sprang auf.

„Diesen Zug muss ich unbedingt kriegen, sonst regt sich meine Mutter auf. Aber wir sind doch lange noch nicht fertig. Sehen wir uns?" fragte er schon im Stehen und streckte ihr die Hand hin.

„Wir sehen uns!" sagte Alexa, lachte, stand auf und gab ihm einen flüchtigen Kuss auf die Wange. Jasper riss die Augen auf, schnappte seinen Parka, ging mit Riesenschritten auf den Ausgang zu und drehte sich nicht mehr um. Draußen begann er zu laufen, sprintete den Fußweg entlang, wich geschickt Frauen mit schweren Taschen, Müttern mit Kinderwagen, einem rollernden Jungen und älteren Herrschaften aus. Sein Che-Guevara-Tuch löste sich, und die Fransen an den Enden wehten an seinen Schultern wie Flügel. Erst kurz vor dem mächtigen Bahnhofsgebäude stoppte er seinen Lauf, durchquerte die Halle mit langen Schritten, sah nichts und niemanden, sah nur Alexas Augen und hörte nichts außer ihrem dunklen Lachen und ihren Worten:

Wir sehen uns.

Mein Dank gilt Christiane Sprinz und Esther Kühne für ihre tatkräftige Unterstützung sowie Dr. Hanne Landbeck für fachkundige Hinweise und stete Ermutigung.

Ursula Sinemus, November 2012

Ursula Sinemus

Späte Lieben

Roman **▌** landbeck

„Heliane ist 63 und entdeckt nach einer langen Ehe mit gemeinsamer Tochter, dass ihr Mann ein Verhältnis hat: mit ihrem Bruder. Hals über Kopf verlässt sie ihr vermeintlich sicheres Nest, stellt sich dem Alleinsein, entdeckt eine neue Liebe und spürt in den Armen des Jüngeren, den Frühling wiederkehren. Doch beim Blick in den Spiegel und in die Zukunft wankt der Boden, bröckelt der Mut. Die Autorin Ursula Sinemus legt mit ‚Späte Lieben‘ ein lebenspralles, schwungvoll erzähltes Roman-Debüt vor, das zu einer spannenden Entdeckungsreise der Möglichkeiten im Alter wird.“

PNN POTSDAMER NEUESTE NACHRICHTEN

Zu beziehen im Buchhandel und bei Amazon